はじめに

日出処《ひいずるところ》の天子《てんし》、書《しょ》を、日没《ひぼっ》する処《ところ》の天子《てんし》に致《いた》す、恙無《つつがな》きや。
天子《てんし》の姓《せい》は阿毎《あま》、名《な》は多利思北狐《たりしほこ》、妻《つま》の名前《なまえ》は鶏彌《きみ》。（『隋書《ずいしょ》』）

私たち日本人は長い間「日出処の天子」は聖徳太子であると信じてきました。しかし、それは何の根拠もなく作り上げられた虚像だったのです。それを信じ込まされていたのです。『隋書』のどこにも聖徳太子の名前は書かれていません。また、『隋書』だけでなく、『古事記』『日本書紀』を開いても、厩戸皇子（聖徳太子）が隋に使いを出したとは一切書かれていません。にもかかわらず、千三百年間、日出処の天子「阿毎・多利思北狐」は聖徳太子のこととされてきたのです。

聖徳太子ゆかりの寺と言えば法隆寺でしょう。聖徳太子の冥福を祈って作ったとされる釈迦三尊像がある寺です。が、その像の光背銘には、聖徳太子の名前も推古天皇の名前も一切ありません。そこに刻まれているのは「上宮法皇《じょうぐうほうおう》」のためにこの像を作ったという文言です。この「上宮法皇」も何の根拠もなく聖徳太子であるとされてきたのです。

歴史上の出来事は、同じ時代、もしくは近い年代に書かれた史書や金石文、そして出土物に基づいて調べていきます。「日出処の天子」の場合は、その名前が記されている『隋書』に基づいて、どのような人物であったかを調べます。「法隆寺釈迦三尊像」に関しても光背銘に書かれている文言と他の文献・史料を比較検討して調べていきます。その時、そこに書かれている名前「多利思北孤」を無視したり、刻まれている名前「上宮法皇」を「聖徳太子」である、とすることは、よほどの確実な根拠がないかぎり、行なってはいけません。ところが「日出処の天子」も「上宮法皇」もいとも簡単に「聖徳太子」とされてしまっているのです。

この千三百年の誤りのもととなった原因は、「神代の昔から日本列島を支配してきたのは天皇家・大和朝廷だけである」とする歴史観にあります。この歴史観に照らせば、「日出処の天子」の国書を送ったのは西暦六〇七年、この時代の天皇家側の該当人物は厩戸皇子《うまやどのおうじ》（聖徳太子）であるとなるのです。

さらに、中国史書に出てくる「倭国」「倭」もまた「日本国」の古い呼び名である、とされてきました。私たち日本人は、長い間、そう信じてきたのです。しかし、中国史書『旧唐書《くとうじょ》』は、「倭国」と「日本国」は別の王朝であると証言しています。古代日本列島には、近畿の天皇家だけでなく複数の王朝が存在していたのです。

中国は古代から周辺諸国に関する記述を残しています。おかげで文字を持たず興亡していった国々でもその存在、歴史を知ることができます。日本についても、中国史書の『後漢書』『三国志』『宋書』『隋書』『旧唐書』に詳しく描かれています。それらは同時代、もしくは近い時代に記述された信頼すべき一級史料です。これら中国史書にはどのような古代日本が記されているのでしょうか、詳しく読んでいくと、そこには『古事記』『日本書紀』とはまったく違う古代の日本の姿が描かれています。

私たちはいままで「日出処の天子＝聖徳太子」や「倭国＝日本国」だけでなく、日本の古代史全体にわたり、作られた歴史を教え込まれていたのです。

本書では序章において、中国史書に描かれた「倭国」の興亡と歴史から抹殺された経緯、「日本国」の誕生を簡単に述べ、「日出処の天子」は「倭国」に実在した阿毎・多利思北狐であることを示します。第1章では、聖徳太子をめぐる様々な謎を日本・中国の歴史書を比較検証し、かつ法隆寺にある釈迦三尊像の光背銘や古文書の分析から、聖徳太子の数々の業績が実は「倭国の天子」阿毎・多利思北狐のそれの盗用であることを述べます。そして第2章から5章まで、弥生時代から「日本国」の誕生まで、時代を追って古代日本列島に起きた出来事を詳しく説明していきます。終章では「倭国」滅亡と『万葉集』の歌に隠された「倭国」の風景、そして九州王朝の舞楽「筑紫舞」について語り、現代によみがえる「倭国」の姿を示します。

その際、特定の先入観や史観によりかかることなく、史書、金石文などを丁寧に読み解き、これらの史料が客観的に語ることに耳を傾けるという姿勢に努めました。そして、最新の科学的成果と知見を取り入れて、できるだけ分かりやすく語ることも心がけました。

第1章から第5章の冒頭にはその時代の簡単な年表を付しましたので、参照しながら読み進めていって下さい。

本書を読まれた方は、これまでの通説や学校で習ったこととあまりにも違う古代史像が提示されていることに驚かれると思いますが、これが中国史書等が証言している古代日本の真実の姿なのです。

「日出処の天子」は誰か——よみがえる古代の真実

目次

第3章　倭の五王と近畿天皇家　五～六世紀……91

第5章　日本国の誕生　七〜八世紀……149

◆コラム

序章　王朝の交代、「倭国」から「日本国」へ

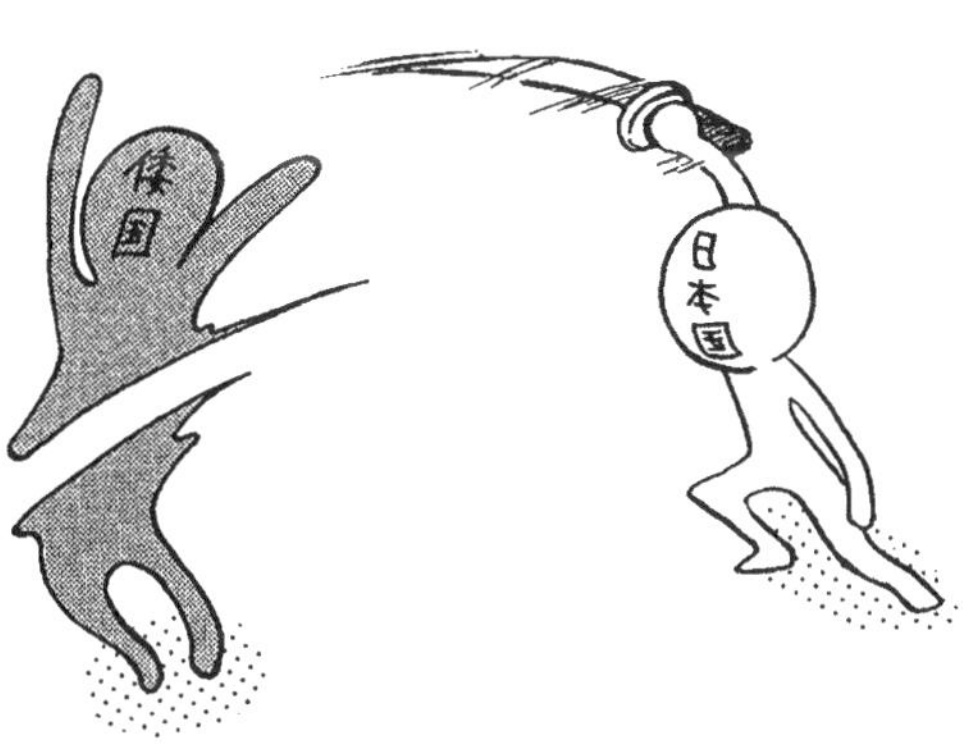

倭国の抹殺

1　古代日本の姿

日本史の多くの謎

日本には国の成り立ちを描いた歴史書としての『古事記』『日本書紀』（「記紀」）、古代歌謡をまとめた『万葉集』、そして地方の地理等を記した『風土記』があります。いずれも奈良時代に作られています。しかし、それ以前に書かれた書物は残っておらず、正確な日本古代の姿を明らかにするにはあまりにも情報が足りません。にもかかわらず、歴代の研究者は、『古事記』、『日本書紀』を基準に歴史を組み立ててきました。

古い時代の遺跡、金石文（鉄剣などに書かれた文字）等が発掘されると、「記紀」の該当箇所を探しだし、「記紀」に当てはまるようにそれらを解釈してきました。消えてしまって読めない文字があれば、「記紀」の内容に合うように読み、説明がつかない時は謎だとしています。

中国史書に書かれている日本記事の解釈についても同じです。人名や固有名詞などが「記紀」と違っていると、中国史書の人名表記は間違っているとして、「記紀」に合うように都合よく読み替えるか、もしくは中国ではそのような名前で呼ばれていたのだろうと、勝手に解釈をして、「記紀」の文脈の中でうまく説明出来るようにしています。どうしても説明がつかない場合は、中国史書は遠い国のことで、あまり信用できないと無視してしまいます。

日本の歴史はこのように組み立てられてきたので、多くのことが謎として残されるようになりました。書店の歴史の棚に「法隆寺の謎」や「謎の四・五世紀」など、「〇〇の謎」と題が付けられた本が多く並んでいるのはこのためです。世界の多くの国では自明のこととして確定しているわずか千数百年前の歴史について、日本では未だに多くが分かっていないのです。

中国史書はほんとうに信頼できないのでしょうか。

隣国から見た日本

中国の史書は、例えば有名な司馬遷の『史記』は紀元前一世紀に作られています。後漢の班固《はんこ》が作った『漢書』は紀元一世紀に完成しました。三世紀には晋の陳寿《ちんじゅ》が『三国志』を、五世紀には南朝宋の范曄《はんよう》が『後漢書』を、そして

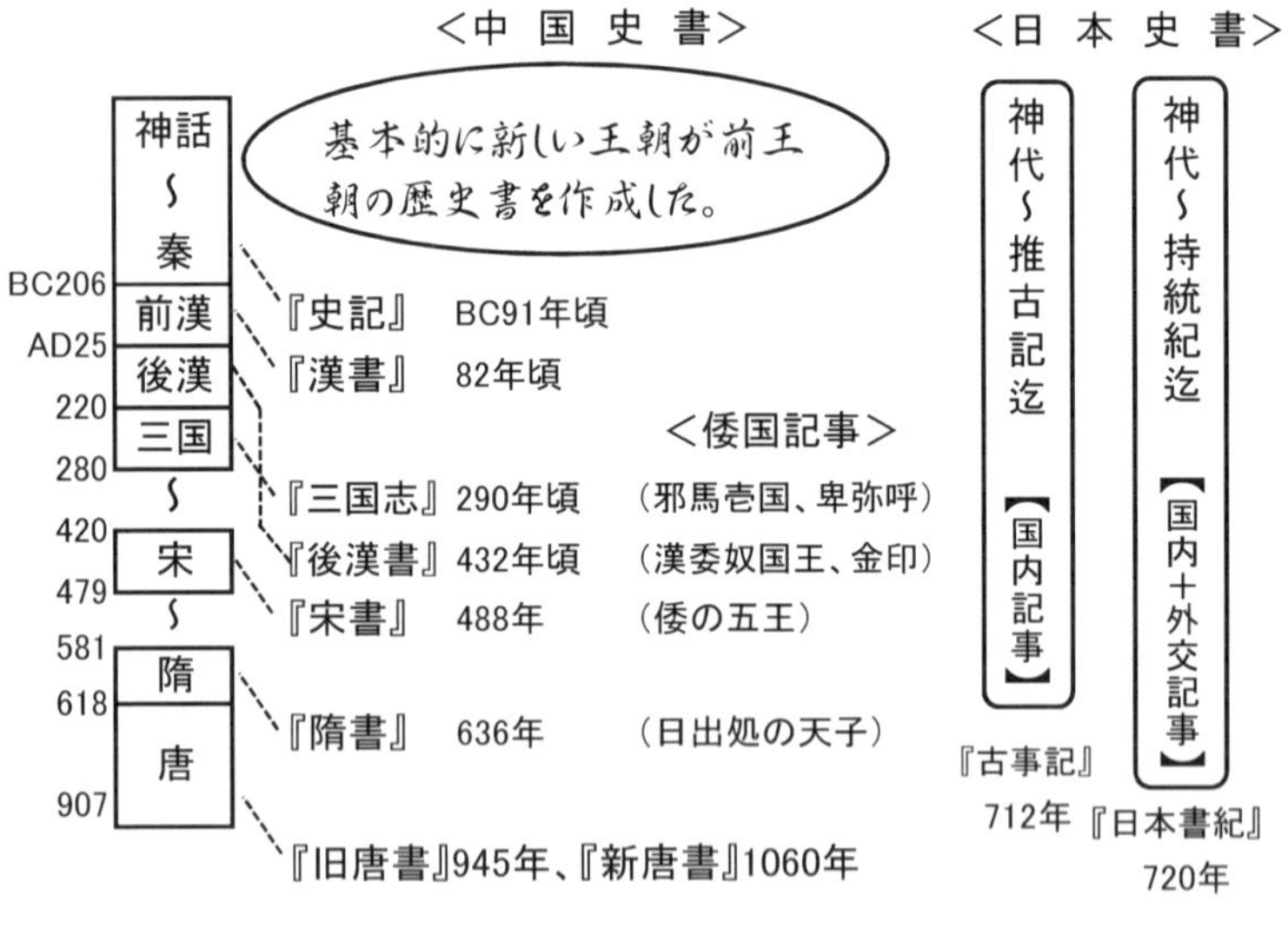

中国史書の中の倭国

五世紀末には梁の沈約《しんやく》が『宋書』（南朝宋）を作りました。

中国正史は、王朝交代があった時、前時代の王朝の歴史を、新しい王朝の皇帝（天子）に読んでもらうために書かれたものです。また『後漢書』を除き、ほぼ同時代、またはそれほど遠くない時代に書かれています。そこには明らかに嘘と分かることは書けません。まして、中国から遠く離れ、また直接の利害関係のほとんどない倭（日本）のことを書くのに、わざわざ嘘を書く必要はありません。実際にあった出来事や当時中国が入手し得た情報通りに書かれたとみられます。

一方、『古事記』『日本書紀』は、八世紀になって大和にあった天皇政権により「自分たちは神の子で、神代の昔から万世一系の唯一の日本列島の統治者である」として描かれた書物です。そこに嘘や偽りがなかったのか、慎重に読み解いていかねばなりません。

では中国史書が伝えている日本の情報を、「記紀」によるふるいをかけずに、書かれている通りに解釈をすればどのようになるのでしょうか。中国史書に描かれた日本列島の古代の姿をみていきたいと思います。

2　中国史書の中の「倭国」

九州にあった「倭国」

『後漢書』『三国志』『宋書』『隋書』『旧唐書』に「倭、倭人、倭国」の項があります。そこに書かれている内容について、すべて「記紀」にある大和の天皇家の説話だと教えられてきました。これらの時代、近畿地方に巨大古墳が作られ、ここに大きな政治勢力が存在したことは確かです。しかし八世紀の初めに成立した『古事記』には「天皇家と中国との交渉記事」は一切記されていません。『古事記』には近畿における天皇政権の歴史だけが記されているのです（『古事記』の八年後に作られた『日本書紀』については後述します）。

一方、中国史書を「記紀」に当てはめようとせず、素直に読んでいくと、驚いたことにそこに描かれている風俗、習慣、土地はすべて北部九州のものだったのです。登場する王たちも「記紀」に書かれている天皇たちとはまったく違う名前が記されています。日本人の誰もが知っている神武天皇、仁徳天皇、聖徳太子、蘇我

九州にあった倭国

入鹿を殺し大化の改新を行なった天智天皇、藤原鎌足、そして壬申の乱を起こし勝利した天武天皇など誰一人として中国史書には出てきません。中国史書に日本列島の代表として記されていたのは北九州に存在していた「倭国」とその王たちの名前だったのです。

　ではどのようにして「倭国」は大和朝廷のこととして扱われるようになったのでしょうか。

白村江敗戦と「倭国」の滅亡

　五八九年に、中国の北朝の「隋」が、南朝の「陳」を滅ぼして中国は統一王朝となりました。ところがようやく中国を統一した隋の歴史は短く、六一八年にそれまで臣下であった唐に取って代わられました。勢いに乗った唐は、当時「高句麗《こうくり》」「百済《くだら》」「新羅《しらぎ》」と三国に分裂していた朝鮮半島の攻略に乗り出します。そのために

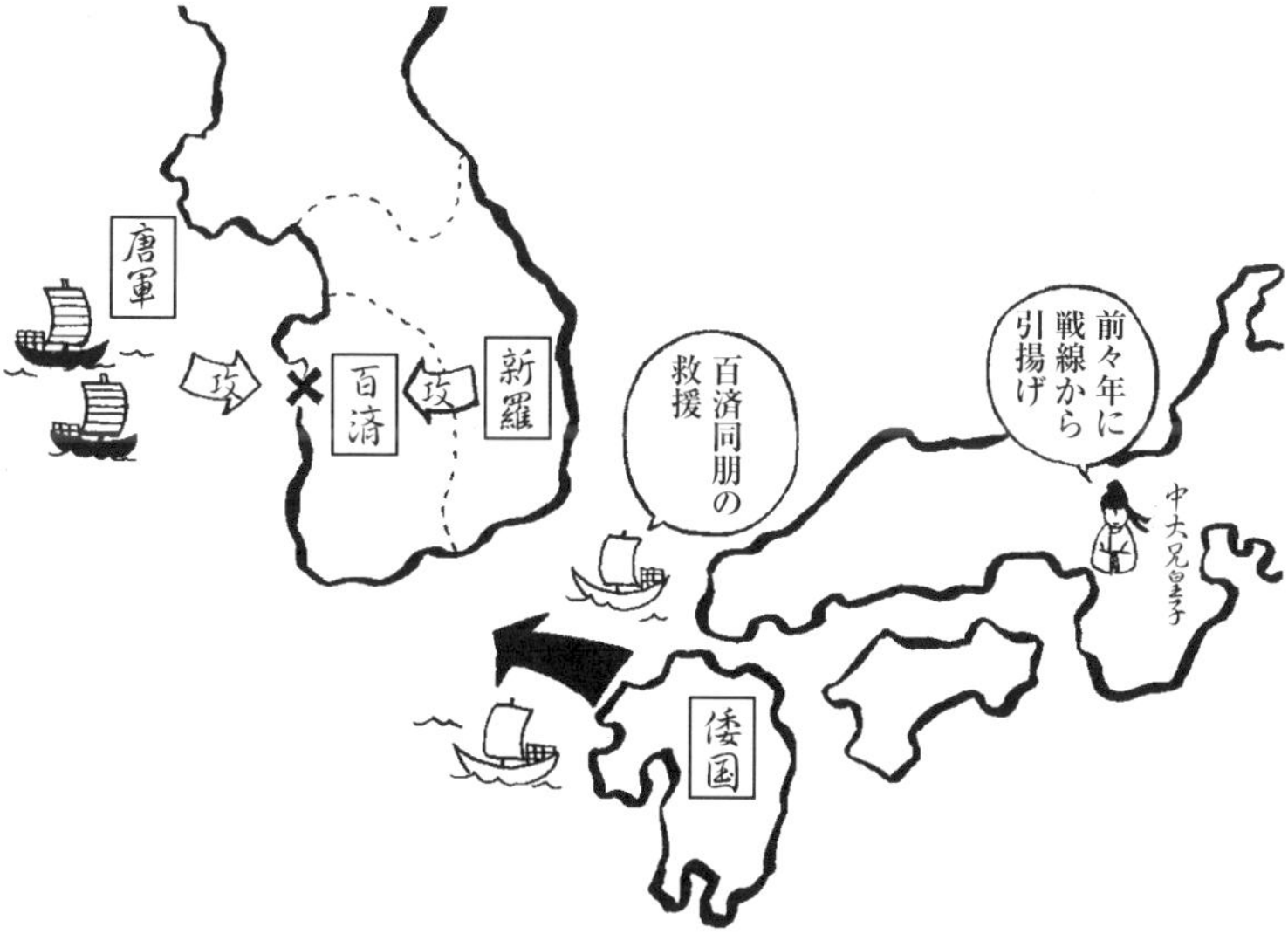

白村江で戦ったのは九州の倭国

まず新羅と連合して六六〇年に朝鮮半島の西南部にあった百済を攻め滅ぼしました。

百済と友好関係にあった「倭国」は、百済の残った勢力を支援し、百済復興を図る大軍を朝鮮半島に送ります。六六三年に唐・新羅連合軍と倭・百済連合軍が半島西南部沿岸の「白村江《はくそんこう》」において戦いました。この時行なわれた水戦の様子について『旧唐書』は「四度戦い、船四百隻を焼く。炎は天を覆い、白江倭軍の血で赤く染まる」と描いています。倭国・百済連合軍は壊滅しました。戦いの後百済は消滅し、「倭国」も朝鮮半島経営から撤退しました。

学校の教科書は「白村江の戦い」は唐・新羅連合軍に対する大和朝廷・百済連合軍の戦いであると教えています。しかし近畿天皇家軍を率いて九州まで駆けつけた中大兄皇子（後の天智）は戦いの前々年に畿内に引き上げ、朝鮮の戦闘に参加していません。朝鮮半島において倭国・百済連合軍は近畿軍の支援なしに戦いそして滅びていったのです（後述）。

白村江の戦いの後、「倭国」から日本国（大和朝廷）に代わったことについて中国史書は次のように記しています。

『旧唐書』の証言——王朝の交代

中国には唐の時代を書いた史書が二つあります。一つは『旧唐書』で、いま一つは『新唐書』です。『旧唐書』は五代晋の時代九四五年に、『新唐書』はその約百年後、宋の時代に書かれました。

『旧唐書』には「倭国伝」と「日本国伝」とがあり、古代の日本列島に二つの王朝があったことが、次のように記されています。

倭国伝

倭國者古倭奴國也去京師一萬四千里在新羅東南大海中依山
島而居東西五月行南北三月行世與中國通其國居無城郭以木

倭国は古の倭奴国なり、京師を去ること一万四千里、新羅の東南、大海の中にあり、山島に依って居す……世々中国と通ず。

日本国伝

日本國者倭國之別種也以其國在日邊故以日本為名或曰倭國
自惡其名不雅改為日本或云日本舊小國併倭國之地其人入朝

日本国は倭国の別種なり、その国、日辺に在るを以って、故に日本を以って名と為す。或いは云う、倭国自らその名の雅ならざるを悪み、改めて日本と為す、或いは云う、日本は旧小国、倭国の地を併せたりと。

ここでは、はっきりと「倭国」と「日本国」を書き分け、倭国は古くから中国と通じていた国であり、日本国は初めて登場した国としています。さらに日本国が倭国を併合したことが明記されています。

この倭国から日本国に交替した時期について、同じく「旧唐書本紀」に次の記事があります。

永徽《えいき》五（六五四）年十二月「倭国」琥珀《こはく》・瑪瑙《めのう》を献ず。

長安二（七〇二）年冬十月「日本国」使いを遣わして方物を貢す。

六五四年まではすべて「倭国」と記されていましたが、七〇二年以降の記事はすべて「日本国」とされるようになりました。日本列島において六五四年から七〇二年の間に王朝の交代があり「倭国」から「日本国」に代わったのです。では正確にはいつなのでしょう。

七〇一年「日本国」の成立

『日本書紀』には七世紀後半の北九州の出来事として次の記事があります。これらは「倭国・九州王朝」の出来事です。

天智二（六六三）年　白村江の敗戦
天智三〜十（六六四〜六七一）年　唐軍の度重なる筑紫平野への進駐
天武七（六七八）年　筑紫大地震

七世紀後半の北部九州は、軍事的敗北、政治の混乱、自然災害など大混乱に陥り、「倭国」は没落の運命をたどっていったと思われます。それでも「倭国」は七〇〇年まで年号（後述）を制定し続け、政権の命脈を保っていました。

　一方近畿天皇家は、六七二年の壬申の乱（天智の子大友皇子との戦い）に勝利した天武・持統が政権の基盤を着々と固め、大宝元（七〇一）年、現在まで続く「日本国年号」を制定します。そして七〇一年には、すべての木簡*に書かれている地方の行政区画を示す表示が、それまでの「評《ひょう》」から「郡《ぐん》」に代わります。例えば太宰府市国分松本遺跡から出土した木簡に書かれた地名「嶋評《しまのこおり》」は大宝二

（七〇二）年に作られた「筑前国嶋郡川辺里戸籍」では「嶋郡《しまのこおり》」と代わっています。政治体制が代ったのです。以降、大宝律令の施行など着々と国家整備が進められます。七〇一年に「倭国」は滅び新しく「日本国」が誕生したのです。

＊　**木簡**　文字を書くために使われた短冊状の細長い木の板です。紙の普及まで使われていました。荷札にも長く用いられ、藤原京などの遺跡から沢山出土しています。当時の地名などが分かる一級史料です。

翌七〇二年には四十三年ぶりに遣唐使が派遣され、則天武后に謁見します。これが前述の『旧唐書』に書かれた「長安二（七〇二）年冬十月、日本国が使いを遣わす」の記事です。新生日本国が唐から正式承認を受けたのです。

歴史から消された「倭国」

「日本国」は七〇一年に「倭国」を併合し、多くの遣唐使を派遣して唐の進んだ制度・文化を取り入れ国の基礎を固めていきます。そして七一二年に『古事記』を、七二〇年には『日本書紀』をそれぞれ作成します。この史書の中で、天皇家を神代の昔から日本列島の唯一の支配者であったとするために、天皇家以外の王権――「倭国」の存在を歴史から抹殺したのです。さらに「倭国」の存在を示す史書等を禁書とします。『日本書紀』の次の正史『続日本紀《しょくにほんぎ》』（七九七年成立）の和銅元（七〇八）年正月条に、「山沢に亡命し、禁書をしまい隠して、百日経っても自首しないものは、恩赦を取り消す」という記事があります。この時、禁書を所持するものは百日以内に出頭すれば罪を減じる、という恩赦が行なわれたのです。徹底的な倭国の歴史の抹殺が行なわれたものと思われます。

『古事記』『万葉集』も、この時に禁書扱いされたのでしょう。『日本書紀』や『続日本紀』には両書のことは一切記されていません。後世において初めてその存在が明るみに出たのです。

『万葉集』について明確な史料はありませんが、奈良時代後半、反乱の疑いで大伴家持宅が家宅捜査された時、偶然に見つけられたと言われています。

『古事記』にいたっては、室町時代になってようやく尾張の国にあった真福寺で発見されました。

平安時代中頃、宋の時代に書かれた『新唐書』においては「倭国伝」はなく、「日本国伝」のみとなっています。『新唐書』には、万世一系を説く『日本書紀』が採用されたのです。倭国の記述は消えています。その後に書かれた『宋史』、『元

倭国は歴史から消された

史』も『新唐書』の対日史観に基づいて書かれています。このように「倭国の歴史」は内外の史書から消されていきました。

しかし、古代の中国史書まではその存在を消し去ることは出来ませんでした。例えば『隋書』に書かれた「日出処の天子、阿毎・多利思北孤」は誰だったのか。当時の近畿の天皇は推古天皇で女帝でした。『日本書紀』史観に立つかぎり「中国の使者が会ったのは実は聖徳太子だった」など苦しい言い訳をしなければならなくなってきたのです。

では「日出処の天子」とは誰だったのでしょう。

3　日出処の天子は誰か

倭の天子、阿毎・多利思北孤

唐の初期、六三六年に成立した『隋書』の「俀国伝《たいこくでん》」に、この本のタイトルに見られる「日出処の天子」阿毎・多利思北孤のことが書かれています。大業三（六〇七）年、倭の天子を自称する多利思北孤が隋の煬帝《ようだい》に使者を送り、「日出処の天子、書を日没する処の天子に致す」で始まる国書を提出し、煬帝が不快感を示したという記事です。

中国の人々の古くからある世界観は、天の子、すなわち天子は世界で唯一人です。天子の煬帝が別の国の天子と名乗る人物から国書を受け取って不愉快に思うのは当然です。このため『隋書』では国

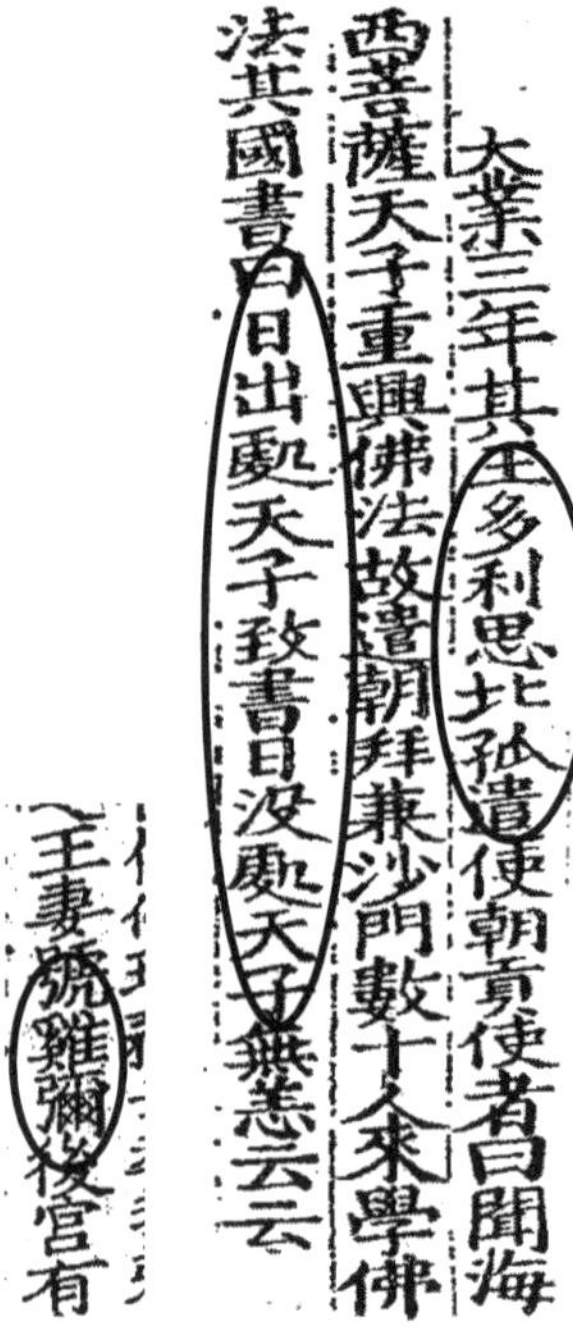

「隋書俀国伝」

書を送った多利思北孤の国を「倭国」とせず、卑字に替えて「俀国（弱い国）」と表記しました。この時『隋書』は天子の名前について「姓は阿毎《あま》、名は多利思北孤《たりしほこ》、妻の名は鶏彌《きみ》」とし、また煬帝の命を受け、俀国に行った隋の使者が俀王に直接に会ったことを記しています。

女帝を男とする学会

倭の天子「多利思北孤」（男性、妻がいる）が国書を送った六〇七年は、近畿天皇家は女性の推古天皇の時代です。聖徳太子は摂政として政治を執っていたので天子を名乗ることはありえません。また太子が阿毎・多利思北孤と呼ばれた記録もありません。「日出処の天子」を推古天皇や聖徳太子とすると『隋書』の記述とまったく合わなくなるのです。

ところが『日本書紀』からすべてを解釈している日本の古代史学会は、多くの理由をつけて「多利思北孤」を推古天皇（女帝）や聖徳太子のこととしています。隋の使者が会ったのは推古だが、隋の使者が女を男と間違えて報告をした。男尊女卑の国、中国の使者に女性天皇を会わせるのは恥ずかしいため、聖徳太子を代わりに面会させた、などいろいろな説が出されていました。

最近では『隋書』に書かれている「多利思北孤」の「北」を、かってに「比」と書き換え「多利思比孤（タリシ彦）」と読んで、これは人の名前ではなく天皇を示す一般的な称号だとして、面会したのは推古天皇とする説が有力になっています。しかし原文を見れば明らかに「北孤」と書かれており、これを「比孤」と読むのは原文改訂です。「俀国伝」において「北」と「比」は別の字で書かれています（下図参照）。また『隋書』には「姓は阿毎、名は多利思北孤」と書かれています。これがどうして一般的な天皇称号と解釈できるのでしょうか。そして王の妻の名前も「鶏彌」と書かれています。これらを無視して、古代史学会は男の「多利思北孤」を推古天皇（女性）としているのです。

さらに『隋書』には倭国の風景として「阿蘇山あり」と書かれています。瀬戸内海を通り大阪湾に上陸し、大和まで行ったとは一言も書かれていません。隋の使者が訪れた倭国は大和ではなく阿蘇山のある北部九州にあったのです。隋使は北九州にあった倭国を訪れ、そこで「阿毎・多利思北孤」という男の天子に会ったのです。

今まで述べてきたとおり、『隋書』や『旧唐書』は、七世紀に九州に倭国という王朝（以降九州王朝と呼びます）があり、隋の時代に阿

俀国伝の「北」と「比」

毎・多利思北孤という自ら天子を名乗った者がいた。その王朝は白村江の戦いで唐に大敗し、その後急速に衰退し、近畿にあった天武・持統の天皇家により併合された。新しい王朝は「日本国」と名乗ったと記しているのです。

以降、各章でこれらのことを詳しく論じていきます。

第1章　聖徳太子と多利思北孤

多利思北孤　　厩戸皇子　推古天皇

西暦		出典	年号	倭国・九州王朝	出典	天皇年	近畿天皇家
隋(518～618年)							
五八七年					(A)	用明二年	厩戸皇子、物部戦に参加
五九六年		(C)	法興六年	法王大王、伊予訪問			
六〇〇年		(B)	開皇二十年	多利思北孤、隋へ遣使			
六〇一年					(A)	推古九年	聖徳太子、斑鳩宮を建立
六〇七年		(B)	大業三年	日出処天子の国書			
唐(618～907年)							
六一九年					(A)	推古二七年	小野妹子、遣唐使で派遣＊
六二一年					(A)	推古二九年	聖徳太子、薨御
六二二年		(D)	法興三二年	上宮法皇、崩御			
六四三年					(A)	皇極二年	山背大兄王、殺さる
六七〇年					(A)	天智九年	法隆寺全焼

出典 (A)日本書紀、(B)隋書、(C)伊予温湯碑、(D)釈迦三尊像光背銘文

＊ 妹子の派遣年＝第1章の31頁参照。

1　日本人にとっての聖徳太子

聖徳太子のイメージ

最も尊敬する人は誰かと日本人に問えば多くの人が「聖徳太子」と答えるのではないかと思います。聖徳太子は三十三代推古天皇の摂政となり、「冠位十二階」を定め、「十七条憲法」を作りました。第一条「和を以って貴しと為す」は日本人に最も広く知られた言葉の一つとして特に有名です。仏教に熱心で、奈良の「法隆寺」や大阪の「四天王寺」を建立しました。また日本最古の仏教書といわれる「三経義疏《さんぎょうぎしょ》」を著し、外交においては、小野妹子を中国に派遣して、当時の隋の皇帝である煬帝に「日出処の天子、書を日没する処の天子に致す、恙なきや、云々」で始まる国書を持たせ、大国中国と対等外交を行なった、とされています。これらのことは、今日の日本人にとっても、心地よい史実として受け止められています。

このような優秀な聖徳太子は、どのような人だったのでしょうか、『日本書紀』をたどってみたいと思います（『日本書紀』では「厩戸皇子」と記されていますが、ここでは通説に従い「聖徳太子」とします）。

聖徳太子（？）

聖徳太子の家系

二十五代武烈天皇に皇子がなかったので、今の福井県の三国にいた十五代応神天皇の五世の孫とされる人が招かれ即位しました。二十六代継体天皇（在位五〇七～五三一年）です。継体天皇は武烈天皇の姉手白香皇女《たしらかのひめみこ》を皇后とし、皇子が後の欽明《きんめい》天皇となります。欽明の子供たち敏達《びたつ》、用明《ようめい》、崇峻《すしゅん》、推古《すいこ》（女帝）も相次いで皇位を継ぎます。聖徳太子は三十一代用命天皇の皇子として生まれ、叔母の推古天皇の時、皇太子・摂政として国政に関わります。皇位継承者であったと思われますが、天皇より早く皇太子のまま四十九歳で亡くなりました。

　太子の父用明と叔母の推古の母は蘇我稲目《そがのいなめ》の娘堅塩媛《きたしひめ》で、太子の母穴穂部間人皇女《あなほべのはしひとのひめみこ》と崇峻天皇の母も稲目の娘の小姉君《おあねのきみ》です。母

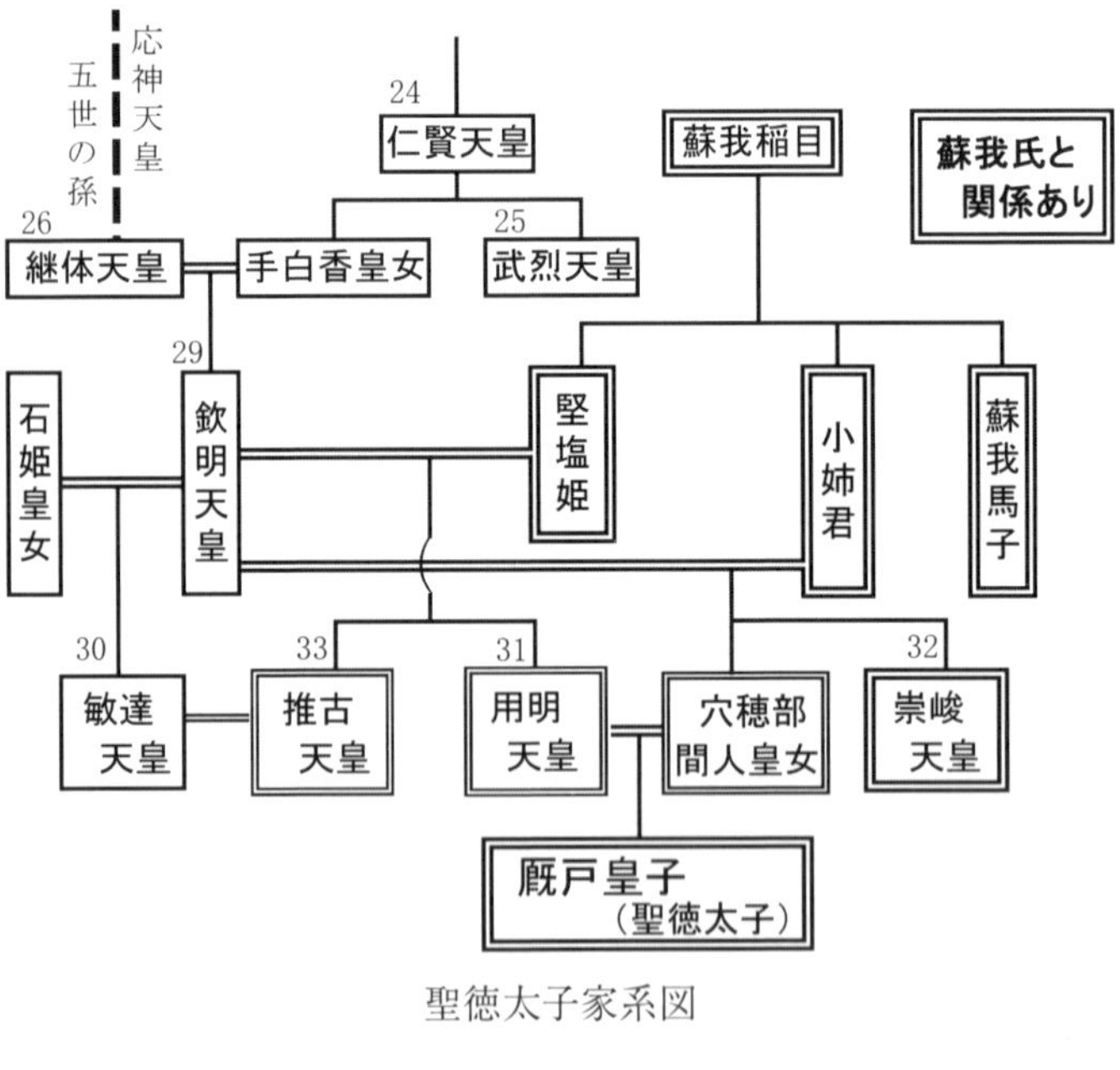

聖徳太子家系図

方から見れば欽明の子で天皇になった四人のうち敏達を除きすべて蘇我氏と姻戚関係がありました。

聖徳太子の業績

用明二（五八七）年七月、天皇の死の直後に「蘇我・物部《もののべ》の戦い」が起こります。蘇我氏は仏教を国の中心宗教にしようとしますが、物部氏は、日本は昔から神の国であるとしてこれに反対し、長い間争っていました。用明の死後、後継者をめぐり争いが激化し、蘇我馬子《うまこ》は諸皇子・群臣と共に河内にあった物部の本拠地を襲います。この戦いに、まだ十代半ばであった聖徳太子も蘇我側の一員として参加しています。物部軍が優勢で蘇我側が不利な状況に陥った時、太子が戦いに勝てば寺を建て仏法を広めると四天王に戦勝を祈ります。すると戦いの流れは変わり、物部の当主守屋は戦死、物部氏は亡んだとされています。戦争が終わって太子は約束通りに寺院を建立しました。今は大阪市天王寺区にある「四天王寺」です。

推古天皇の時代、皇太子・摂政となった聖徳太子は最初、天皇の住む奈良の飛鳥で政治を行なっていましたが、推古九（六〇一）年、飛鳥より北西約二〇キロメートルのところに「斑鳩宮《いかるがのみや》」を建て移ります。そこで政務を行ない「冠位十二階の制定」、「十七条憲法の作成」、そして蘇我馬子と共に国の歴史書である「天皇記・国記」を作りました。仏教に関しては、経典「法華経」「勝鬘経《しょうまんぎょう》」の講話、「斑鳩寺（後の法隆寺）」の建立、京都の広隆寺（蜂岡寺《はちおかでら》）の建立にも関与しています。

伝承によれば全国を旅行し、各地に聖徳太子伝説を残しています。有名なのが愛媛県の伊予温湯行幸で、そこに行幸を記念する「温湯碑《おんとうひ》」を建てています。
また弟の来目皇子《くめのみこ》を将軍とする新羅派遣軍の編成、小野妹子の隋への派遣など、推古朝に行われた外交もすべて聖徳太子の事績のように受け取られています。

聖徳太子一家の滅亡

推古二十九（六二一）年二月五日に聖徳太子が亡くなります。その五年後には蘇我馬子が死に、息子の蝦夷《えみし》があとを継ぎ大臣になりました。推古三十六（六二八）年には天皇も亡くなります。後継者は出自からみて聖徳太子の子で斑鳩宮に住む山背大兄王《やましろのおおえのおう》が順当と思えたのですが、敏達天皇の孫田村皇子が後を継ぎ三十四代舒明《じょめい》天皇となりました。舒明十三（六四一）年に天皇が亡くなり皇后の宝皇女が三十五代皇極《こうぎょく》天皇として即位します。

この時代、蘇我蝦夷が大臣として、また息子の入鹿《いるか》が権力を振るっていました。入鹿は皇極二（六四三）年、聖徳太子の子山背大兄王を斑鳩宮に攻めます。山背大兄王は子弟妃妾共に自決、聖徳太子一家は滅びました。同じ蘇我の血を引く古人大兄皇子《ふるひとのおおえのおうじ》を皇位につ

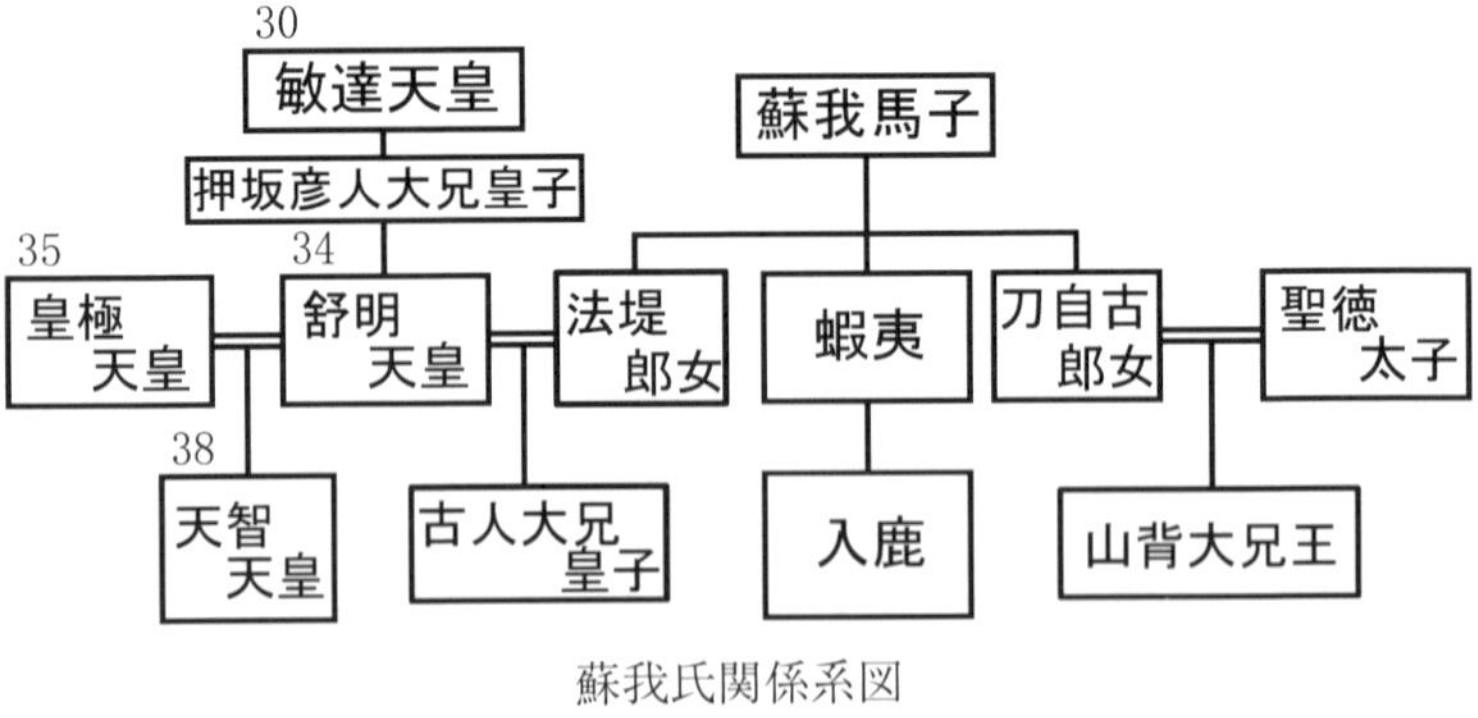

蘇我氏関係系図

けようとしたものと思われます。

その二年後の皇極四（六四五）年六月に、蝦夷・入鹿親子の専横を良しとしない、中大兄皇子（後の天智天皇）と中臣鎌足（後の藤原鎌足）が蘇我入鹿を暗殺し、蝦夷を自殺に追い込みます。「乙巳《いっし》の変」です。この時蝦夷の館にあった聖徳太子・馬子作成の「天皇記・国記」のうち「国記」は救いだされたが、「天皇記」は焼失したと『書紀』に記されています。救い出されたとされる「国記」は残念ながらその後も見つかっていません。同じ年の九月、中大兄と鎌足は、古人大兄皇子も殺害し、権力を確実なものとし、大化の改新を進めていきます。

聖徳太子はこれら近代国家への基礎を作った偉大な人物としての評価を与えられています。七二〇年にできた『日本書紀』では、厩戸（馬小屋）での誕生、一度に十人の話を聞くことが出来た、片岡山での飢人《うえたるひと》との出会いなどの逸話が書かれ聖人化が図られました。法隆寺の僧が作ったとされる『上宮聖徳法王帝説』ではその聖人化が徹底されています。これらをもとにその後『上宮皇太子菩薩伝』『聖徳太子伝暦』など数々の伝承が作り上げられました。これは現代までも続き、戦後においても太子は高額紙幣に描かれ高度成長期の象徴的存在となりました。

聖徳太子虚構説の登場

このように、ほぼすべての日本国民から偉大な人物、たぐいまれなる聖人として尊敬されてきた聖徳太子も、古くからその説話の信憑性について疑問が呈されていました。最近では、厩戸皇子という実在の人物に聖徳太子という虚構の衣を着せたのではないか、との説が有力になり、教科書などにおいて聖徳太子（厩戸皇子）、もしくは厩戸皇子（聖徳太子）と括弧付きで書かれるようになってきました。さらには「聖徳太子虚構説」を取り上げている教科書も発行されています。「聖徳太子虚構説」については今も古代史学者の間で論争が行なわれていますが、はっきりした結論は出ていません。

世界最古の木造建築といわれる法隆寺の謎をはじめ、聖徳太子は多くの謎に包まれ、関連するたくさんの書籍が書店に並んでいます。どの様な謎があるのか、それは本当に解き明かせないものか、具体的に見ていきたいと思います。

2　聖徳太子をめぐる謎

焼失した法隆寺再建の謎

法隆寺については多くの謎が語られていますが、最大の謎が「法隆寺再建の謎」です。戦前有名な「法隆寺再建論争」というものがありました。現在の法隆寺の建物が飛鳥様式であること、納められている多くの仏像も典型的な飛鳥時代の様式であることから、建築家や美術史家を中心に多くの学者が、法隆寺は飛鳥時代に聖徳太子（五七四〜六二二年）が創建したものが今も残っているとしていました。これに対して古代史学者の喜田貞吉氏が一人「法隆寺再建論」を主張したのです。『日本書紀』天智九（六七〇）年条に「法隆寺に夜半出火、一屋余すところなく焼失」と書かれていたからです。

再建・非再建をめぐり大論争が行なわれました。論争は昭和十四年の発掘で、現在の法隆寺の下から寺院跡（若草伽藍と呼ばれています）が出土したことで決着しました。遺構には火災の跡も見つかり寺院跡は飛鳥時代に作られ、天智九年に焼失した斑鳩寺であると判明したのです。「法隆寺再建論」が正しかったのです。

しかし、なぜ新しく作られた法隆寺の建築様式や納められている仏像が飛鳥時代のものなのか、疑問は残りました。その後二〇〇一年、法隆寺五重塔心柱の年輪年代を調べてみると五九四年に伐採されたことが分かりました。五重塔は六世紀末から七世紀初頭の頃に作られたことが科学的に判明したのです。六七〇年に焼けたのになぜそれ以前に建てられた五重塔が現在も残っているのか、問題はさらに複雑になりました。

このことについて、「五重塔は近くにあったお寺の塔を移築した」とか、「仏像は火事のなか運びだし、新しい寺院が出来てから再搬入した」とかの説明がされています。しかし不思議なことに『日本書紀』や法隆寺に伝えられている文書には法隆寺の再建や移築の記事、また

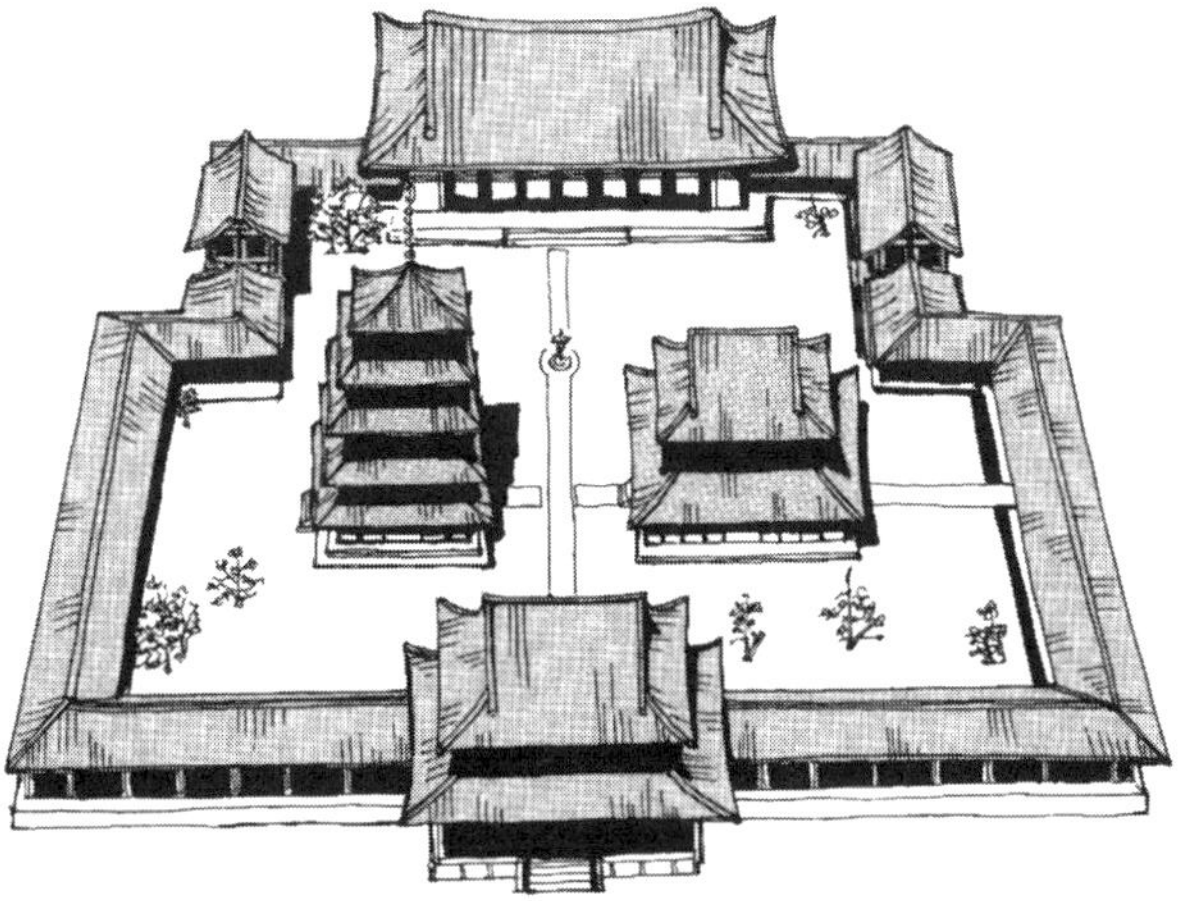

謎に包まれた法隆寺

法隆寺に納められているたくさんの飛鳥仏が六七〇年の火事の時に焼け残ったとも書かれていません。仏像が救い出されたなら『書紀』に一行ぐらい書かないものでしょうか。また仏像はおおよそ二百キロの重さがあり、斑鳩寺炎上の最中に運び出すのは不可能です。また飛鳥のどこに、移築できるような寺院・建物があったのか、それを説明する史料や寺院跡も見つかっていません。現在の時点で確実に言えることは「厩戸皇子が建てた斑鳩寺は天智九（六七〇）年に全焼した。その後いつの時点にか、よそにあった寺院が、焼け跡に移築され、法隆寺と呼ばれた」ということです。この寺院は誰がどこに作っていたものでしょうか。当時の世界最高水準で作られた寺院建築や仏像が法隆寺に移される前にどこにあったのか、痕跡が残っているはずです。

釈迦三尊像は聖徳太子の像ではない

法隆寺の本尊は金堂に安置されている飛鳥芸術を代表する釈迦三尊像です。この仏像は、聖徳太子が死んだ時に作られ斑鳩寺に安置されていたもので、寺が焼けた時には持ち出され、再建された時にもとに戻されたものであろうとされているものです。仏像の背中には光背が付けられ、そこには次の内容の銘文が刻まれています。

・法興《ほうこう》三十一（六二一）年十二月に鬼前《きぜん》太后が亡くなられた。
・翌年正月二十二日に上宮法皇《じょうぐうほうおう》の病気が悪化し、干食《かんじき》王后も看病の疲れで床につかれたので、王后・王子と諸臣らが回復を祈って釈迦像の建立を発願した。

・二月二十一日に干食王后が亡くなられ、次の日には法皇も亡くなられた。

・この像は次の年（六二三年）三月に鞍《くらの》首《おびと》止利《とり》仏師《ぶっし》が造った。

この銘文から次の歴史事実を読み取ることができます。

① 古代日本に「法興」という年号が存在した。その期間は法興一（五九一）年に始まり少なくとも法興三十二（六二二）年まで続いていた。

② その時代に「上宮」と呼ばれた法皇がいた。母は鬼前太后、妃は干食王后と呼ばれていた。

③ 上宮法皇は法興三十二年二月二十二日に亡くなられ、翌年三月にこの仏像が出来上がった。

現在この像は聖徳太子の実在を示す最大の根

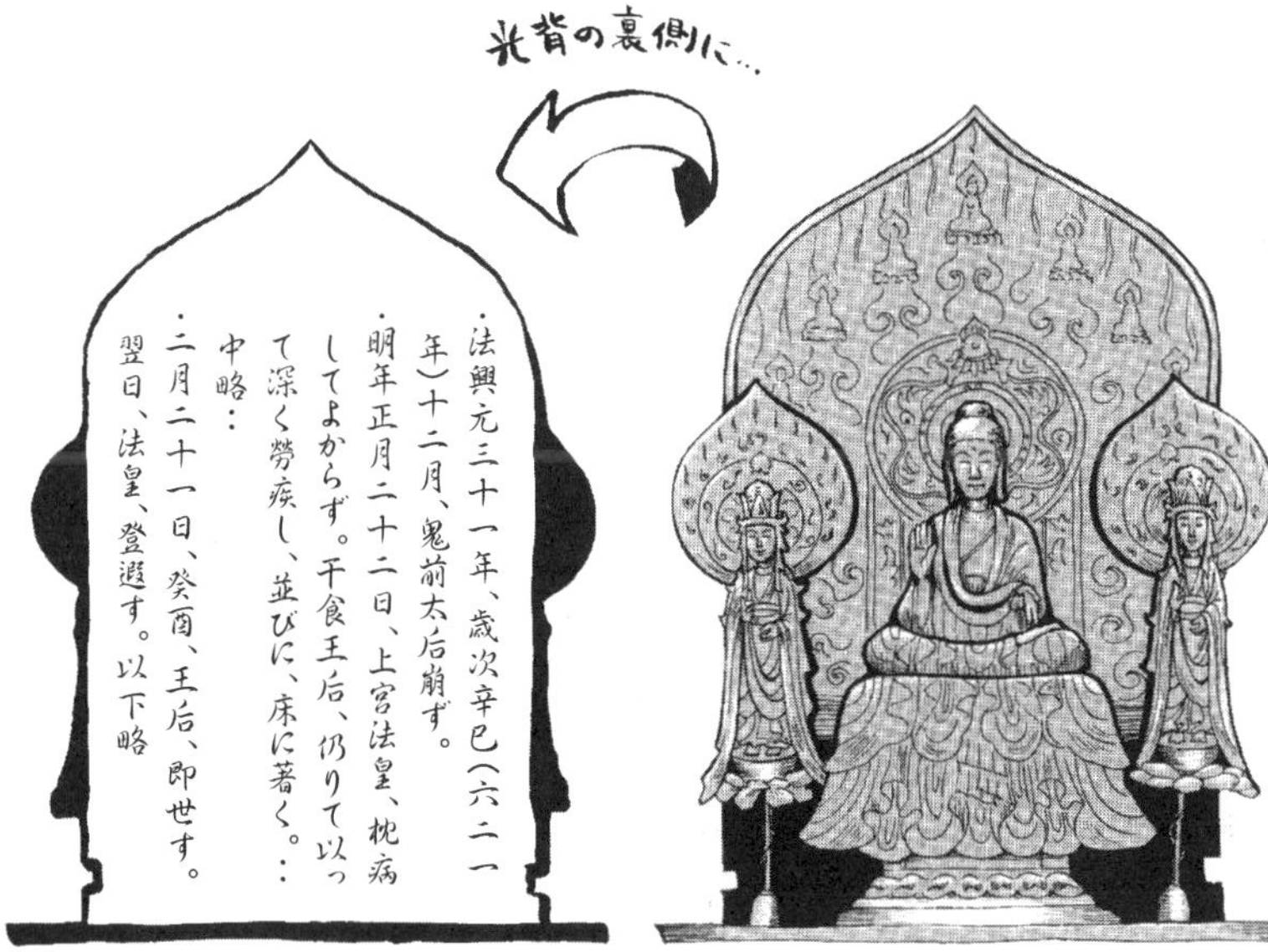
光背の裏側に…
・法興元三十一年、歳次辛巳（六二一
年）十二月、鬼前太后崩ず。
・明年正月二十二日、上宮法皇、枕病
してよからず。干食王后、仍りて以っ
て深く勞疾し、並びに、床に着く。…
中略…
・二月二十一日、癸酉、王后、即世す。
翌日、法皇、登遐す。以下略

釈迦三尊像の光背

拠とされているものですが、銘文には『日本書紀』などに書かれている聖徳太子やその家族の名前は書かれていません。

銘文の中の人名を読み替えて、光背銘に書かれた文章は聖徳太子一家のものとしているだけです。上宮法皇は聖徳太子に、鬼前太后は穴穂部間人皇女に、干食王后は膳大刀自《かしわでのおおとじ》（膳部菩岐々美郎女《かしわでのほききみのいらつめ》）にそれぞれ読み替えています。

聖徳太子が上宮法皇と呼ばれたことも、穴穂部間人皇女が鬼前太后と呼ばれたことも、膳大刀自が干食王后と呼ばれたことも史料にはなく、何の根拠もありません（上宮法皇については、この章の4で詳述します）。聖徳太子のものとされているこの仏像は、銘文に書かれている内容から見て、六世紀末から七世紀の初めにかけて、日本列島のどこかに上宮法皇という名前の王がいて、法興という年号が使われていた。上宮法皇が亡くなられた時、法皇を悼んでこの像が造られ祀られていた。その後、斑鳩寺が焼けた時、釈迦三尊像は安置されていたお寺から、再建された法隆寺に運びこまれ、仏像は聖徳太子のものとし、昔からあった本尊のように取り扱われるようになった。

そして仏像がそれまで安置されていたお寺の名前は歴史から消された。と考えられるのではないでしょうか。

現在の法隆寺の正式見解は仏像や五重塔などすべて聖徳太子が作ったもので創建時のものがそのまま残されているとしています。その論はどのような過程で固められていったのでしょうか。

作られた伝説『上宮聖徳法王帝説』

平安時代の写本とされる『上宮聖徳法王帝説』という本があります（以下『帝説』と略す）。原本の一部は七世紀末～八世紀頃に法隆寺の僧によって書かれたものです。この本において、法隆寺釈迦三尊像光背銘の「上宮法皇」が「聖徳太子」に、「鬼前大后」は「穴穂部間人皇女」に、そして「干食王后」も「膳大刀自」に擬して書かれています。また聖徳太子（厩戸皇子）の没年日も、釈迦三尊像光背銘に記された六二二年二月二十二日としています。

ところが『日本書紀』の没年日はその一年前の六二一年二月五日です。日も違います。太子の死後百年しか経っていないのに、書紀編纂の史官が『書紀』で聖王と讃えた太子の没年日を一年も間違えるとは考えられません。

しかし『帝説』は釈迦三尊像光背銘の命日を採用しました。新しく出来上がった法隆寺の建物やそこに安置された本尊が他から運び込まれたと知られては、都合が悪かったのでしょう、七世紀末から八世紀の初めの頃、法隆寺の僧たちが「法隆寺は聖徳太子が建立したもので、本尊の釈迦三尊像は聖徳太子の死を悼んで作られたもの」とする説を作り上げ、それが『帝説』にまとめ上げられたと思われます。つまり法隆寺とその本尊である釈迦三尊像を聖徳太子のものであるとするため、太子の死亡の日を銘文の没年日にせざるを得なかったのです。

この『帝説』は、聖徳太子を法隆寺と天皇家の関わりの深さを示すものとして最大限に偉大化、聖人化した最初の書物です。以後、聖徳太子の死を記した法起寺塔露盤銘《ほっきじとうろばんめい》、天寿国繍帳銘文《てんじゅこくしゅうちょうめいぶん》、その後に作られた多くの聖徳太子伝説もほとんどがこの『帝説』を取り入れて作られました。戦前の日本もこの『帝説』により作り上げられた聖徳太子の姿を国定教科書に採用し、戦後も古代史学会は『帝説』を信頼できる貴重な文献と位置づけています。そして、法隆寺は今も再建説はとらず聖徳太子が建てた寺としているのです。

『古事記』にない聖徳太子説話

七一二年に作られた『古事記』は日本国の成り立ちを語る序文の中で、高天原の神々から神武天皇そして崇神《すじん》を賢王、仁徳《にんとく》を聖王として讃え、天武天皇による『古事記』作成の経緯を取り上げていますが、聖徳太子のことは一言も触れていません。また本文においても用明天皇の皇子の一人として上宮之《うえのみやの》厩戸豊聡耳命《うまやどのとよさとみみ》の名前が記されているだけで、太子が活躍したとされる時代に相当する推古天皇の所にはまったく名前が出てきません。七一二年の時点において、『古事記』作成に関わった太安万侶《おおのやすまろ》以下当時の人々の間では厩戸皇子（聖徳太子）が偉大な聖人であったとする認識はなかったものと思われます。

ところが七二〇年に作られた『日本書紀』においては一変して、「聖徳太子」は冠位十二階や十七条憲法の制定など日本国家の基礎を作った偉大な政治家として、さらには生まれながらの天才であり、また仏教を広めた大聖人として描かれるようになりました。民を救済した聖人説話までもが組み込まれています。

七一二年から七二〇年の八年間の間に何があったのでしょうか、聖徳太子の聖人化が図られていま す。『日本書紀』には当時法隆寺の僧たちにより作られた「聖徳太子説話」が取り入れられました。

しかし舎人《とねり》親王たち『書紀』の編纂にかかわった人たちは聖徳太子の神格化は図ったが、法隆寺の僧による釈迦三尊像までを聖徳太子の姿とするごまかしまでは付き合わなかったようです。厩戸皇子の没年は三尊像光背銘に記された日ではなく、天皇家に伝わる記録の通り六二一年二月五日とし、法隆寺焼失も史実の通り記載しました。

現在の古代史学会は太子の没年日を光背銘の六二二年二月二十二日としています。史実に基づかず、後世に作られた伝説に基づいて歴史を語っているのです。

唐へ行った「小野妹子」

聖徳太子の業績の一つに中国外交が挙げられています。聖徳太子は小野妹子を遣隋使として隋へ派遣、煬帝に「日出処の天子」と称して書簡をおくり超大国「隋」と対等外交をしたとされています。『日本書紀』には本当にそのようなことが書かれているのでしょうか。『日本書紀』推古紀十五～二十六年に中国関連記事があります（①～④）。

①②の記事をまとめると次の通りとなります。

(イ)　記事に相手国はすべて「唐、大唐」と書かれています。内容は推古朝と唐との外交記事です（①②）。

(ロ) 推古天皇が国書を送った相手は隋の二代皇帝「煬帝」ではなく、唐の初代皇帝「高祖」です（②八月条）。

(ハ) 推古天皇の国書はへりくだったもので、多利思北孤が誇らかに「日出処の天子」と名乗った煬帝宛の国書とは内容が違います（②九月条）。

推古十六年八月（②）の唐の裴世清《はいせいせい》が持参した皇帝の国書には「朕《ちん》は宝命《ほうめい》を受け天下に臨んでいる。……中略……倭の天皇が朝貢してきたことを喜んでいる」と書かれています。宝命とは、前王朝を武力で倒した天子がその行為を正統化するために天の命を受けたとして使う初代皇帝にのみ使われている言葉で、二代皇帝

『日本書紀』推古十五～二十六年

①推古十五（六〇七）年

秋七月　小野妹子を大唐に派遣。

②推古十六（六〇八）年

四月　妹子が大唐の使い裴世清と共に帰国。

八月　唐の裴世清が朝廷において、天皇に謁見、国書を提出し読み上げる。国書には「朕（唐の皇帝）は宝命を受け天下に臨んでいる……中略……倭の天皇が遠く朝貢してきたことを喜んでいる」と記載。

九月　裴世清が帰国。小野妹子が遣唐使高向玄理、南淵請安らと同行し唐の皇帝あて次の内容の手紙を持参。

「東の天皇（推古）が西の皇帝に謹んで申し上げます。鴻臚寺の掌客裴世清が我が国に来たり、久しき思いが解けました。大礼の蘇因高（小野妹子の中国名）らを派遣いたします」

の隋の煬帝が使ったものではありません。唐の初代皇帝高祖（在位六一八〜六二六年）がこの国書を作成したのです。新しく国を興した唐の高祖が、小野妹子を使者として朝貢して来たことに対し返事をしたのです。

また、九月に妹子が持参した推古天皇の国書は「東の天皇が西の皇帝に謹んで申し上げます」との書き出しで始まっています。天皇は皇帝より下の位を示す言葉です。「隋書俀国伝」の六〇七年多利思北孤が隋の煬帝に宛てた国書では「日出処の天子、日没する処の天子に書を致す。恙なきや」と対等外交をうたっています。推古の国書と多利思北孤の国書はまったく違う内容です。

そして④の推古二十六年記事に「隋の煬帝」とあるように、『日本書紀』の編纂者は「隋」と「唐」は別の国とはっきり認識し、書き分けています。『日本書紀』が遣隋使を遣唐使と書き間違えたのではありません。小野妹子は唐へ派遣された遣唐使だったのです。

③推古十七（六〇九）年
四月　肥後の葦北に漂着した百済の僧道欣らが「王の命で呉国へ行こうとしたが、その国に争乱があって入国できなかった。帰途暴風で漂着した」と説明。

④推古二十六（六一八）年
八月　高麗より使いが来て「隋の煬帝が三十万の兵で我らを攻めたが撃退した」と言上。

「遣隋使」とされた「唐への使者」

小野妹子がなぜ遣隋使とされているのか、それは『日本書紀』に小野妹子が派遣されたのは推古十五、十六（六〇七、八）年のことと記されているためです。この年はまだ隋（五八九〜六一八年）が中国を支配していました。このため「遣唐使」は間違いで本当は「遣隋使」だったとされたのです。

　この問題を解く鍵は前記③推古十七（六〇九）年四月記事の「呉国」にありました。この記事は推古十七（六〇九）年、百済の僧が「呉国」へ行こうとしたが、国が混乱してたどり着けずに戻ってきたという話です。しかし六〇九年は隋の煬帝の絶頂期で中国は安定し、「呉国」はまだ出来ていません。「呉国」は隋の滅亡直後、中国が混乱期にあった六一九年に建国、六二二年に唐に滅ぼされた国です。このことから推古十七（六〇九）年、百済の僧の呉国訪問記事は、六〇九年ではあり得ず、「呉国」が存在していた六一九〜六二二年の間だったのです。推古紀の記事に

推古	西暦	干支年	中国	書紀記事
15年	607	**卯**	隋	① 妹子大唐へ派遣
16年	608	**辰**		② 唐の裴世清来日
17年	609	**巳**		③ 百済僧の呉国訪問
・	・	・		（干支一巡ズレて記載）
・	・	・		
・	・	・		
26年	618	寅	唐	
27年	**619**	**卯**	呉	① 妹子大唐へ派遣
28年	**620**	**辰**		② 唐の裴世清来日
29年	**621**	**巳**		③ 百済僧の呉国訪問
30年	622	午		（記事の本来の年代）
31年	623	未	（全土平定）	

干支による絶対年のズレ

十～十二年のズレが生じていたのです。

推古紀の本文に使者の訪問先は一貫して大唐と書かれています。そして推古十七年の百済の僧の記事は明らかに唐の時代の出来事です。推古紀にある①②③の中国との交渉記事は隋ではなく唐との外交記事だったのです。

古代の文書は年を干支で表わしています。西暦何年という絶対年と違い、干支で表わされた年は十二年ごとに同じ表記となり、絶対年で示そうとすると十二年またはその倍数のズレが起きる可能性があります。正しい絶対年で示すためには、記事の内容をよく考えて決める必要があります。たいへん難しく重要なことです。

①推古十五（六〇七）年と②十六（六〇八）年の遣唐使記事は推古二十七（六一九）年と二十八（六二〇）年のもの、③推古十七（六〇九）年の呉国訪問記事は推古二十九（六二一）年のもの、いずれも唐代に入ってからの記事だったのです。

『書紀』の編纂者は、推古朝の外交記事を聖徳太子の中国外交や、『隋書』の「日出処の天子・多利思北孤」のことをイメージして書いたものではありません。外交記事には聖徳太子の名前は一言も書かれていません。小野妹子を遣唐使として唐へ派遣したことを記したのです。これを後世の学者が聖徳太子伝説を広めるため、勝手に「唐」と書かれている文字を「隋」と読み替え、多利思北孤と聖徳太子を結びつけたものです。現在の古代史学会はそれを踏襲し、教科書にもそれを載せているだけです。

次に隋と日本の外交が書かれている「隋書俀国伝」を詳しく見ていきましょう。

3　「隋書俀国伝」の多利思北孤

同時代を描いた『隋書』

『隋書』は唐の貞観《じょうがん》十（六三六）年に魏徴《ぎちょう》等「隋・初唐」の歴史官僚によって作られました。隋が滅んでわずか十八年後です。彼らは隋の時代を体験し、倭国などから送られてきた「国書」や隋の外交使節の報告書などの史料を眼前にしつつ、『隋書』を書いたものと思われます。まさに同時代の歴史を描いた最高の史料価値を持つ信頼性のある歴史書といえます。

『隋書』はそれまでの中国史書が使ってきた「倭人」「倭国」との表現を使わず「俀国《たいこく》」としています。これは多利思北孤《たりしほこ》の国書に「日出処の天子……」とあったのを見た煬帝が無礼の書としたため、国名を示す漢字に卑字を用いたのです。これは多利思北孤の国書に「大倭国《たいこく》」と国名が書かれていたのを、「俀国（弱々しい国）」と同じ発音の卑字に代えたものと思われます。

では『隋書』の中の「俀国伝」に何が書かれているか見ていきましょう。

俀国の歴史・地理・気候

中国の歴代王朝との関係について、

漢の光武帝の時、使いを遣わして入朝し、自ら太夫と称す。安帝の時、また使いを遣わして朝貢す。これを俀奴国《たいどこく》という。桓帝《かんてい》と霊帝《れいてい》の間（一四六～一八九年）、その国大いに乱れ、互いに相攻伐し、歴年主なし。女子あり、卑弥呼と名づく。……中略……。魏より斉・梁にいたり代々中国と相通ず。

と、俀国は後漢初代の光武帝が五七年に金印（博多湾出土）を与えた倭（俀）奴国のことで、六代安帝（一〇六～一二五年）の時にも朝貢してきた。その後一四六～一八九年の間、国が乱れたが卑弥呼が女王となり国は安定した。その後南朝の梁まで国交は続いた。中国歴代王朝とは一貫して倭（俀）国と

阿蘇山あり、その石故なくし
て火起こり天に接する者・・・

「倭国」の風景

国交があった、としています。

また地理・気候については次のように描いています。

俀国は百済・新羅の東南にあり。水陸三千里、大海の中において、山島に依って居る。
その国境は東西五月行、南北三月行にして各々海に至る。その地勢は東高くして西下り、邪靡堆《やびたい》に都す、即ち魏志のいわゆる邪馬臺《やまだい》なる者なり。
古にいう、楽浪《らくろう》郡境および帯方《たいほう》郡を去ること、並びに一万二千里。会稽《かいけい》の東にあり、儋耳《たんじ》と相近し、と。
気候温暖にして、草木は冬も青く、土地は肥え美しく、水多く陸少なし。小環を首にかけ水に入りて魚を捕えしめ、日に百余頭を得。
阿蘇山あり。その石、故なくして火起こり天に接する者、俗以て異と為し、因って禱祭《とうさい》を行う。

ここにある気候、漁労の記述はどう見ても大和盆地とは思えません。海岸部の風景です。また阿蘇山ありとしていることから、『隋書』の記した俀国は九州玄界灘沿岸にあった国となります。

次に「日出処の天子」の出てくる記事について見ていきましょう。

隋と多利思北孤の外交

「隋書俀国伝」には六〇〇、六〇七、六〇八年の三回の俀国との使者の往来が記載されています。

① 六〇〇年、隋の初代皇帝文帝の時、俀王が使者を送り、俀王の姓名は「阿毎・多利思北孤」、

妻は「雞彌《きみ》」、子は「歌彌《かみ》多弗利《たふのり》」、冠位十二階の存在などを報告します。

②六〇七年、二代煬帝の時に、再び俀国の使者が訪問し「日出処の天子……」で始まる国書を提出します。煬帝はこの国書を不快に思ったことが書かれています。

この時俀国の使者は、隋が仏法を興したと聞いたので我が国は僧数十人を送り仏法を学ばせている、と煬帝に説明しています。

③六〇八年、煬帝は俀国のことが気になったのでしょう。文林郎裴清《ぶんりんろうはいせい》を俀国へ派遣し

「隋書俀国伝」

①開皇二十（六〇〇）年俀王、姓は阿毎、字は多利思北孤、阿輩の雞彌と号す。使を遣わして闕（隋都長安）に詣る。上（文帝）、所司をして其の風俗を訪わしむ。使者言うに……中略……。王の妻、雞彌と号す。後宮に女六・七百人有り。太子を名づけて利となす、歌彌多弗の利なり。城郭無し。内官に十二等有り、一に大徳と曰い、次に小徳、大仁、小仁、大義、小義、大礼、小礼、大智、小智、大信、小信、員に定数無し。……以下略

②大業三（六〇七）年、其の王多利思北孤、使を遣わして朝貢す。使者曰く「聞く、海西の菩薩天子、重ねて仏法を興す、と。故に遣わして朝拝し、兼ねて沙門数十人、来りて仏法を学ばしむ」と。其の国書に曰く「日出処の天子、書を日没する処の天子に致す。恙無しや云々」と。

帝（煬帝）、之を覧て悦ばず。鴻臚卿に謂いて曰く「蛮夷の書、無礼なる者有り、復以て聞する勿れ」と。……以下略

③明（六〇八）年、上、文林郎裴清を遣わして俀国に使せしむ。百済を渡り、行きて竹島に至り、南にタン羅国を望み、都斯麻国を経、迥かに大海の中に在り。また東して一支国に至る。又竹斯国に至る。……中略……。

俀王、小徳の阿輩臺を遣わし、数百人を従え、儀仗を設け、鼓角を鳴らして来り迎えしむ。後、十日、また大礼の哥多毗を遣わし、二百余騎を従えて郊労せしむ……以下略

④この後、遂に絶つ。

ています。多利思北孤はこの使者を歓迎し宴を持ちます。

④　最後に「その後絶つ」と書かれています。多利思北孤と隋との関係はその後断絶したと思えます。

ここには「聖徳太子」も「推古天皇」も登場しません。

『日本書紀』の「推古紀」と「隋書俀国伝」の外交記事は、日本側登場人物名も記事の内容もまったく違っています。『日本書紀』には①六〇〇年に関連する記載はありません。

「推古紀」に書かれているのは推古朝と唐との外交記事、そして「隋書俀国伝」にあるのは倭国と隋との外交記事です。

「隋書俀国伝」には、「七世紀初頭、俀国という国があって王は多利思北孤と名乗り、妻は雞彌、皇太子は歌彌多弗利と言った。そし

この時代「北九州」は倭国・多利思北孤,「大和」は推古天皇が支配

てその国は歴代の中国王朝の史書に描かれている北部九州にあった倭国の後継王朝である」と書かれているのです。

「俀国」は決して大和にあった政権のことではありません。ではどうしてそれが大和に結び付けられて、現在においても信じられ教科書でも子供たちに教えられているのでしょうか。

それを解く鍵はやはり法隆寺にありました。

4　法隆寺の中の多利思北孤

釈迦三尊像は誰の像か

釈迦三尊像の後背銘に像は「上宮法皇《じょうぐうほうおう》の病気回復を願って発願した」と記されています。上宮法皇とは誰のことでしょう。古代日本において人は実名で呼ばれることはなく、住んでいた土地の名前などを付けて呼ばれていました。例えば大阪府柏原市から出土した「船王後《ふねのおうご》」という人の墓碑銘に天皇の名前は「乎娑陀宮《おさだのみや》天皇、等由羅宮《とゆらのみや》天皇、阿須迦宮《あすかのみや》天皇」と書かれています。それぞれ敏達、推古、舒明天皇のことで墓碑銘では名前を天皇の住んでいた宮名を付けて呼んでいます。

このため「上宮法皇」の上宮とは法皇の住んでいた宮の名前と考えられ、通説では『日本書紀』の「聖徳太子は最初上宮《うえのみや》（奈良県桜井市に字名あり）に住み、後に斑鳩に移った」とする記事から、太子が上宮法王と呼ばれていただろうとしています。しかし聖徳太子の場合は長い間、斑鳩宮《いかるがのみや》で政治を司っていたので、呼ばれるなら斑鳩法王と考えるべきでしょう。また上宮法皇の法皇とは仏門に入った天皇のことです。聖徳太子は天皇になっていないので仏法の王を意味する法王とは呼べても、法皇と呼ぶことはできません。

にもかかわらず法隆寺の僧たちは『上宮聖徳法王帝説』において、上宮聖徳法王とは釈迦三尊像に記された上宮法皇であり、それは聖徳太子であると強引に結びつけたのです。では「上宮法皇」とは誰のことか論を進めましょう。

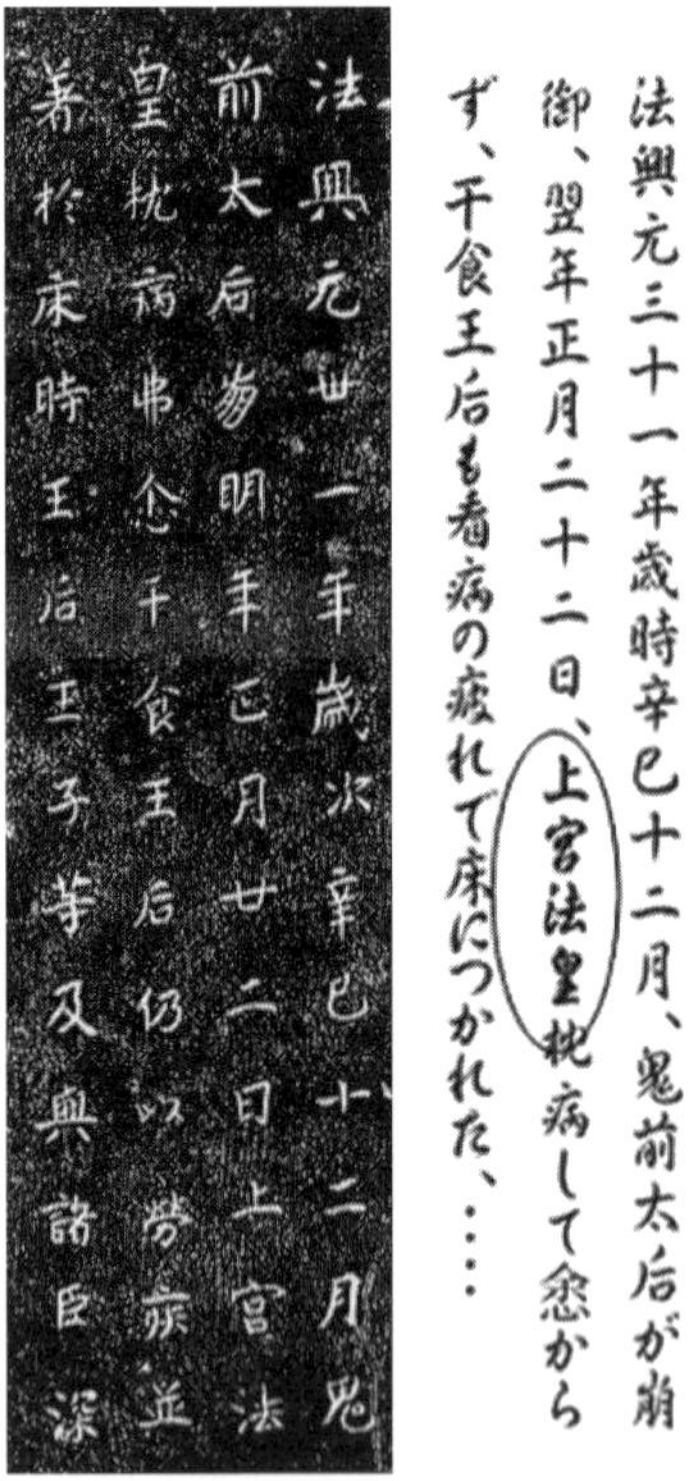
法興元三十一年歳時辛巳十二月、鬼前太后が崩
御、翌年正月二十二日、上宮法皇枕病して悆から
ず、干食王后も看病の疲れて床につかれた、・・・・
釈迦三尊像光背銘文の書き出し

多利思北孤の私集『法華義疏』

長年法隆寺に秘蔵され、明治になって皇室に献上された『法華義疏《ほっけぎしょ》』という日本最古の文献とされる書物があります。法華経の注釈書（義疏）で、『勝鬘経《しょうまんぎょう》義疏』『維摩経《ゆいまきょう》義疏』と共に「三経義《さんぎょうぎ》疏《しょ》」と呼ばれているものの一つです。『日本書紀』に推古一四（六〇六）年に聖徳太子が勝鬘経・法華経を講じたという記事があることから、聖徳太子によって著されたとされていました。しかし近年の

研究からこの書物は聖徳太子の死後百二十年以上もたって、それまで存在すら知られていなかったものが、突然、聖徳太子御製として出現した事、さらに内容から見て中国北朝で六世紀後半に作られたものであり、誰かが法隆寺に献納したもので聖徳太子とは関係ないことが分かってきました。

この『法華義疏』第一巻表題の部分に「此是大委国上宮王私集、非海彼本」と書かれた紙が貼られています。この本の所有者が「これは大倭国（委＝倭）の上宮王の私集（自家の書架に収蔵した本）である、この本は、中国・朝鮮側の人々の手になるものではない」と記したものです。大倭国を名乗っていたのは「隋書俀国伝」に描かれた俀国（大委国）の天子「多利思北孤」です。大倭国の天子の実名は多利思北孤、通称は上宮王であった可能性があります。

釈迦三尊像は多利思北孤の像

『伊予国風土記』の中に『釈日本紀』からの引用として次の銘文があったことが記されています。

> 法興六年十月、歳丙辰《としへいしん》に在る、我が法王大王と恵總《えそう》法師また葛城臣と夷与《いよ》の村にいでまし、……中略……、聊《いささ》かに碑文一首を作る。

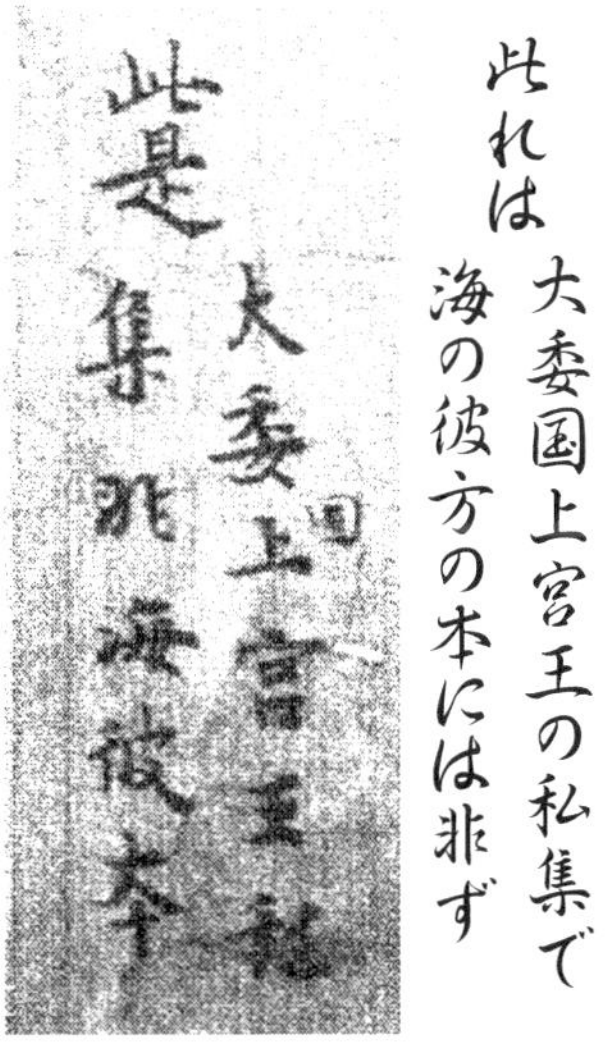

『法華義疏』の表題部分の貼紙写真

法王大王が法興六（五九六）年に伊予の国に行幸して温湯碑を建てたという記事です。法興年号は釈迦三尊像に記された上宮法皇の年号です。「隋書俀国伝」に記されている「多利思北孤」が隋へ国書を送ったのはこの法興年間にあたります。

法興年間の出来事をまとめると次のようになります。

『伊予国風土記』

五九六年　法興六年　　法王大王が伊予に行幸、温湯碑を建立。

「隋書俀国伝」

六〇〇年　開皇二〇年　多利思北孤が隋に遣使。

六〇七年　大業三年　「日出処の天子」の国書を煬帝に送る。

六〇八年　大業四年　煬帝が俀国（大委国）に裴清を派遣。

「釈迦三尊像光背銘」

六二二年　法興三十二年　上宮法皇、干食王后ともに崩御。

隋書の「日出処の天子、阿毎・多利思北孤」、釈迦三尊像光背銘の「上宮法皇」、伊予の温湯碑の「法王大王」、そして法華義疏貼紙の「大委国、上宮王」、これらすべては法興年間に「大倭国」を支配していた一人の君主に付けられた呼び名でした。

また上宮という地名は、阿蘇山に上宮、下宮、大分の英彦山《ひこさん》の近くに上宮山があります。さらに太宰府の北にある竈門《かまど》神社にも上宮、中宮、下宮などがあります。早くから仏教に帰依していた多利思北孤、通称上宮王は、若い時は法王大王、晩年は上宮法皇と呼ばれていたと思われます。釈迦三尊像光背銘に書かれた上宮法皇とは大倭国、日出処の天子「阿毎・多利思北孤」だったのです。

法隆寺焼け跡に移築された観世音寺

太宰府の観世音寺境内に直径一メートルもある大きな石臼が置かれ説明版に「碾磑《てんがい》*」と書かれています。この「碾磑」について江戸時代に作られた『筑前國続風土記』に「観世音寺の前に昔の石臼あり……中略……朱を抹したる臼なりと云う」と書かれています。昔とはいつだったのでしょうか。『日本書紀』に「推古十八（六一〇）年三月　高麗《こま》の王、僧曇徴《どんちょう》・法《ほう》定《じょう》を貢上る。曇徴は五経を知れり。且能く彩色及び紙墨を作り、併せて碾磑を造る」と高句麗の僧がやって来て碾磑を作ったと書かれています。この記事から推して、その時観世音寺が造営中で、寺の建物を朱に塗るために「碾磑」が作られ境内に置かれていた。そ

観世音寺の碾磑（石臼）

れが今も残されているものと思われます。隋の煬帝に国書を送った多利思北孤の絶頂期に観世音寺が作られたのです。

＊ **碾磑**　唐の頃、華北において小麦粉の大量生産のため「碾磑」と水車を組み合わせた大規模な製粉工場が建設されています。日本では寺院建設などでに朱が大量に必要な時に使われたと思われます。

また、観世音寺境内には創建時のものとされている巨大な五重塔の礎石が残されています。礎石の柱穴は直径九〇〇ミリ、法隆寺五重塔心柱径は約八九〇ミリで、ぴったり納まります。九州王朝が滅んだあと観世音寺は解体され、法隆寺再建のために安置されていた仏像と共に太宰府から奈良に移設された、こう考えると法隆寺再建に関する謎が解けるのではないでしょうか。そして、近畿天皇家の真っ只中にある法隆寺に九州王朝の天子・多利思北孤の像があるという謎も同時に解けることになります。

盗まれた多利思北孤

隋の前の時代、倭の五王が朝貢していた南朝は、晩唐の詩人杜牧《とぼく》に「南朝四百八十寺……」と歌われたように仏教が栄えた国で、この時倭国に仏教が伝来＊したと思われます。

＊ **仏教の伝来**　法事などで詠まれる仏教の経典はほとんどの読みが中国南朝で話されていた発音（呉音）です。これは倭の五王の時代に多くの仏教経典が南朝からもたらされ、その時の中国僧の読みが今も残っているものと思われます。

「隋書俀国伝」において多利思北孤は「海西の菩薩天子が再び仏法を興したので使いを出したもの」と自分たちはすでに仏教を取り入れていることを使者に言わせています。中国南朝の仏教の伝統を継ぐ大倭国において当時の世界最高水準にあった釈迦三尊像が作られていたとしてもおかしくはありません。官位十二階も『隋書』に書かれています。十七条憲法も聖徳太子ではなく多利思北孤が作ったものではないでしょうか。大倭国で作られたものが『日本書紀』『上宮聖徳法王帝説』で聖徳太子の作成と盗用された可能性があります。大和朝廷が「倭国」に代わって、日本列島の支配者となった時、新生日本国は倭国の歴史をすべて消し、倭国の歴史や事績を自分たちのものとして『日本書紀』に取り込んでいったのです。

次に本当の日本の歴史はどのような姿であったのか、中国史書を読みながら考えていきたいと思います。

第2章　金印・卑弥呼、弥生から古墳時代へ

弥生時代〜四世紀

時代	西暦	九州・倭国	西暦	近畿地方（天皇家）
弥生時代（前十世紀から後三世紀半ば）	前十世紀頃 前四世紀頃	九州で弥生時代始まる 倭人、周王朝に朝貢 天孫降臨軍、博多湾上陸 三種の神器（銅剣・銅鏡・勾玉）がセットで埋葬 水田稲作の開始をもって弥生時代の始まりとする	前七世紀頃	近畿の弥生時代始まる 大型銅鐸が作られ祭祀に使われる
	五七年 二三八年 二六六年	倭国が「金印」を受領 女王卑弥呼が魏へ朝貢 新女王壹与、晋へ遣使	紀元前後 二〜三世紀	神武天皇橿原に即位 奈良盆地南部に拠点確立 奈良盆地中央へ進出 銅鐸文化の消滅
古墳前期（四世紀末まで）	三六九年 三九一年	七支刀、百済王より贈与 好太王碑に倭の侵攻記事 四世紀に入り倭国の朝鮮半島での活動が活発となる	三世紀末 四世紀 四世紀後半	三輪山麓に大型古墳 三角縁神獣鏡が盛んに作られる 河内に超大型古墳出現

1　金印の時代

中国から渡ってきた稲作と人々

明治十七（一八八四）年に現在の東京都文京区弥生において、それまでの縄文土器とはまったく違った土器が出土しました。土器は出土地の名前をとって弥生土器と名付けられ、使われていた時代を弥生時代と呼ぶようになりました。一番古い弥生土器は北九州の博多湾沿岸から見つかり、放射能年代測定により紀元前十世紀頃のものと判明しました。* 約一万六千年前に始まった縄文文化は終わり、弥生文化が始まったのです。

＊ **弥生時代の始まり**　従来、紀元前五世紀頃とされていた弥生時代の始まりは、二〇〇三年に国立歴史民族博物館が最新の放射能測定法に基づき五〇〇年遡るとの見解を発表して以降、論争が続き現在に至っています。本書では紀元前十世紀を弥生の始まりとします。

初期の弥生遺跡は博多湾から唐津湾沿岸に広がり、土器と共に水田稲作遺構が出土しています。稲は古くから中国江南地方で栽培されていました。この頃、中国大陸で大きな変動があったのでしょう、

縄文土器

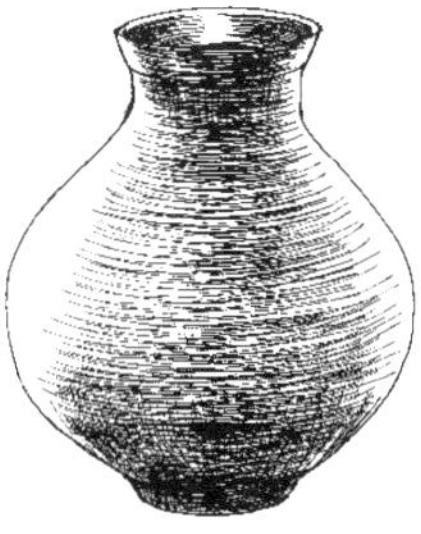

弥生土器

長江の河口、太平洋沿岸部にいた人々が、弥生土器、稲作を持って、丸木船で東シナ海を渡り北九州の海岸にやって来たと思われます。最初北九州に伝わった稲作文化はその後日本列島を西から東に広がっていきます。近畿地方へは三〇〇年後の紀元前七世紀頃に伝わりました。

『古事記』『日本書紀』では神代とされるこの時代、日本列島にはどのような人たちがいたのでしょうか、中国古代の史書に倭・倭人のことが書かれています。

中国文献に見る最初の倭人

紀元前十一世紀、中国では甲骨文字や青銅器文化で栄えた殷帝国が衰え、周により滅ぼされました。周は善政をしいたとされますが、紀元前七七一年に国は分裂し春秋・戦国時代へと移っていきます。後漢時代に書かれた思想書『論衡《ろんこう》』という書物の周二代目成王（在位前一〇二一～一〇〇二年）の記事に、初めて倭人が現れます。

① 周の時、天下太平、越裳白雉《えつしょうはくち》を献じ、倭人鬯草《ちょうそう》を貢す（巻八）。

② 成王の時、越常《えつしょう》、雉を献じ、倭人暢草《ちょうそう》を貢す（巻十九）。

①②とも同じ内容で「越」（現在のベトナム）の人が雉を献じて、倭人が薬草（鬯草）を持ってきた」と書かれているのです。従来、弥生時代が紀元前五世紀頃に始まるとされていた頃、この記事はまったく信用出来ないとされてきましたが、古代の年代を計測する炭素14年代測定法が信頼性を増し、弥生時代が五百年以上も遡るとされるようになったことから、この記事も俄然信頼できるものになってき

ました。当時中国大陸の長江沿岸に住んでいた倭人か、もしくは北部九州に住みついた倭人が、聖王と讃えられていた周の成王に自分たちの薬草を献上したものと思われます。周王朝の天子は越人が献上した雉を食べ、倭人の薬草を服用していたのです。

『論衡』が書かれたのは後漢の初めで、ちょうど倭国王が光武帝に朝貢し、「金印」を授与された時です。『論衡』を著した王充《おうじゅう》は同じ時代の人で、金印のことを聞いていたのでしょう、光武帝が金印を与えた倭人は周の成王の時にも鬯草を献上してきた人たちだった、と書いたのだと思われます。

光武帝から贈られた「金印」

江戸時代に九州の博多湾にある志賀島《しかのしま》で「金印」が発見され、現在は福岡市博物館に展示されています。この金印について「後漢書倭伝」には建武中元二（五七）年に後漢の光武帝が、朝貢してきた倭国王に「印綬」を与えた、と次のように記されています。

① 倭は朝鮮半島の東南の海上にあり、百余りの国がある。漢の武帝が楽浪郡（今の北朝鮮の首都平城の周辺）を建てた時から三十国ほどが朝貢している。

② 建武中元二年光武帝の時、使者が来て「倭国は南界を極《きわ》む」と報告したので印綬を与えた。

③ 南界とは、女王国（卑弥呼の国）から東南の船行一

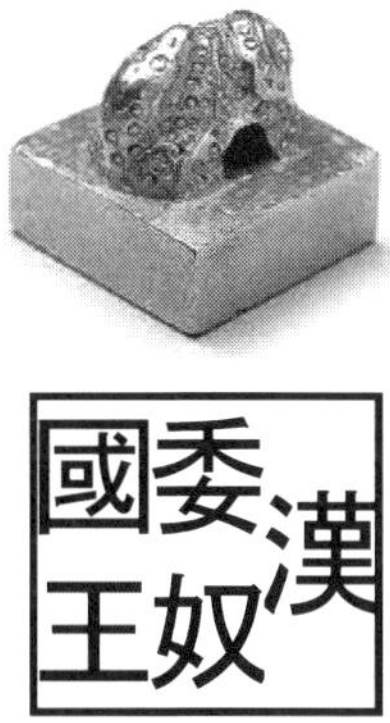

金　印

年のところにある裸国《らこく》・黒歯国《こくしこく》である。

光武帝が与えた金印には「漢委奴国王《かんのいどこくおう》」と五文字が刻まれています。東アジアの冊封《さくほう》体制*の下で中国の皇帝は諸国の王を臣下と認める証しとして、その定められた地位に応じ玉印・金印・銀印・銅印などを与えていました。

＊ **冊封体制**　中国の皇帝が朝貢をしてきた周辺諸国の君主に印綬・官号・爵位などを与えて君臣関係を結んで彼らにその統治を認める（冊封）ことです。

金印は臣下に与えられる最も高い位のもので、現在見つかっている金印は漢の武帝が中国雲南省にあった滇国王《てんこくおう》に与えた「滇王之印」、光武帝が子の広陵思王に与えた「廣陵王璽《こうりょうおうじ》」など限られています。いずれも漢と密接な関係にあった重要な国です。光武帝は南米の倭人国「裸国・黒歯国」の報告を大きく評価し、滇王国、廣陵王国に匹敵する国として認め、倭国王にも金印を与えたのです。

印文を読むルール

古代中国の印文の国名表記には一定のルールが存在します。最初に印を与える中国側の国名（A）

「後漢書倭伝」
①倭は韓の東南大海の中に在り。山島に依りて居を為す。凡そ百余国。武帝、朝鮮を滅ぼしてより使駅、漢に通ずる者三十許国なり。……中略……
②建武中元二（五七）年、倭奴国奉貢朝賀す。使人自ら大夫と称す。倭国、南界を極む。光武賜うに印綬を以てす。……中略……
③女王国より南へ四千余里、侏儒国に至る。人長三、四尺。侏儒より東南船を行けること一年、裸国・黒歯国に至る。使駅の伝うる所ここに極まる。

を書き、次に授与される側の国号または部族名（B）が書かれます。つまり「AのB」というように二段に記しています。例えば、光武帝が滅ぼした「新《しん》」の王莽《おうもう》が匈奴《きょうど》の単于《ぜんう》（君主）に印章を与えていますが、その銘文は「新匈奴単于」で「新の匈奴単于」と二段に記されています。このルールに従うと志賀島の金印の読みは「漢の委奴国王《いどこくおう》」となります。金印は漢の倭の「奴国王《ぬこくおう》」ではなく漢の「倭奴国王」＊に与えられたのです。

＊　**委奴国**　正しくは「倭奴国」と書くべきですが、ここでは「委奴国」と書かれています。中国語では発音が同じであれば「倭」の人偏をとり「委」と簡略化して書くことがあります。倭人は古くから中国王朝に対して友好的であったため、「従順な家僕」という意味で「委奴」と記されました。一方、絶えず中国を侵略していた北方民族は「恐ろしい、悪い」意味をもつ「匈奴」と表記されています。

博多湾岸の弥生王国

金印が出土した志賀島の対岸にある吉武高木《よしたけたかぎ》遺跡から王権のシンボルである「銅鏡・勾玉《まがたま》・銅剣」、三種の神器《じんぎ》＊がセットで出土しています。紀元前四世紀頃の遺跡です。この後、他の北部九州の弥生遺跡からも銅剣・銅矛《どうほこ》・銅戈《どうか》などの青銅製武器、中国の鏡、玉製の装身具を副葬した墳墓が出現します。

＊　**三種の神器**　天孫降臨の時に、瓊瓊芸命《ににぎのみこと》が天照大神から授けられたと「記紀」に記されている鏡・玉・剣のことで、皇位継承の証しとして歴代の天皇に受け継がれています。

また、弥生時代には大陸から鉄が伝わりました。弥生時代に北部九州から出土する鉄製品の量は他を圧しています。大和盆地から出土した鉄製品の数は微々たるものでした。博多湾岸には、矛を祭器とし、大量の鉄製品で武装した倭人の古代王国が出来ていたのです。彼らは後漢の光武帝に朝貢、太平洋のかなたにまで進出していることを報告し、「金印」を拝受したものと思われます。

古代史学会の「金印」解釈

現在の古代史学会はこの金印に刻まれた文字を、「漢《かん》の倭《わ》の奴国王《なこくおう》」と読み、光武帝が倭の三十カ国の一つ博多湾にあった「奴国《なこく》」に与えたものとしています。この金印に書かれた文字を「漢（A）の倭（B）の奴国王（C）」と中国の印文読みのルールを無視して三段読みをして、光武帝が倭国の支配下にあった博多湾岸にあった小国、「奴国王」に与えた印であると解釈しているのです。

日本の古代史学会の基本的原則は、「倭国は大和盆地にあった国」で、北部九州にあってはならない国です。このためその金印は大和の倭国の傘下、福岡にあった奴国に与えられたものと、印文を読むルールを無視して強引な「三段読み」をしています。「委奴国」を「倭の奴国」と無理に読んでし

倭国が金印を貰った

まい、日本史の謎を深め、日本の歴史を分からなくしているのです。

さらに学会は「後漢書倭伝」の金印記事について原文に「建武中元二年 倭奴國奉貢朝賀《ほうこうちょうが》 使人自稱大夫 倭國之極南界也 光武賜以印綬」とあるのを「建武中元二（五七）年、倭の奴国、奉貢朝賀す。使人は大夫と称す。倭国の極南界《きょくなんかい》なり。光武、賜うに印綬を以てす」と読んでいます。「倭国の極南界也」とは「奴国は倭国の南の果てにある国」との解釈をしているのです。ところが奴国は博多湾近くにあり、倭国の南の果ての国ではありません。奴国の南にはさらに倭国の中枢部の国々が広がっていました。この解釈ではまったく意味不明となってしまいます。文中の「極南界」は「極」を動詞とし、「倭国これ、南界《なんかい》を極《きわ》める也。光武、以って金印を与える」と読むべきです。「極」とはどこを極めたのか、同じ「後漢書倭伝」の末尾に「侏儒《しゅじゅ》より東南、船を行けること一年、裸国・黒歯国に至る。使駅《しえき》の伝うる所ここに極まる」とはっきりと説明がされています。倭国が遠く南米まで極めたため金印が与えられたのです。

後世の史料となりますが、「旧唐書倭国伝」においても「倭国は古の倭奴国なり」（序章九頁参照）と、倭国について昔は「倭奴国」と呼ばれていたと書かれています。「奴国」は「魏志倭人伝」に二万戸と記載されている博多湾の小国です。中国皇帝にとって最も大事な金印がなんの理由もなくそのような小国に与えられることはあり得ません。金印は「倭の奴国王」ではなく「漢の委

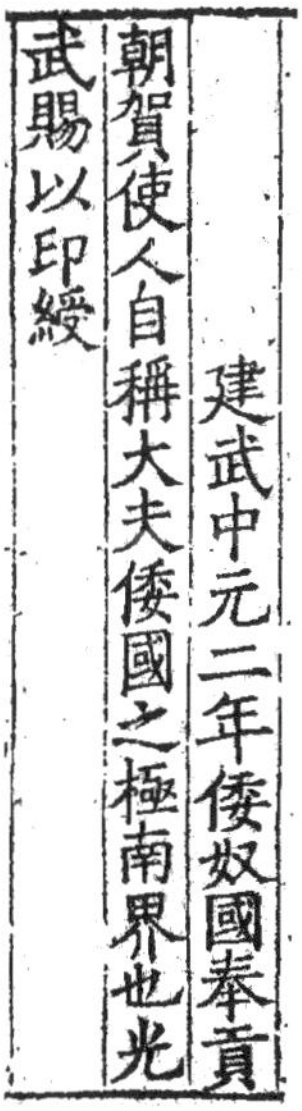
建武中元二年倭奴國奉貢
朝賀使人自稱大夫倭國之極南界也光
武賜以印綬

「後漢書倭伝」

奴国王」に与えられたものです。

鉄製武器を手に入れた博多湾岸の人々は日本列島の東へ目を向け支配地を広げていきました。

銅矛圏と銅鐸圏

委奴国王が金印を貰った頃、日本列島の東の方には近畿地方中心に銅鐸《どうたく》を祀る人々が住んでいました。列島は九州の銅矛圏と近畿の銅鐸圏に別れていたのです。大阪府茨木市の東奈良遺跡からたくさんの銅鐸の鋳型が出土し、同じ形の鋳型で作られた銅鐸が各地で見つかっていることから、銅鐸王国の中心は茨木市周辺にあったと考えられます。銅鐸圏は西において中国・四国で銅矛圏と接し、東は東海地方にまで広がっていました。遺跡からは鉄製武器の出土は少なく、人々は稲の収穫

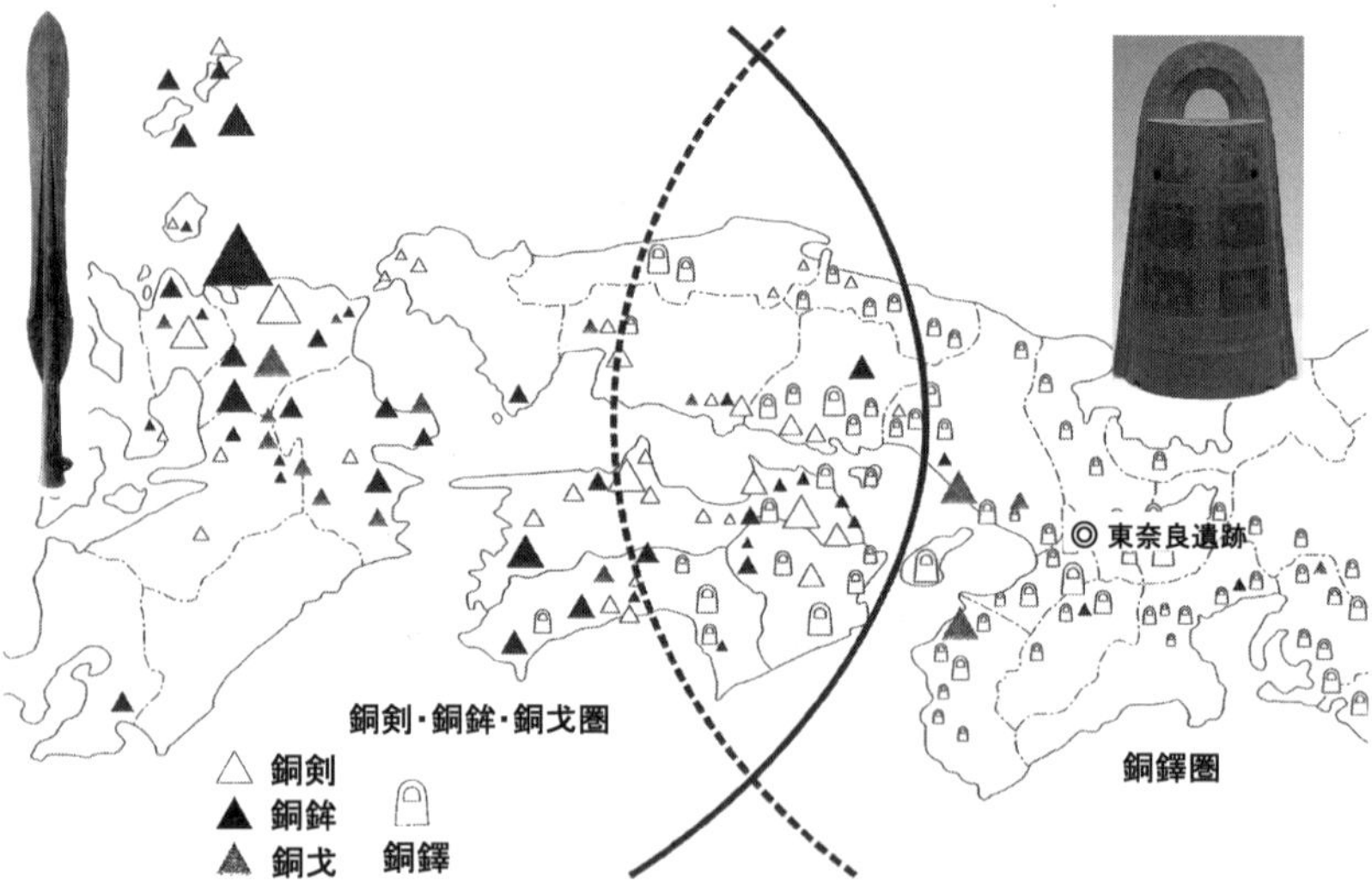

銅矛圏と銅鐸圏

出典：古田武彦『盗まれた神話』ミネルヴァ書房，2010年。

時には銅鐸の周りに集まり、平和な生活をしていたように思えます。

史実を反映する天孫降臨と神武東征

『古事記』の神代の時代には「天上（高天原）にいた神々が豊かな豊葦原《とよあしはら》の水穂の国（日本列島）を見て、この国は自分たちの子孫（天孫族）が支配する所だと、天照大神の孫の邇邇芸命《ににぎのみこと》が軍を率い筑紫の日向《ひなた》の高千穂のクシフル峯に降臨（侵攻）した。この地は韓国に向かい……」と記されています。現在、天孫降臨の地は宮崎県の高千穂とされていますが、韓国に面している所は博多湾であり、そこには日向峠《ひなたとうげ》もクシフル峯もあります。邇邇芸命軍が上陸したのは博多湾です。宮崎県にある高千穂峰は後世に「日本神話」に基づき付けられた名前です。

そして北九州に倭王国を築いた天孫族は次に東

竺紫の日向の高千穂の久士布流多氣に天降りまさしめき。・・中略・・此地は韓國に向ひ、笠沙の御前を眞來通りて、朝日の直刺す國、夕日の日照る國なり。
韓国
ニニギ軍の侵攻
博多湾
筑紫
（福岡県）
日向峠
高祖山連峰
クシフル峯

天孫降臨の舞台

方の攻略に乗り出します。これが「神武東征」として描かれている物語です。

九州「倭国」にいた神武たち兄弟は活躍する舞台を求めて瀬戸内海を東に向かい大和盆地を目指します。弥生時代、現在の河内平野には河内湖と呼ばれる大きな湖が広がっていました。湖には大和川、淀川が流れ込み、二つの川の流れを合わせた激流が上町台地の北側から大阪湾に流れ出していました。『古事記』に「浪速《なみはや》の渡し」と記された所です。瀬戸内海を東に進んできた神武東征軍は大阪湾から大和を直撃しようとして、浪速の渡しを遡上して河内湖に入り、河内湖の奥、生駒山麓にあった弥生集落の密集地帯に突入します。しかしそこには銅鐸王国の指導者、長髄彦《ながすねひこ》たちが待ち構えていました。上陸作戦に失敗し海路を南に逃れた一行は、兄の五瀬命《いつせのみこと》を失いながらも熊野へ向かいます。新宮に上陸した神武たちは吉野山中を迂回し大和盆地南部に攻めこみ、現在の橿原神宮のところにようやく拠点を確保します。そして神武は初代天皇として即位しました。戦後史学において歴史事実ではなく神話とされた「天孫降臨から神武東征」の説話は、近年の地質調査や遺跡発掘の成果により、実にリアルに描かれた歴史事実であることが明らかになっています。

天皇家の勢力拡大と銅鐸の消滅

その後、神武の後継者たちは大和盆地から近畿地方全体へと勢力を拡大していきます。十一代垂仁《すいにん》天皇記にある「沙本毘古《さほびこ》・沙本毘売《ひめ》」の説話は、現在の茨木市佐保川の畔にあった銅鐸王国が滅亡する時の悲劇を描いています。摂津・河内・大和から追われた銅鐸王国の人々はその後近江・東海へと移っていきます。故郷を追われた人々に多くの伝承が残されていたと思われますが、「記紀」に銅鐸のことは一言も書かれていません。ただ滋賀から東海地方にかけて出土する一メートルを超える素晴らしい銅鐸から、彼らの文化を偲ぶことができます。

最近の発掘により、大和盆地南部の銅鐸は一世紀の中頃に消滅し、その後徐々に周辺地域からも消えていったことが分かってきました。神武たちが「倭国」の中枢部北九州から東方遠征軍として出発し、大和盆地へやって来たのは紀元前後の頃で、その後徐々に近畿周辺に勢力を拡大していったのです。

それでは紀元一世紀に「金印」を貰った「倭国」本国はその後、どうなっていったのでしょうか。三世紀、中国が魏・呉・蜀に分かれた三国時代を描いた『三国志』の中の「魏志倭人伝」に再び登場します。

2　倭の女王卑弥呼

『三国志』「魏志倭人伝」

三世紀に後漢は衰え、中国は魏・呉・蜀に分裂した三国時代に入ります。魏の曹操、呉の孫権、蜀の劉備、諸葛孔明などが活躍する時代です。この時代を描いた『三国志』は魏（二二〇〜二六五年）のあとを継いだ晋王朝が成立して間もない時期に陳寿によって書かれました。陳寿（二三三〜二九七年）

は最初、蜀に史官として仕えていましたが、蜀が滅んだため、三国を統一した晋王朝に仕えています。『三国志』は陳寿が自分の生きていた時代を描いたもので、優れた歴史史料として大きな評価が与えられています。

『三国志』の「魏志倭人伝」は「倭人は帯方の東南大海の中に在り、山島に依りて国邑《こくゆう》を為す。旧百余国。漢の時朝見する者あり、今、使訳通ずる所、三十国」と有名な文章で始まり、当時の倭国の様子が約二千の文字にまとめられています。漢の武帝が作った朝鮮半島における拠点「楽浪郡」は、魏の時代には南の今のソウル市周辺に移り「帯方郡」と呼ばれていました。帯方郡を出発した魏の使いが女王国を訪れた行程、倭人の国々、女王国の風景、魏への使者、狗奴国《こぬこく》との戦い、魏の軍事顧問「張政」の滞在、最後に女王の死と娘壹与《いちょ》の王位継承、などが詳しく描かれています。当時の日本の状況が客観的に記された古代史上最も重要な史書です。詳しく見ていきたいと思います。

博多湾岸にあった邪馬壹国

「倭人伝」には魏の使いが帯方郡（現在のソウル周辺）を出発し女王国へ行く、距離と方向が描かれています。

① 帯方郡（ソウル）を出発した魏の使いは韓半島の西部海岸に沿って南に船で進み、韓国に上陸し、南に向かい、東に向かい韓半島を横切り、南端にあった倭人の国「狗邪韓国《こやかんこく》」（現在の釜山周辺）につきます。室町時代から江戸時代にかけて日本にやって来た朝鮮通信使の道とほぼ同じ

行路をとったものと思えます。ここまでの距離は七千里と記されています。

「倭人伝」に使われている一里は現在の距離に換算して何メートルに相当するのでしょうか。同じく「魏志」に韓半島のことが記された「韓伝」があります。この「韓伝」に「韓は帯方の南にあり、東西は海を以って限りと為し、南は倭と接す。方四千里可《ばか》り」と書かれています。方四千里とは一辺が四千里の四角い形をしているという意味です。韓半島の一辺はほぼ三〇〇〜三六〇キロメートルです。これを計算すると（（３００〜３６０ｋｍ）÷４０００里＝７５〜９０ｍ）で「魏志韓伝」に書かれている里程は一里＝七十五〜九十メートルとなります。現在の一里＝約四キロメートルとはまったく違った「短里」という単位が使われていたのです（コラム①「一寸千里の法と短里について」参照）。

そして「南は倭と接す」と、

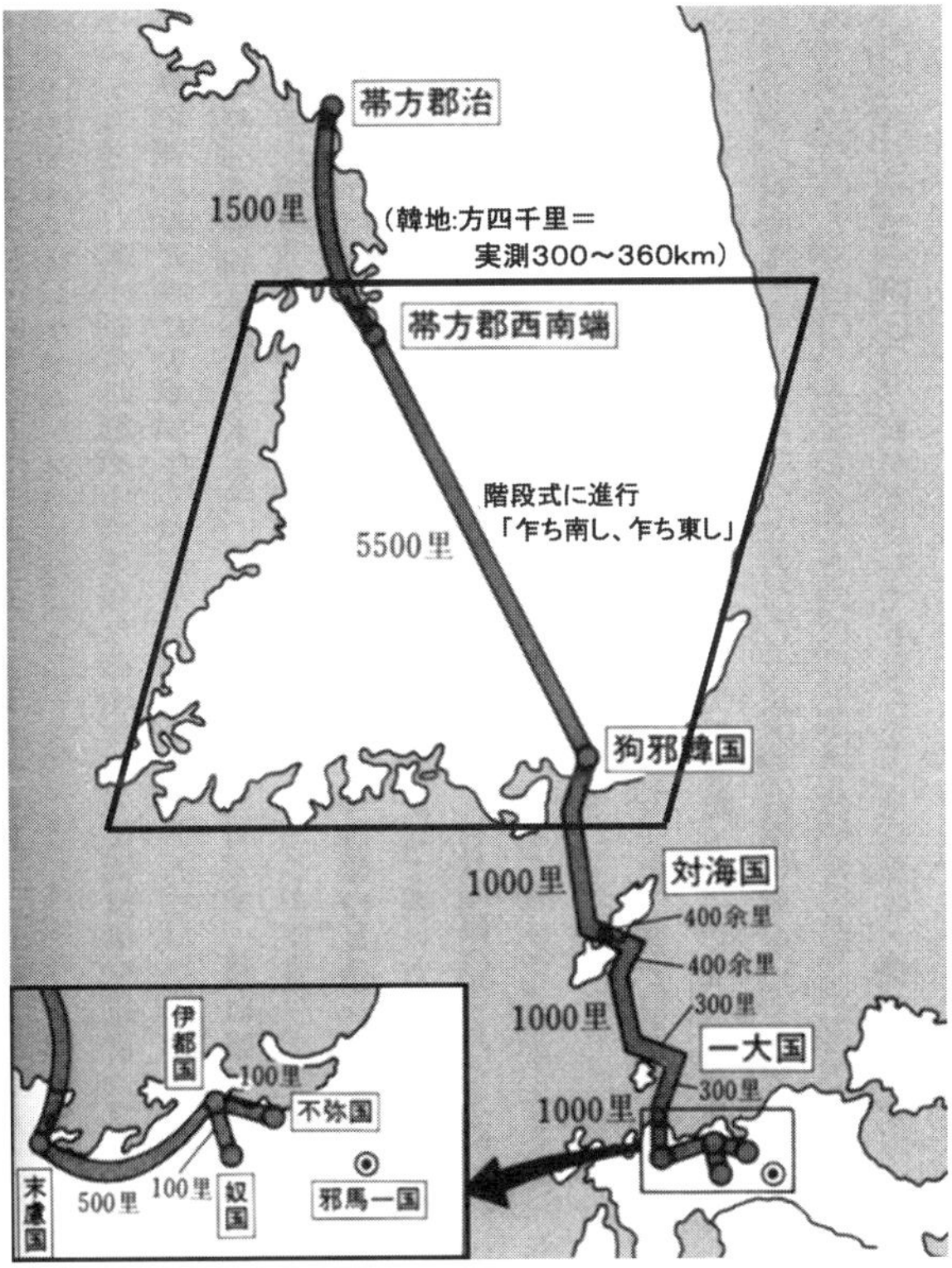

邪馬壹国までの里程

コラム① 「一寸千里の法」と短里——古代中国の天文算術書『周髀算経』

古代の人たちは身の回りのものの長さを測る時は、体の一部を基準にしていました。例えば中国では「咫《あた》」という漢字で長さの単位を表わしました。『古事記』では八咫烏《やたがらす》と神武たち東征軍を吉野川まで導いた鳥の名前に使われ、「し」もしくは「あた」と読まれています。八咫烏は鳥の長さが八咫あったという意味です。一咫の長さは手のひらの下端から中指の先まで、約十八センチです。大きな鳥です。欧州では一フィート＝三十センチと肘《ひじ》の長さが基準でした。

　社会が発達し国家が出来上がると、国土を管理するために長い距離を測る必要が出てきます。中国ではそれに「里」という単位を使いました。現在の一里は日本では約三・九キロメートル、中国では五百メートル、韓国では約四百メートルと決められています。一里の長さは、それを決める基準が時の政権により左右されたため、時代によって長さが変わっています。日本では

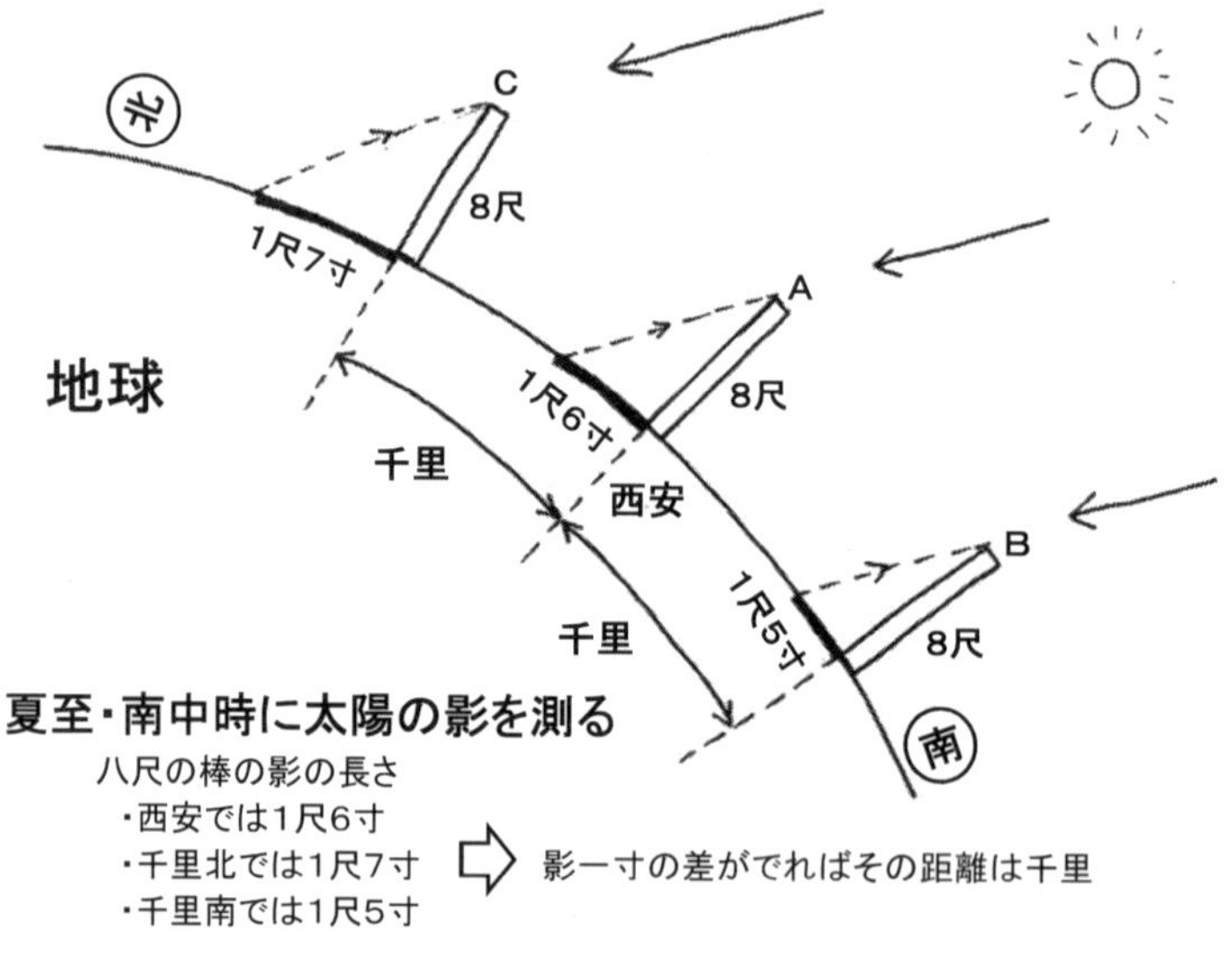

一寸千里の法

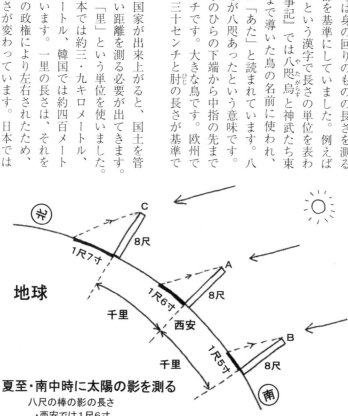

八世紀始め大宝律令が制定された時、一里は約五百三十メートルでした。その後十二世紀頃に大里（約三・九キロメートル）も使われるようになりました。従来の長さを小里と呼び、地域によっては長い間二つの里が混用状態にあったようですが、徳川時代には大里に統一されています。

「魏志倭人伝」の中の一里の長さを知るにはどうすればいいでしょう。中国の周代に行なわれた天文観測の方法を解説した『周髀算経《しゅうひさんけい》』という書物があります。この本に千里の長さを決める方法が次のように記載されています。

周の地で夏至の日（南中時）に、地面に垂直に立てた八尺の棒の影の長さは一尺六寸である。南に千里の地において影は一尺五寸、北に千里の地において影は一尺七寸である。八尺の棒に対する影の差一寸は、地上の距離にして千里に当たる。

要約すると、周の土地（首都鎬京《こうけい》、現在の西安は北緯三十五度の地にある）で夏至の日、太陽が真南に来るとき、八尺の長さの棒を立て、そこに出来る影を測ったところ一尺六寸であった。北へ行くと影はだんだんと長くなります。南へ行くと短くなります。周の首都から真北の方向へ移動して、影が一寸長い所、南へ行って一寸短くなる所、までの距離をそれぞれ千里とする、というものです。「一寸千里の法」と呼ばれています。

ではこの時の千里とは現在のメートルではどれくらいの距離になるのでしょうか。次の図「短里」の長さを示す計算で答えが出ます。千里は約七六～七七キロメートルになります。魏・晋朝においても周の時代の一里＝約七六メートルの「短里」という里単位が使われていました（古田武彦・谷本茂『古代史の「ゆがみ」を正す』新泉社、一九九四年）。

「魏志倭人伝」に朝鮮半島の南の狗邪韓国から対馬まで距離は千里と書かれています。間に対馬海峡があり、どのようにして距離を測ったのでしょうか。「一寸千里の法」を使ったのだと思います。朝鮮半島南部と対馬のどの地点で一寸の影を計測したかは分かりませんが、この間の距離は凡そ八十キロメートルです。「一寸千里の法」で約千里に当たります。「一寸千里の法」とそれに基づく「短里」は朝鮮半島から倭国において長い距離の測定方法として使われていたのです。そしてその

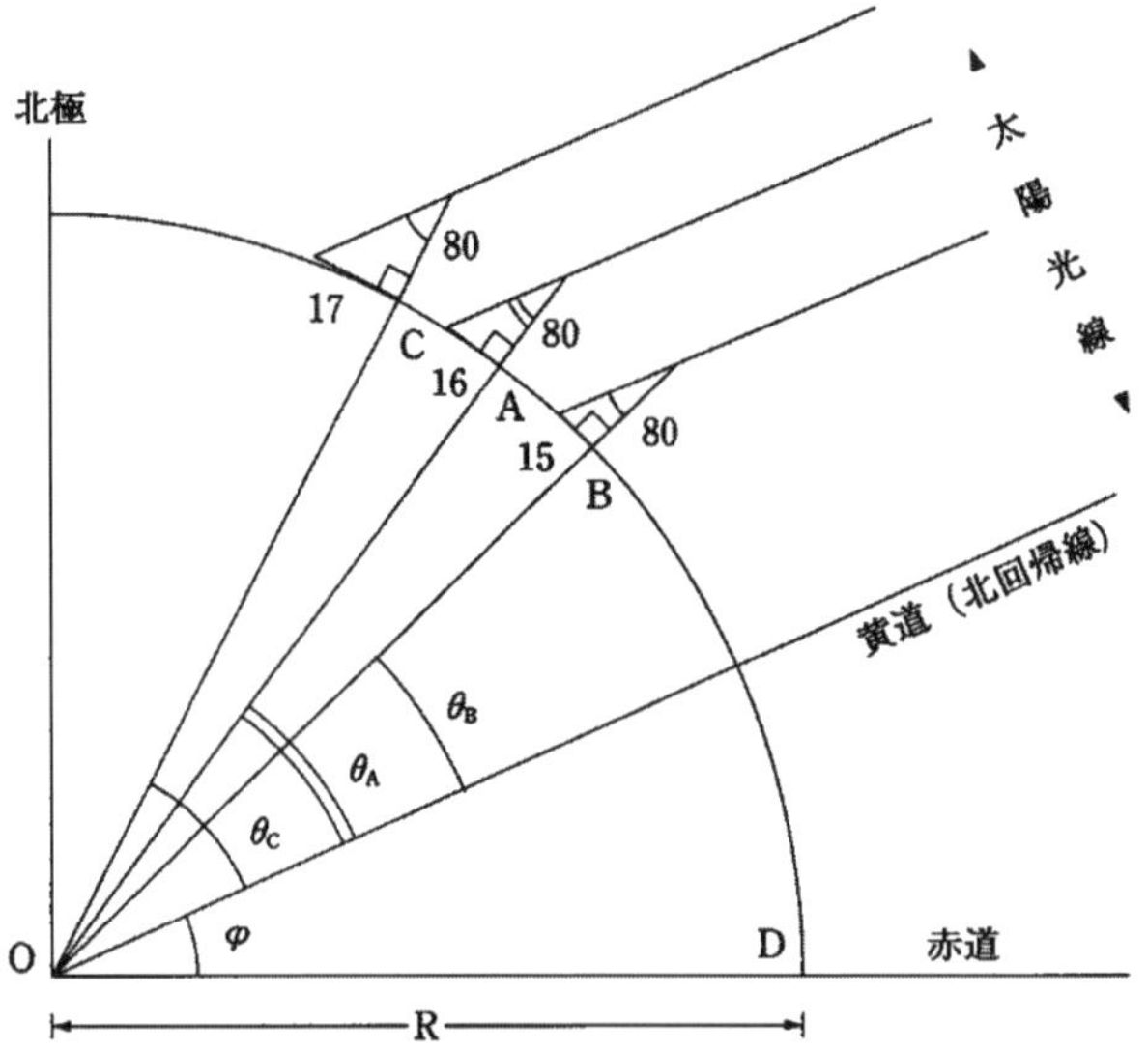

$$\theta_A = \tan^{-1}\frac{16}{80} = 0.1974(\mathrm{rad}) = 11.3^\circ$$

$$\theta_B = \tan^{-1}\frac{15}{80} = 0.1853(\mathrm{rad}) = 10.6^\circ$$

$$\theta_C = \tan^{-1}\frac{17}{80} = 0.2094(\mathrm{rad}) = 12.0^\circ$$

北回帰線の緯度φは時代によって大差ないとみなせるので（約23.5°～24°）

A地点の緯度（∠AOD）$= \theta_A + \varphi \fallingdotseq 11.3^\circ + 23.5^\circ = 34.8^\circ$

即ち測定地点は約北緯35度付近であり、地理的にみて妥当である。一方地球の極半径をR（約6,357km）として、

$$\overset{\frown}{AB} = R \times \angle AOB = R \times (\theta_A - \theta_B)$$
$$\fallingdotseq 6{,}357\mathrm{km} \times (0.1974 - 0.1853) = 76.9\mathrm{km}$$
$$\overset{\frown}{AC} = R \times \angle AOB = R \times (\theta_C - \theta_A)$$
$$\fallingdotseq 6{,}357\mathrm{km}\ (0.2094 - 0.1974) = 76.3\mathrm{km}$$

$\overset{\frown}{AB}$、$\overset{\frown}{AC}$は1,000里であるから、１里は約76～77ｍとなる。

「短里」の長さ

出典：谷本茂・古田武彦『古代史の「ゆがみ」を正す』新泉社，1994年
（初出：『数理科学』1978年３月，サイエンス社，掲載）。

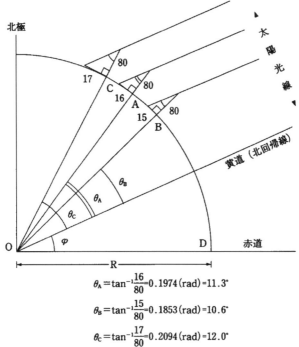

測定された距離は現在の実測値と照らし合わせて正しかったのです。

「一寸千里の法」は緯度が違うと正しい結果が出ませんが、対馬海峡は周の鎬京と同じ北緯三十五度の所にあるため、正しい計算結果が出たものと思われます。

倭人伝の邪馬壹国までの道程には一里＝約七十六メートルの短里が使われていたのです。

コラム②　二倍年暦について

中国史書の記述

古代日本列島において、倭人は一年に二つ歳を取る「二倍年暦」を使用していたことが明らかにされています。三世紀の卑弥呼や邪馬壹国のことを書いた「魏志倭人伝」や『魏略』（『三国志』と同時代の歴史書）にそれぞれ次のような一節があります。

(A)「その人寿考、あるいは百年、あるいは八、九十年」（「魏志倭人伝」）

(B)「その俗正歳四節を知らず、ただ春耕秋収を計して年紀となす」（『魏略』）

(A)の方は「倭人の寿命年齢は百歳ないし八、九十歳」であると述べているのです。しかし、三世紀頃の倭人の骨を調べてみると、大体四十～五十歳であり、倭人伝の記述が実際より倍近い数値を記録しているわけです。

その秘密を解く鍵はBの記述にあったのです。「倭人は中国人のような暦や四季を知らない。ただ、春の耕す時期と秋の収穫の時期に天文的に測定することを知っていて、それを計ることで年紀（年の変わり目）としている」春と秋に年の変わり目が来て、一年に二つ歳を取る、つまり「二倍年暦」を使用していると言っているのです。

倭人伝の「八十～百歳」は実際の四十～五十歳とぴったり合ってくるのです。これによって、『古事記』『日本書紀』に出てくる古代天皇の寿命年齢が百何十歳、平均すると九十歳くらいという記述も実際は四十五歳くらいとなり、合理的な理解が可能となるのです。

パラオ島に残る「二倍年暦」

太平洋に浮かぶパラオ共和国において「二倍年暦」が、古代はもちろんつい最近まで使用されていたこと明らかになっています。パラオ共和国のことを調べた民族学者は「パラオ人の墓には、寿命が一三〇歳とか一四〇歳とかの墓が大変多い」ことを報告しています。

現地を踏査された古田武彦氏は、寿命百五十二歳と刻まれた石碑を見つけました。実際にこのような年齢があるわけはなく、二倍年暦が使われていたのです。さらに現地の人から聞き取り調査したところ「最近まで六カ月が一年であった」という証言が次々に出てきたのです。

『江戸時代パラウ漂流記』（高山純著、三一書房、一九九二年）によると、「パラオでは乾季と雨季、東の風と西の風、一年がぴたっと二つに分かれていて、六カ月が一ＲＡＫ《ラク》（年）」であることが紹介されています。

おそらく、その土地の風土に根ざした海洋民族の暦が黒潮に乗って日本列島にも伝播してきたものと思われます。

南太平洋で使われていた二倍年暦

韓は朝鮮半島南の沿岸にあった「倭の狗邪韓国」と接していると書かれています。現在、釜山周辺からたくさんの弥生時代の日本と同じ遺物が出土しています。倭人がこの地方に住んで国を作っていたのです。「魏志」の韓伝、倭人伝の記述が正しかったことが、考古学からも裏付けられています。紀元前後にこの地に建てられた「金官《きんかん》伽耶《かや》国《こく》」の初代首《す》露《ろ》王《おう》は一五八歳まで生きたとされています。ここでは倭人の「二倍年暦」が使われていたのです（コラム②「二倍年暦」参照）。

②　海岸線に達した魏使は次に海を渡り千里で対馬につきます。対馬の大きさは四百里四方です。また海を渡り千里で壱岐に着きます。大きさは三百里四方です。さらに海を越え千里で松浦半島に着くと記されています。

対馬海峡は実測で約八十キロメートル、対馬・壱岐間は約六十キロメートルあります。倭人伝の頃海上の距離を正確に測定することは難しかったと思えますが、一里＝七十五〜九十メートルとすると、倭人伝に千里とあるのは大きな間違いではなかったことが分かります。

③　松浦半島に上陸した魏使の行路は次のように書か

「魏志倭人伝」の行路記事

①郡より倭に至るには、海岸に循いて水行し、韓国を歴るに、乍ち南し、乍ち東し、其の北岸、狗邪韓国に到る、七千余里。

②始めて一海を度る、千余里、対海国に至る。方四百余里なるべし。又、南、一海を渡る、千余里、一大国に至る。方三百里なる可し。

③又、一海を渡る、千余里、末盧国に至る。東南陸行、五百里、伊都国に到る。東南奴国に至ること、百里。東行不弥国に至ること、百里。南、投馬国に至ること、水行二十日。南、邪馬壹国に至る、女王の都する所、水行十日・陸行一月。

④郡より女王国に至る、万二千余里。

れています。

・東南陸行、五百里、**伊都国《いとこく》に到る**

・東南奴国《ぬこく》に至る百里

・東行不弥国《ふみこく》に至る百里

・南、投馬国《つまこく》**に至る**水行二十日

・南、邪馬壹国《やまいちこく》**に至る**

ここでは「**方向と至・到**の間に行（動詞）があるかないか」二つのケースに分けて書かれています。

『三国志』のすべての巻に書かれている行路記事を調べた古代史学者古田武彦氏は、「**方向＋行**（動詞）**＋至**」と書かれている場合は実際に行ったところ、「方向＋至」だけで行（動詞）がその間にないときは、実際には行っていないが、そちらの方向に行けばその土地に至る、と書き分けられていることを見つけました。

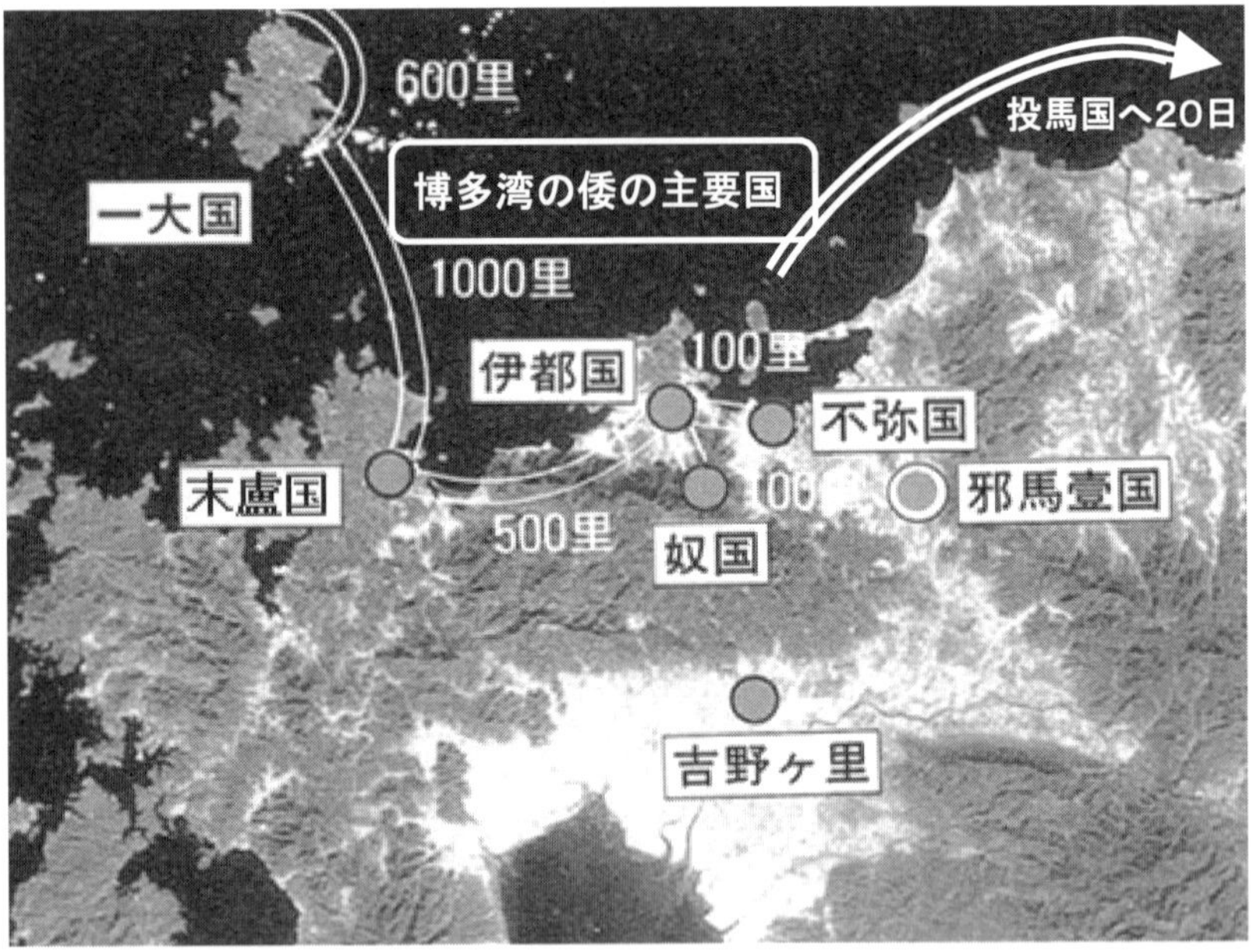

博多湾岸の国々

出典：古田武彦『古代史60の証言』駸々堂出版，1992年。

このルールに従うと魏使は末盧国《まつろこく》から五百里で伊都国に着きます。伊都国の東南百里のところに奴国があります。奴国のある方向と距離が書かれているだけです。次に魏使は東へ百里行き、不弥国に着きます。不弥国は博多湾岸の姪浜《めいのはま》周辺にあった港湾都市です。ここから出航して、玄界灘に出てから関門海峡を越え航路を南に取れば二十日で投馬国に行けます。

最後に、魏の使いは目的地である邪馬壹国につきます。距離も動詞も書かれていないので邪馬壹国は不弥国の南に接してあった国となります。

「倭人伝」の行路をたどると、邪馬壹国は現在の福岡県春日市、須玖《すく》岡本遺跡の周辺となります。この地域は弥生遺跡の密集地で、「倭人伝」に魏王から贈られたと記されている絹、錦や鏡……などが出土し、また皇位継承の象徴である「三種神器」がセットで出ている、「王家の谷」といっても過言ではない所です。「邪馬壹国《やまいちこく》」は博多湾岸にあったのです。

さらに「倭人伝」では地方にある女王に属する二十一国の名前と、狗古智卑狗《こちひこ》を王とし敵対してい

「倭人伝」その他の国々

次に斯馬国有り。次に己百支国有り。次に伊邪国有り。次に郡支国有り。次に弥奴国有り。次に好古都国有り。次に不呼国有り。次に姐奴国有り。次に対蘇国あり。次に蘇奴国有り。次に呼邑国有り。次に華奴蘇奴国有り。次に鬼国有り。次に為吾国有り。次に鬼奴国有り。次に邪馬国有り。次に躬臣国有り。次に巴利国有り。次に支惟国有り。次に烏奴国有り。次に奴国有り。此れ女王の境界の尽くる所なり。その南に狗奴国有り。男子を王となす。その官に狗古智卑狗有り。女王に属せず。

コラム③　太平洋を渡った縄文・弥生の人たち

黒潮を越えて

三万五千年前の東京武蔵台の遺跡から、約百八十キロメートル離れた伊豆諸島の神津島《こうづしま》で採れた黒曜石が見つかっています。神津島産の黒曜石は、関東各地の旧石器・縄文の遺跡だけでなく、黒潮本流の向こう側にある八丈島の遺跡からも出土しています。旧石器人は我々の想像を超える航海術を持っていたのです。

縄文土器の太平洋伝播

今から六千年前頃、日本の縄文前期に相当する時代に、エクアドル、今のグアヤキル市近くの太平洋岸にあるバルディビアに縄文文様を持った高度な土器文化が突如出現しました。この文化は約二千年間続いていています。彼らは航海の民でもあり、優れた航海技術を持ち、北はメキシコ、南はペルー・チリそしてアンデスを越えてアマゾン地域との交流を行なっていました。当時のエクアドルは中南米の交通の十字路の中心に位置し、交易により栄えていたと考えられています。

一九六〇年代に考古学者でもあったグアヤキル市長エミリオ・エストラダ氏とアメリカのスミソニアン博物館のエバンズ・メガーズ夫妻が、バルディビアから出土した土器を調べ

① 縄文前期の九州の阿高《あたか》・曽畑《そばた》式土器と同じ文様をもっていること、

② 類似した製作技法で作られていること、

③ それを伝える黒潮という交通手段があること、

④ それまでアメリカ大陸には高度な土器文化が存在していなかったこと、

を突きとめ、「縄文土器の南米への伝播、古代の太平洋における文化の交流」を立証しました。縄文時代の人々は南米大陸にまで進出していたのです。

「魏志倭人伝」南米の裸国・黒歯国

南米大陸の北西太平洋岸、今のコロンビア、エ

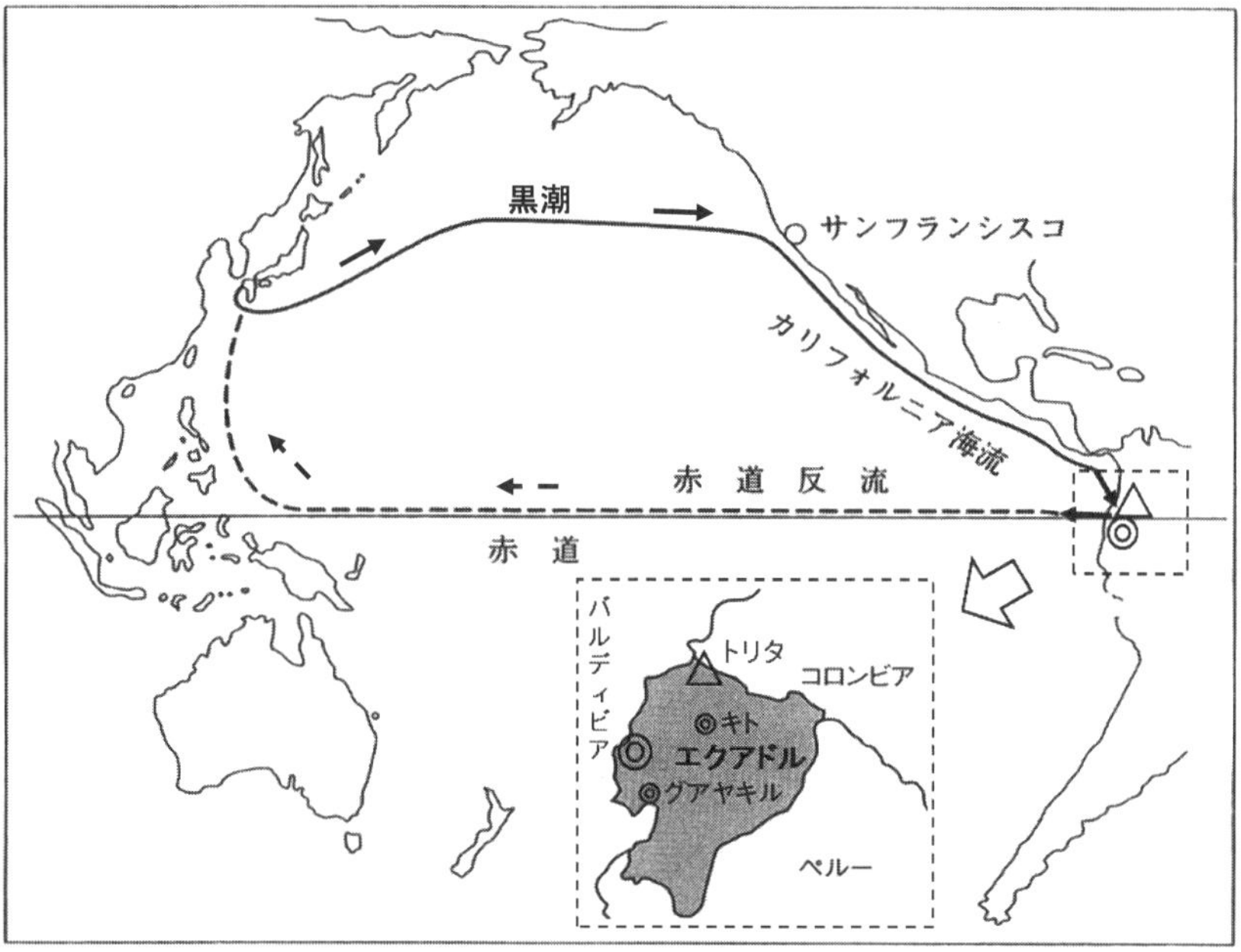

古代，縄文・弥生の人たちは丸木船を操り太平洋を航海

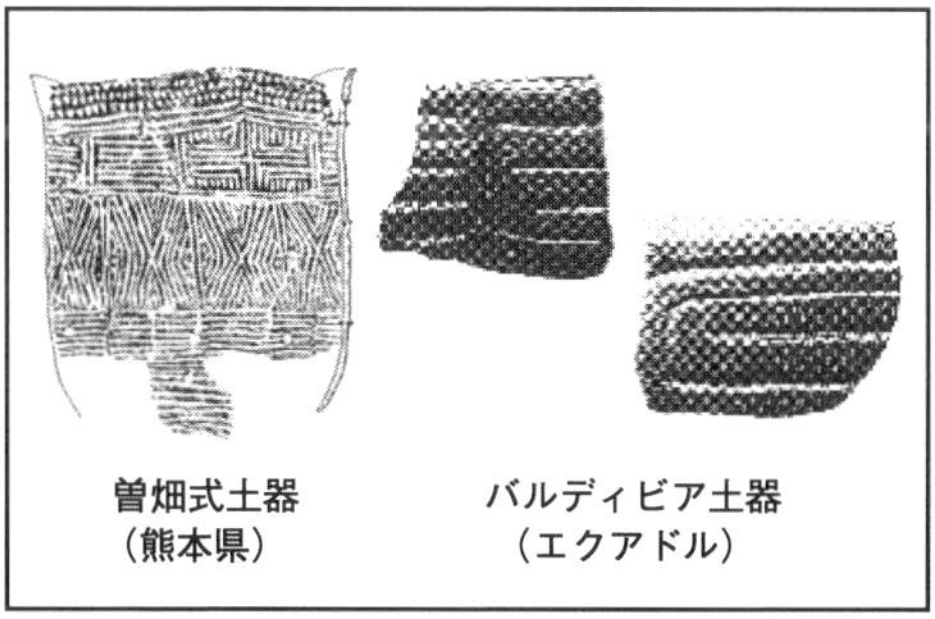

太平洋両岸の土器／文様・製法の類似

クアドル国境にあるトリタにおいて、弥生時代に北部九州で埋葬に使われていた甕棺《かめかん》と同じものが出土しています（写真参照）。「魏志倭人伝」には「倭国の東南の方向、船行一年にして裸国・黒歯国に至る」と書かれています。日本の東南の方向、黒潮の行き着く先は南米のコロンビア、エクアドルの沿岸です。そこでは、九州と同じ甕棺による埋葬が行なわれていたのです。

「後漢書倭伝」には「建武中元二年……、倭国南界を極める。光武、賜うに印綬を以てす」と倭国が南界を極めたために金印を与えたことが書かれています。志賀島出土の「委奴国王金印」のことです。倭国王が南米のことを光武帝に報告したために金印が与えられたものです。縄文人だけでなく弥生の人々も太平洋を渡っていたのです。

　なぜか、日本の古代史学会はこの歴史的事実を取り上げようとしません。日本の古代史に謎があるのではなく、現代の古代史・考古学会に謎があるように思えます。

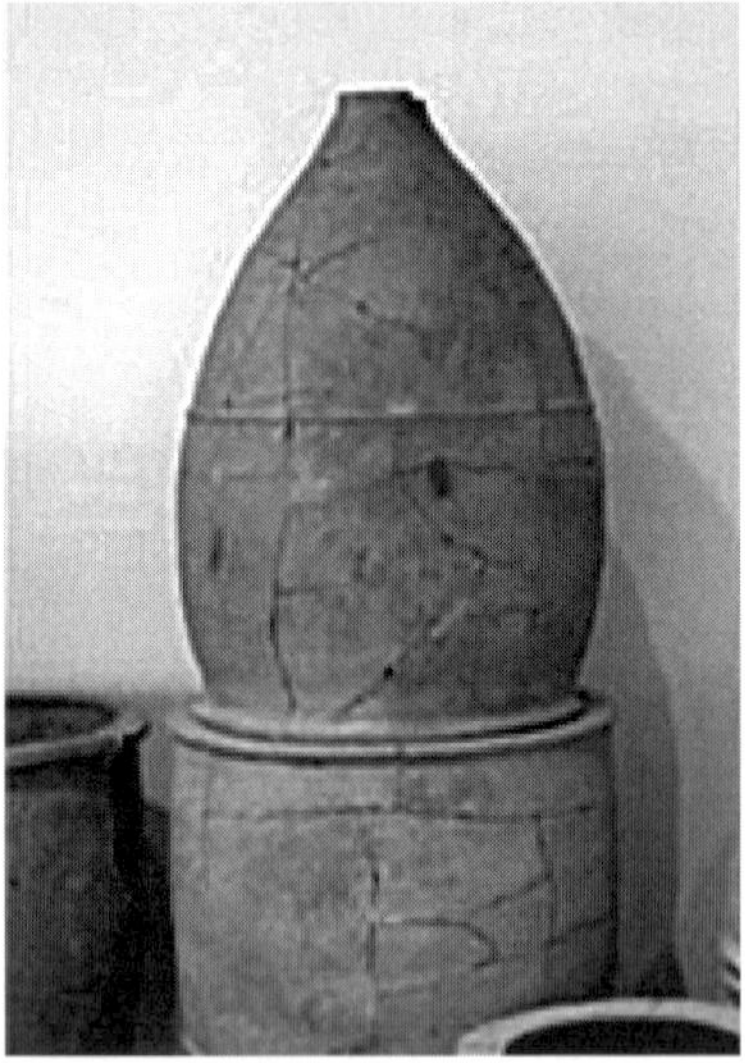

吉野ヶ里の甕棺

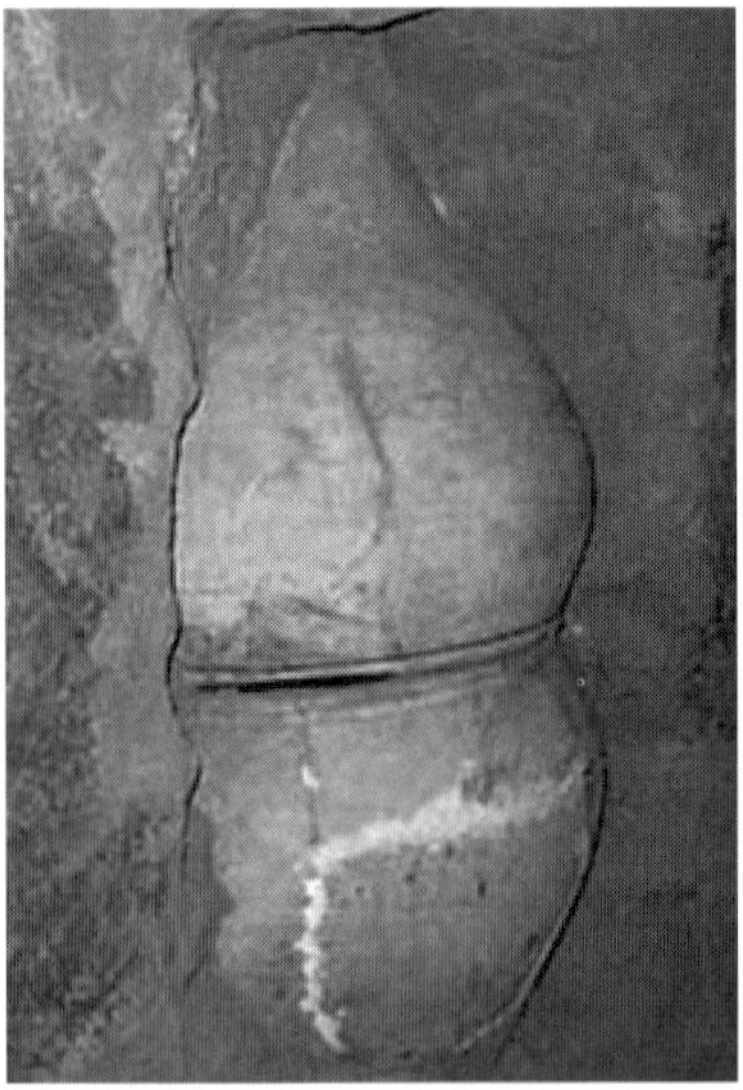

エクアドルの甕棺

る狗奴国のことが記されています。これらの国がどこにあったのかまだ解明されていません。その後、狗古智卑狗とは関係が悪化し、卑弥呼は魏に援軍を求めるようになります。

行程記事の最後に侏儒国、そして太平洋のかなた南米エクアドル（コラム③「太平洋を渡った縄文・弥生の人たち」参照）にあった倭人の国「裸国・黒歯国」の名前が記されています。

「倭人伝」南米にあった倭人の国

女王国の東、海を渡る千余里、また国あり、皆倭種なり、また侏儒国あり、その南にあり。人の長三、四尺、女王を去る四千余里。また裸国・黒歯国あり、またその東南にあり。船行一年にして至るべし。

部分の総和が総里程

前述の「倭人伝」行路記事には「南邪馬壹国に至る女王の住む所、水行十日陸行一月……中略……郡より女王国に至る、万二千余里」として、帯方郡から女王国まで船に乗る期間は十日、陸を歩く期間は一月、そしてその距離の合計が一万二千里と記されています。

帯方郡治↓狗邪韓国＝七千余里。狗邪韓国↓対海国《たいかいこく》＝千余里。対海国↓一大国《いちだいこく》＝千余里。一大国↓末盧国＝千余里。末盧国↓伊都国＝五〇〇里。伊都国↓不弥国、邪馬壹国＝一〇〇里。そして対海国

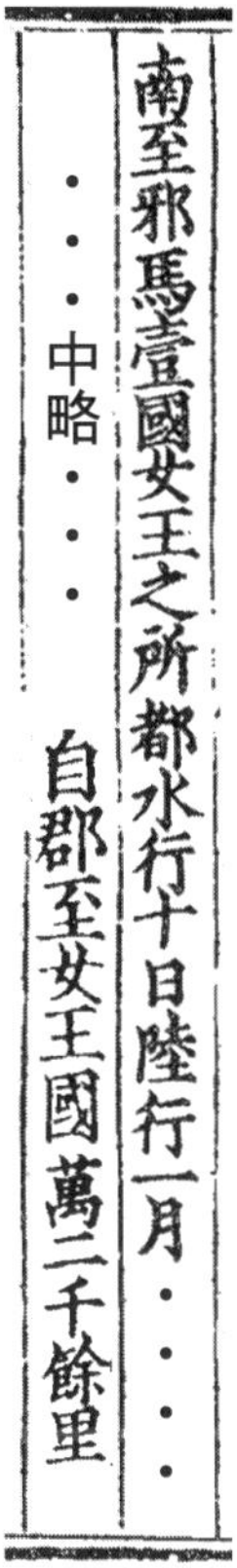
南至邪馬壹國女王之所都水行十日陸行一月・・・・
・・・中略・・・
自郡至女王國萬二千餘里

の方四〇〇余里と一大国の方三〇〇里を合計すると一万二千余里となります。

一万二千余里は、一里七十五メートルの短里で換算すると約九百キロメートルです。ソウル市から福岡市までの直線距離が約五百キロメートル強で、魏使が実際に要した距離一万二千里は妥当なところと考えられます。「倭人伝」の行路記事はかなりの精度で記されていたのです。

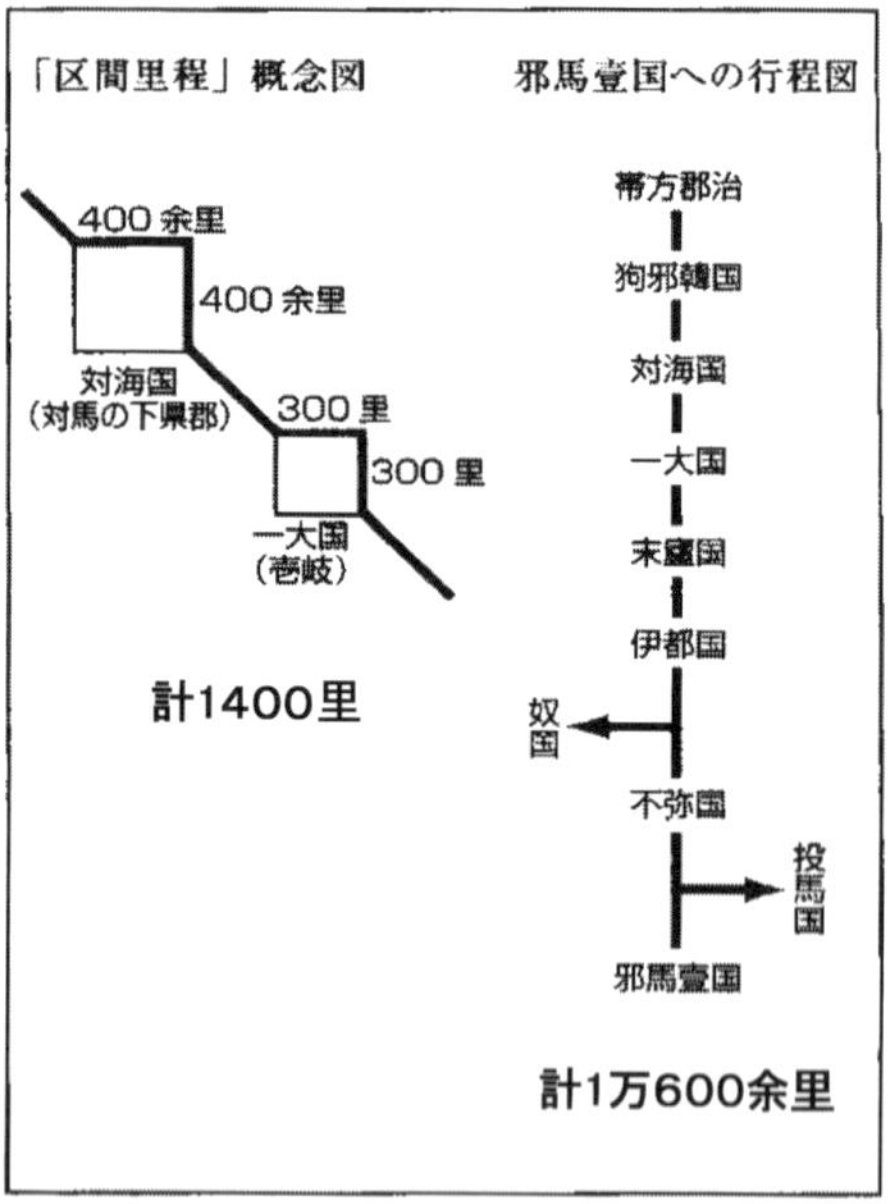

総里程1万2千余里

「邪馬壹国」の女王「卑弥呼」

「倭人伝」の原文には「南、邪馬壹国に至る。女王の住む所なり」と、女王国の名前は邪馬壹国と書かれています。しかし学校では「邪馬台国」と習ってきました。「魏志倭人伝」の原本はすでに失われ、写本・刊本がたくさん残されていますが、いずれも「邪馬壹国」と書かれています。「邪馬臺（台）国」と書かれている写本・刊本は一つもありません。江戸時代の学者松下見林が「魏志倭人伝」に書かれていた「邪馬壹国」をヤマトと読むために、「壹」と書いてあるのを「臺」に置き換えて「邪馬臺（台）国」としたものがそのまま現在に至るまで使われているものです。

魏の時代において「臺」は天子の住む宮殿を表す貴字として用いられていました。その文字が東夷の国名に付けられるはずはありません。魏志倭人伝の末尾には卑弥呼の死後、「壹与が（魏の顧問として来ていた張政等の）還るを送らしむ。因って臺に詣《いた》り、男女生口三十人を献上……」と「臺」の文字が書かれています。この「臺」は魏都洛陽にあった天子の宮殿のことで、倭人伝では「壹」と「臺」がはっきりと書き分けられていました。女王国の国名は「邪馬壹国」だったのです。

また、邪馬壹国の女王の名前「卑弥呼《ひみか》」は「呼」の発音を「コ」として「ヒミコ」と読まれています。しかし「倭人伝」において「コ」には、壱岐と対馬の長官の名前「卑狗＝ヒコ」のように「狗」の字があてられています。つまり「コ」は男性の呼び名に使われているのです。「呼」の字は「コ」だけでなく「カ」とも発音できます。古代「カ」は宗教的な意味を持つ言葉として使われていました。「鬼道につかえた」とされる卑弥呼の場合は、「カ」と読むのがふさわしいと思われます。筑後国風土記に「筑前・筑後の国境に通行人の半分を殺していた神がいた。甕依姫《みかよりひめ》が祭をとり行なったところ神の害がなくなった」と筑紫の神のことが書かれています。この甕依姫が卑弥呼の伝承に当たるかと

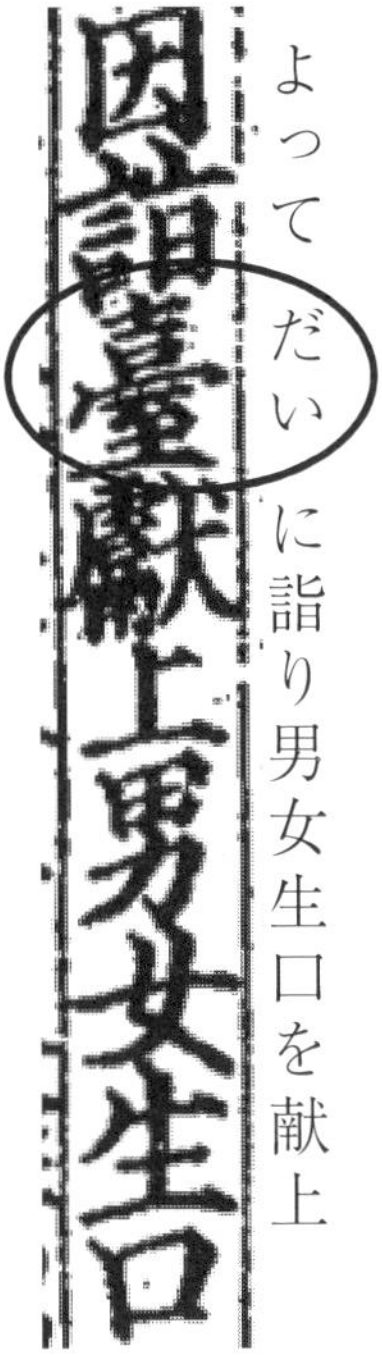

思われます。本書においては「邪馬壹国（ヤマイチコク）」、「卑弥呼（ヒミカ）」と呼ぶことにします。

魏との緊密な軍事関係

「魏志倭人伝」には四回にわたる魏と卑弥呼の使者の往来の記事が載せられています。

① 景初二（二三八）年六月に卑弥呼の使者「難升米《なんしめ》」副使「都市牛利《といちごり》」が帯方郡に行き、朝貢の意図を伝え、その十二月に首都（洛陽）を訪問、魏の明帝《めいてい》から卑弥呼への「親魏倭王」の金印、金、錦、銅鏡百枚などたくさんの贈答品を約束され帰国。

② 正始元（二四〇）年　帯方郡の太守弓遵《きゅうじゅん》が使者を倭国に送り卑弥呼に拝謁、皇帝（明帝は二三九年一月に急死し斉王が継ぐ）の詔書、明帝が難升米に約束した「親魏倭王」の金印その他の豪華な贈答品を届ける。卑弥呼は上表文を提出。

③ 正始四（二四三）年　卑弥呼が使者を派遣、六年に魏が「難升米」に黄幢《こうどう》（軍旗）を与える。

④ 正始八（二四七）年　卑弥呼が狗奴国との戦争で魏に援助を依頼、魏からは軍事顧問として張政などを派遣。

そして最後⑤の所に卑弥呼の死と国の乱れ、娘の壹与《いちょ》の即位による国の安定、それにより魏の軍事顧問「張政」の帰国したこと、そして送使が贈物と共に天子の宮殿（臺《だい》）を訪れたことが書かれています。

「倭人伝」の外交記事

①景初二（二三八）年六月、倭の女王、大夫難升米等を遣わし郡に詣り、天子に詣りて朝献せんことを求む。太守劉夏、吏を遣わし、将いて送りて京都に詣らしむ。その年十二月、詔書して倭の女王に報じていわく、「親魏倭王卑弥呼に制詔す。帯方の太守劉夏、使を遣わし汝の大夫難升米・次使都市牛利を送り、……中略……。汝がある所遙かに遠きも、乃ち使を遣わし貢献す。これ汝の忠孝、我れ甚だ汝を哀れむ。今汝を以て親魏倭王となし、金印紫綬を仮し、装封して帯方の太守に付し仮綬せしむ。汝、それ種人を綏撫し、勉めて孝順をなせ」。……以下略

②正始元（二四〇）年、太守弓遵、建中校尉梯儁等を遣わし、詔書・印綬を奉じて、倭国に詣り、倭王に拝仮し、ならびに詔を齎し、金帛・錦罽・刀・鏡・采物を賜う。倭王、使に因って上表し、詔恩を答謝す。

③正始四（二四三）年、倭王、また使大夫伊声者・掖邪狗等八人を遣わし、生口・倭錦・絳青縑・緜衣・帛布・丹・木フ・短弓矢を上献す。掖邪狗等、率善中郎将の印綬を壱拝す。その六年、詔して倭の難升米に黄幢を賜い、郡に付して仮授せしむ。

④正始八（二四七）年、太守王頎官に到る。倭の女王卑弥呼、狗奴国の男王卑弥弓呼と素より和せず。倭載、斯烏越等を遣わして郡に詣り、相攻撃することを説かしむ。塞曹掾史張政等を遣わし、因りて詔書・黄幢をもたらし、難升米に拝仮し、檄を為して之を告喩せしむ。以下略

⑤卑弥呼以て死す。大いに冢を作る。径百余歩、徇葬する者、奴婢百余人。更に男王を立てしも、國中服せず。……中略……。また卑弥呼の宗女壹与年十三なるを立てて王となし、国中遂に定まる。……中略……。壹与、倭の大夫率善中郎将掖邪狗等二十人を遣わし、政等を送りて還らしむ。因って臺に詣り、男女生口三十人を献上し、白珠五千孔・青大句珠二枚・異文雑錦二十匹を貢す。

景初二年の卑弥呼の使者

景初二（二三八）年六月に卑弥呼の最初の使者として「難升米」と「都市牛利」が送られています。

諸葛孔明との戦いで有名な魏の司馬懿仲達《しばいちゅうたつ》が中国の北東、遼東地方に勢力を持つ公孫氏《こうそんし》の討伐に乗り出し、戦いの最終段階にあった時です。使者の一人「難升米」はその後の交渉も担当していることから、卑弥呼の外交担当であったことが明らかですが、「都市牛利」については今まで謎とされていました。ところが元寇の時にモンゴルの艦船が十万の兵と共に台風で沈んだ伊万里湾の鷹島《たかしま》に「都市一族」の墓地があり、一族の伝承から都市氏は松浦水軍に属していたことが分かりました。松浦水軍は古くから玄界灘を舞台に活動していた海の民で、卑弥呼の使いとして派遣された「都市牛利」は当時の松浦水軍の長だったのです。

景初二年は魏の司馬懿仲達が海上から朝鮮半島北部に上陸、公孫氏攻略に成功し、ほぼ戦争が終結する段階にありました。卑弥呼が傘下の松浦水軍をこの戦闘に派遣し、司馬懿を助けた可能性があります。だからこそ「都市牛利」は使として派遣され、そして魏の明帝は援軍のお礼に、卑弥呼に「親魏倭王」の金印と莫大な贈物を届けたのではないでしょうか。

二名の使者が送られた年について、古代史学会は「卑弥呼の最初の使者は景初二（二三八）年ではなく景初三（二三九）年の間違いである」と原文の二を三に改定して読んでいます。景初二年当時の朝鮮半島は混乱期で、道中は危険で倭から中国まで行けなかっただろうという理由です。しかし景初三年への原文改訂の本当の目的は、四世紀の古墳から出土している「景初三年」の銘のある三角縁神獣鏡《さんかくぶちしんじゅうきょう》を「卑弥呼の使いが明帝から受け取った銅鏡百枚」の中の一枚としたいためです。「難升米」と「都市牛利」は景初二年における戦中遣使で原文は間違いありません。この時は戦時中で、道中が危険であったため、魏の明帝が約束した贈り物を、難升米たちは受け取らず、戦争が終わった後、正始元（二四〇）年に魏の使者が届けています。魏の使者の返礼訪問が遅れたのは、景初三年一月に明帝が急死したためです。

その後、邪馬壹国からの朝貢記事が続き、正始八（二四七）年には魏の邪馬壹国への軍事援助のことが記されています。この頃、邪馬壹国は狗奴国との戦いに苦戦していたのでしょう。魏は公孫氏との戦いにおける邪馬壹国の支援に感謝し、この時は卑弥呼の支援を行なったと考えられます。

その他、倭人伝には当時の倭国の風習などが詳しく描かれています。そこに書かれている風景や習慣は北部九州のもので、大和盆地のものでありません。「魏志倭人伝」に描かれている女王国は九州の博多湾岸にあった、後漢の光武帝から「金印」を貰っていた「倭国」だったのです。そして倭人伝の末尾には卑弥呼の死後「壹与」が即位し国が治まったことが書かれています（本書の末尾に「魏志倭人伝」の全文を掲載しましたので参照下さい）。

次の四世紀になると、中国史書から「倭国」の記事が消え、謎の四世紀と呼ばれていました。しかし高句麗好太王碑文、朝鮮の歴史書『三国史記』などには朝鮮半島での倭人の活動が記録されています。

四世紀の日本列島の動向について、まずは神武東征後の畿内の様子から見ていきましょう。

3　古墳時代の始まり

三輪山周辺の古墳群

三世紀末になると奈良盆地の東南にある三輪山の周辺にたくさんの前方後円墳が築かれます。古墳時代の始まりです。小規模であった弥生の墳墓とは違い古墳は大型化し、あるものは吉備（岡山）地方の影響を受けた大きな円筒埴輪が取り巻いています。それまで奈良盆地の南、今の橿原市から葛城地方にいたと思われる神武天皇の子孫たちが、吉備勢力の助けを得てこの地方に進出、新しく三輪山の神を祀り、奈良盆地中央部への拠点を築いたものと思われます。

『古事記』には十代崇神《すじん》天皇から次の垂仁《すいにん》、景行《けいこう》まで三代の天皇の宮が三輪山周辺に築かれていたことが記されています。三輪山周辺にある大型前方後円墳も三代の天皇の墳墓に指定されています。そばには「箸墓《はしはか》古墳」もあります。この古墳は伝承では第七代孝霊《こうれい》天皇の皇女倭迹迹日百襲姫命《やまとととひももそひめのみこと》を祀ったものとされています。

箸墓は卑弥呼の墓として有名になっていますが、倭迹迹日百襲姫命が倭の女王だったとは『古事記』『日本書紀』含めどの書物にも記されていません。また畿内の古墳からは魏の明帝が卑弥呼に贈った絹や錦など豪華な品物は何一つ出土していません。絹や錦などはすべて福岡県を中心とした弥生の墳墓から出土しています。箸墓古墳など三輪山周辺に築かれた古墳群は「魏志倭人伝」に描かれた

「邪馬壹国」とはまったく関係のない畿内にあった崇神天皇たちが築いた墳墓なのです。

天皇家の畿外への進出

『古事記』によると崇神天皇は山城地方を平定、丹波、越《こし》（北陸）、東国に軍を送ります。十一代垂仁天皇は摂津の佐保（今の茨木市佐保川流域）にあった沙本毘古《さほひこ》を滅ぼします。ここは銅鐸生産の中心東奈良遺跡がある所で、近畿にあった銅鐸勢力はこれで一掃されたと思われます。景行天皇は倭建命《やまとたけるのみこと》を日本各地に派遣し、勢力のさらなる拡大を図ったことが記されています。

三角縁神獣鏡は近畿地方の古墳を中心に大量に出土し、全国で五百枚以上が発見されています。これが魏の明帝から卑弥呼に贈られた鏡だとし、「邪馬台国＝大和説」の根拠となっているものです。しかし中国から一面も出土していません。四世紀に日本列島で作られた国産鏡です。卑弥呼は三世紀の女王で、魏の明帝から卑弥呼に贈られたのはこの三角縁神獣鏡ではあり

三角縁神獣鏡の分布

出典：福永信哉『邪馬台国から大和政権へ』大阪大学出版会，2001年。

ません。

鏡の出土した分布状況は、崇神～景行記に描かれている近畿天皇家の畿外への進出の動きを示しています。四世紀後半になると河内平野に超大型の前方後円墳が作られ、近畿地方は新しい時代に入っていきます。

古市・百舌鳥の巨大古墳と河内王朝

『古事記』には、景行天皇が倭建命を東西に派遣した後、成務《せいむ》・仲哀《ちゅうあい》と二代の天皇が続き、仲哀の死後、妃であった神功皇后《じんぐうこうごう》が竹内宿禰《たけのうちのすくね》を伴い新羅へ征き、戦わずして新羅を降服させたとの記事があります。その後、応神《おうじん》天皇を出産した神功皇后は、母子で九州から畿内に攻め込み、畿内にいた仲哀天皇の子、忍熊王《おしくまおう》と香坂王《かごさかおう》を殺し河内に新しい王朝を建てます。『古事記』には、神功皇后が新羅へ行った記事以外、朝鮮諸国との交渉、軍事の動きは一切書かれていません。仲哀天皇は朝鮮についての知識はまったくなかったと記されています。

この頃大阪の南、古市《ふるいち》・百舌鳥《もず》には超大型の前方後円墳が築かれました。応神天皇陵、仁徳天皇陵などです。古墳の埋葬品はそれまでの鏡や勾玉など神を祀るものから、馬具や鉄製の武具など戦争の道具に変化します。九州からやって来た最新の兵器で武装した新しい勢力が畿内に新王朝を建てたことが、考古学の方面からも証明されています。

四世紀の中頃、九州からやって来て近畿に新しい王朝を建てた神功・応神たちは、朝鮮半島には見向きもせず、近畿の住民を大量に動員して大型古墳を造営します。応神の次の仁徳天皇は兄の大山守命《おおやまもりのみこと》を殺し皇位につきます。「民の竃《かまど》の煙」で有名な三年の租税免除をした善政の記事もありますが、『古事記』には皇后石之日売《いわのひめ》の嫉妬のこと、弟の速総別王《はやぶさわけのおう》と争った女鳥皇女《めとりのひめみこ》との三角関係、そして二人の殺害など、長々と国内のことばかり書かれています。応神・仁徳の勢力は内政を中心に着々と自分たちの基盤を固めていったものと思われます。

一方、北九州にあった倭国には、どのような動きがあったのでしょうか。

四世紀、朝鮮半島の「倭」

中国史書における倭国の記事は『晋書』の「泰始《たいし》二（二六六）年、倭の女王（壹与）の使い」を最後としてしばらく姿を消します。中国は北方民族の侵入で大混乱に陥り三一六年に晋は滅亡します。残った人々は長江の南に逃れ建康《けんこう》（南京）を首都として東晋を建てます。華北は五胡十六国が支配する時代となります。この時代を描いた中国史書に倭国記事はなくなり、「謎の四世紀」とされる時代に入ります。

中国との交渉はなくなりましたが、倭国は朝鮮半島での動きを活発化させます。朝鮮には日本の「記紀」に相当する『三国史記』という書物があります。三国史記には四世紀の朝鮮半島での動きが記されていました。三国史記は「新羅本紀」「百済本紀」「高句麗本紀」などに分かれ古代朝鮮にあった三国の歴史が記されています。十二世紀の高麗王朝の時に、当時残されていたそれぞれの国の史書をもとに書かれたものです。百済の古い史書に関しては『日本書紀』に「百済本記」、「百済記」、「百済新撰」からとして引用文が残されています。新羅・高句麗の古い史書は現在残っていません。
『三国史記』の倭人記事、奈良県天理市にある石上神宮《いそのかみ》の七支刀《しちしとう》の銘文、そして朝鮮と中国の国境に残されている高句麗好太王《こうくりこうたいおう》の業績を讃えた碑文、それぞれに書かれた四世紀の倭に関する記事を表にまとめました。倭国は卑弥呼の後の女王「壹与」が即位して国が安定し、朝鮮半島で活発に活動していることが見えてきます。
「新羅本紀」によると四世紀始め頃の倭国と新羅は婚姻関係まで結び友好的であったが、中頃から戦闘状態に入っています。

「新羅本紀」
三〇〇年　倭国と国使の交換をする。
三一二年　倭国王子の花嫁として家臣の娘を送る。
三四四年　倭国、花嫁を求むも断る。
三四五年　倭王から国交断絶の国書受ける。
三四六年　倭兵が風島を襲い、金城を包囲するも撃退す。
三六四年　倭兵が大挙侵入。これを殺す。
三九三年　侵軍が侵入して金城を囲むもこれを殲滅す。

七支刀銘文
三六九年　刀は泰和四年に造られ、百済王から倭王旨に贈られる。

「百済本紀」
三九七年　阿莘王が倭国と国交を結び太子の腆支を人質として出す。

高句麗好太王碑文
三九一年　百済、新羅はもと属国。倭は辛卯の年に来り百済、新羅を支配。
三九五年　（好太王は）海を渡り（倭を破り）百済・新羅を臣民となす。
三九九年　百済が誓いを破り倭と和する。倭兵、新羅との国境に満つ。
四〇〇年　高句麗は歩兵五万を新羅救援に送る。官兵至り、倭賊、退く。

「百済本紀」「七支刀銘文」には、百済と倭は四世紀中頃すでに友好関係にあって、後半にはさらに結びつきを強め、百済が人質まで倭国に出したことが書かれています。

「好太王碑」には倭が百済と結び大軍で新羅に攻め込んだのを高句麗が五万の救援軍を送って撃退したと記されています。

「魏志」の「韓伝」には朝鮮半島の南端に倭人の国「狗邪韓国」があると記されています。四世紀の倭国はここを拠点に半島での活動を展開していったことがこれらの史料から読み取れます。古くから「伽耶《かや》」と呼ばれていた現在の釜山を中心とする地域から北部九州系の遺物がたくさん出土しています。『日本書紀』で「任那《みまな》」と呼ばれている所です。朝鮮半島の南部沿岸には弥生の頃から倭人が住み、北九州の倭人とともに活動をしていたのです。

七支刀の銘文

現在、奈良の石上神宮に神宝として有名な七支刀が納められています。刀身は七枝に分かれ、表面

泰始四年五月十六日丙午正陽、造百練鋼七支刀。……
……百(済)王・世子……故為倭王旨造、伝示後世

七支刀の銘文

に金文字が象嵌《ぞうがん》で画かれています。文字は欠けている部分や不明な点がありますが次のように読めます。

「泰和四（三六九）年に百済王とその王子は、倭王旨《わおうし》の為にこの七支刀を造る。後世まで大切に伝えてほしい」

泰和は東晋の年号です、百済王と倭王とは、共に東晋の帝の下、友好関係にあり、百済王が倭王「旨」に、両国の友好を深めるために贈ったとみられます。四世紀の中頃、倭と百済は友好関係にあったことがこの銘文に書かれているのです。

高句麗好太王の碑

中国の鴨緑江《おうりょくこう》北岸に高さ六・三メートルの大きな石碑が立っています。その四面に千八百余の文字が刻まれています。高句麗好太王碑、別名「広開土王陵碑《こうかいどおうりょうひ》」といわれるものです。この碑は、好太王の死後二年目の四一四年に好太王の在位中の功績を示すために建てられました。碑文の中に、風化で文字が消え、判読しにくい文字もありますが、倭、倭賊、倭寇《わこう》、また百済、新羅という文字が書かれています。倭に関する記述は次のような内容となっています。

「百済、新羅は、元々我が高句麗の属国であった。倭が進出してきて、百済、新羅等からの貢献がなくなった。朕は即位して五年の間に、周到に練った策で、海を渡り側面から倭の拠点を攻め大勝した。その後も倭賊、倭寇と度々戦い勝利した。そして、百済、新羅は元の通り、我が高句麗に臣従する属国となった」。

碑文には高句麗が倭をたびたび撃退したことが書かれています。このことは「四世紀の後半、倭国は新羅・百済を支配し、その北方にあって騎馬軍団を擁する高句麗と対等に戦えるまで国力を高めていた」ことが示されているのです。

「倭国」は次の五世紀に有名な「倭の五王」の時代を迎えます。「多利思北孤」が登場する前の世紀です。

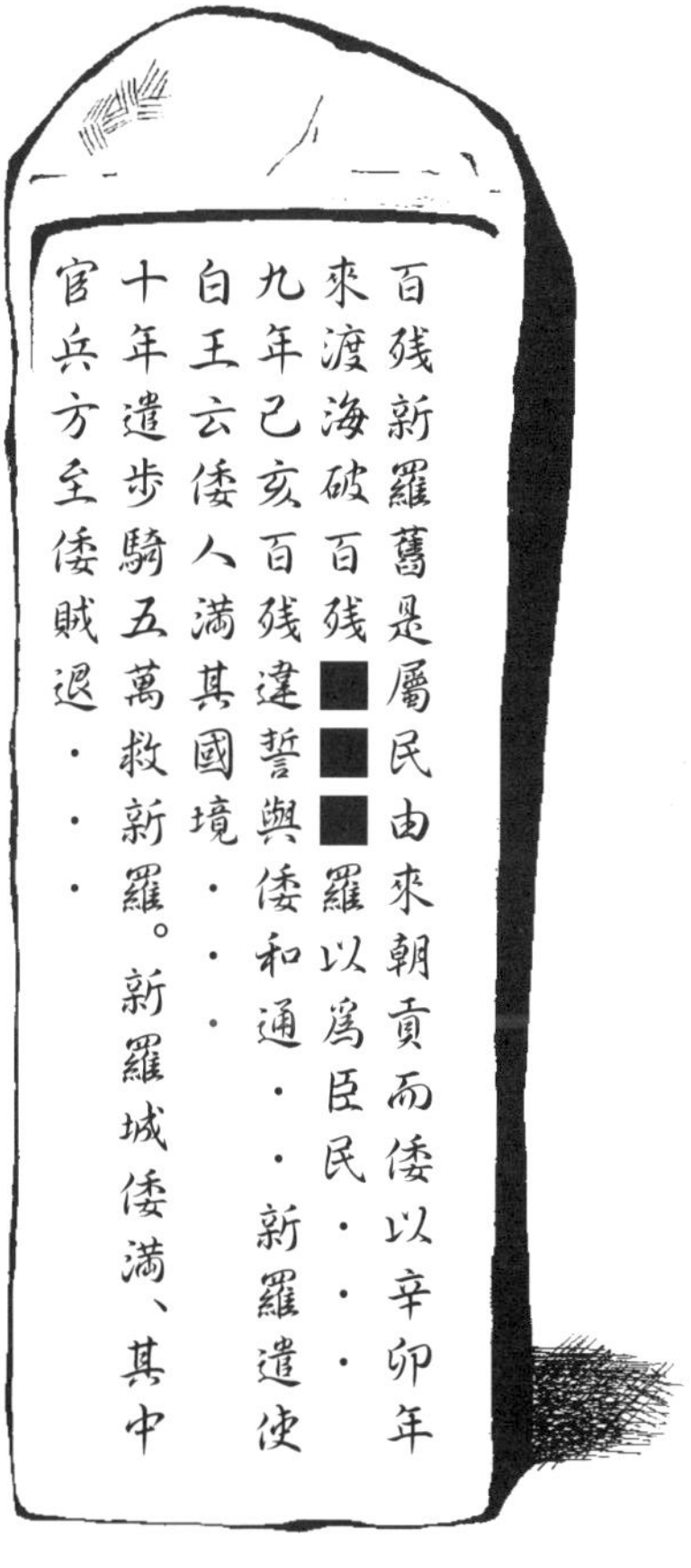
百残新羅舊是屬民由來朝貢而倭以辛卯年
來渡海破百残■■■羅以爲臣民・・・
九年己亥百残違誓與倭和通・・新羅遣使
白王云倭人滿其國境・・・
十年遣歩騎五萬救新羅。新羅城倭滿、其中
官兵方至倭賊退・・・
高句麗好太王の碑

第3章　倭の五王と近畿天皇家

五～六世紀

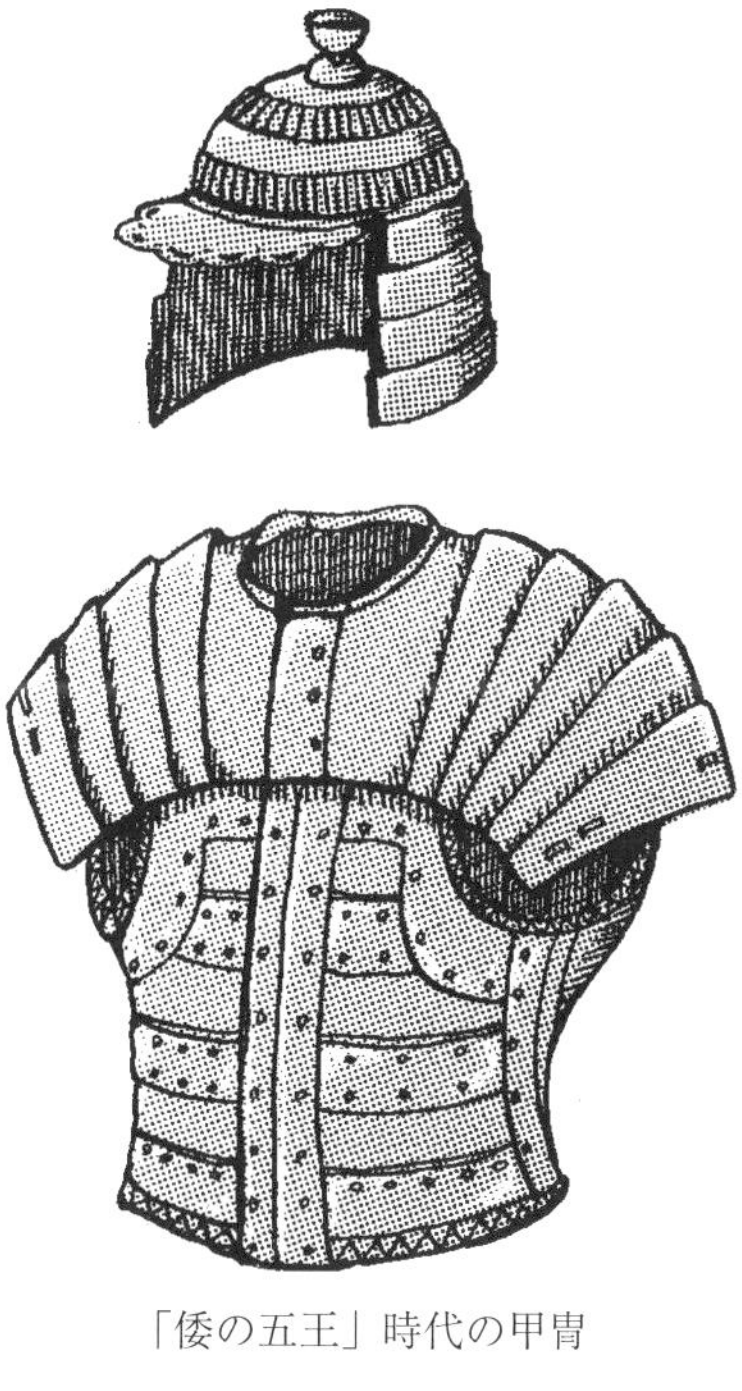

「倭の五王」時代の甲冑

	古墳時代	
	中期（五世紀）	後期(六世紀)
西暦	四二一～ 四六二年 四七八年	五〇二年
九州・倭国	朝鮮半島において倭の五王は激しい軍事作戦を展開、さらに畿内にも勢力を拡大する 倭王「讃、珍、斉、與」から倭王「武」へ 倭王「武」の上表文	倭王「武」が梁に朝貢
西暦	四〇〇～ 四五六年 四七九年	五〇七年 五三一年
近畿天皇家	神功・応神天皇母子は九州から畿内に侵入、河内平野に巨大古墳を築き、新王朝を建てる 履中、反正、允恭、安康から雄略天皇へ 雄略天皇崩御	継体天皇即位 継体天皇崩御

1　倭の五王

『宋書』に描かれた倭国王

五世紀に入ると中国史書に再び倭の記事が現れ、倭国の様子が分かるようになります。当時の中国は、北は騎馬民族が黄河流域を支配し北朝と呼ばれ、南は北方を追われた漢民族が長江流域に国を建て南朝と呼ばれていました。南北朝時代です。倭国は南朝と交流を持っていました。宋・斉・梁・陳と続く南朝最初の史書『宋書』（四二〇〜四七九年）に「倭国伝」があり、倭の五王のことが記されています。

「倭国伝」には次のことが書かれています。

①　倭王の交代と朝貢記事

・四二一年、「讃《さん》」が朝貢。
・四二五年、「讃」の死、弟「珍《ちん》」が朝貢。
・四四三年、「済《せい》」が朝貢。
・四五一年、「済」の死、子「興《こう》」が朝貢。
・四六二年、「興」の死、後継は弟「武《ぶ》」。
・四七八年、「武」の朝貢と上表文の提出。

②　倭王の官職と軍事管轄地域

・朝貢の度に倭王は宋の皇帝から称号（使持節《しじせつ》都督《ととく》倭《わ》・安東《あんとう》将軍・倭国王）をもらい、支配地域（倭・新羅・任那・加羅《から》・秦韓《しんかん》・慕韓《ぼかん》）の承認を受けます。

③　倭王武の上表文

昇明《しょうめい》二（四七八）年に「倭王武」が順帝に提出した格調ある漢文で書かれた上表文が載せられています。主な内容は次の通りです。

・祖先は自ら甲冑をまとい山川を越え諸国を駆け回った。
・東は毛人《もうじん》の国五十五国を平定し、西は衆夷《しゅうい》の六十六国を服属させた。
・北は海を渡り、九十五国を平定した。
・代々中国に朝貢をしている。しかし高句麗が無道で道を塞ぐので、亡父が兵百万をもって攻めようとしたが、にわかに父と兄を失った。

「宋書倭国伝」

倭国は高麗の東南大海の中に在り。世々貢職を修む。

高祖の永初二（四二一）年【倭王「讃」】
詔して曰く「倭讃、万里貢を修む。遠誠宜しく甄すべく、除授を賜う可し」と。

太祖の元嘉二（四二五）年【倭王「讃」→「珍」】
讃、又司馬曹達を遣わして表を奉り方物を献ず。讃死して弟珍立つ。使を遣わして貢献し、自ら使持節都督倭・百済・新羅・任那・秦韓・慕韓六国諸軍事、安東大将軍・倭国王と称し、表して除正せられんことを求む。詔して安東将軍・倭国王に除す。珍、又倭隋等十三人を平西・征虜・冠軍・輔国将軍の号に除正せんことを求む。詔して並びに聴す。

元嘉二十（四四三）年【倭王「済」】
倭国王済、使を遣わして奉献す。復た以って安東将軍・倭国王と為す。

元嘉二十八（四五一）年【倭王「済」→「興」】
使持節都督倭・新羅・任那・加羅・秦韓・慕韓六国諸軍事を加え、安東将軍は故の如く、並びに上る所の二十三人を軍郡に除す。済死す。世子興、使を遣わして貢献す。

今、喪が明けたので、武装を調え兵を訓練し父兄の志を果たしたいと思っている。

つまり、北部九州にあった倭国が東は毛人の国（近畿）を平定し、西方では九州の熊本から鹿児島などの国を服属させ、北は朝鮮海峡を渡り、朝鮮の国々を平定し、今は高句麗と交戦中である、と書かれているのです。

倭国の領土拡大

倭の五王たちの領土拡大の動きが古墳の埋葬品から確認できます。福岡県では古墳の埋葬品が三世紀の貝輪や鏡など祭祀関連のものから四世紀になると鉄製の鎧甲、馬具、弓矢に変わります。近畿の古墳では福岡より五十年遅く四世紀後半頃から、南九州でも五世紀の古墳から北部九州と同じ形式の甲冑が出土するようになります。

倭国の北、海を越えた朝鮮半島南部においては

世祖の大明六（四六二）年【倭王「興」→「武」】
詔して曰く「倭王世子興、奕世載ち忠、藩を外海に作し、化を稟け境を寧んじ、恭しく貢職を修め、新たに辺業を嗣ぐ。宜しく爵号を授くべく、安東将軍・倭国王とす可し」と。
興死して弟武立ち、自ら使持節都督倭・百済・新羅・任那・加羅・秦韓・慕韓七国諸軍事、安東大将軍・倭国王と称す。
【倭王武の上表文】
順帝の昇明二（四七八）年【倭王「武」】
倭王武、使を遣わして表を上る。曰く「封国は偏遠にして、藩を外に作す。昔より祖禰躬ら甲冑を擐き、山川を跋渉し、寧処に遑あらず。東は毛人を征すること五十五国、西は衆夷を服すること六十六国、渡りて海北を平ぐること九十五国。……中略……句麗無道にして、図りを見呑を欲し、辺隷を掠抄し、虔劉して已まず。……中略……父兄を喪い……中略……甲を練り兵を治め、父兄の志を申べんと欲す。（以下略）」。詔して武を使持節都督倭・新羅・任那・加羅・秦韓・慕韓六国諸軍事、安東大将軍・倭王に除す。

五世紀の遺跡から倭の甲冑だけでなく、九州系の古墳までが出土しています。さらに半島の南西部の栄山江《えいざんこう》の周辺地域ではそれまで朝鮮にはなかった前方後円墳も見つかっています。この地方は南宋の歴代皇帝により「倭の五王」に認められた朝鮮半島支配地の「慕韓」に相当する所です。古くから倭人が住んでいた所です。

高句麗の好太王碑文に、五世紀初頭、好太王が高句麗に押し寄せた倭国軍の攻撃を撃退したことが記されています。しかし倭国軍は北部戦線からは一旦退いたが、倭王武は朝鮮半島南部の倭軍の根拠地から反撃の機会を窺っていたことが上表文・考古出土物から読み取れます。

博多湾岸を拠点とした「倭の五王」たちは、強力な鉄製武器を手に支配地域を広めていました。考古学的にも倭王武の上表文の記述が正しかったことが証明されているのです。

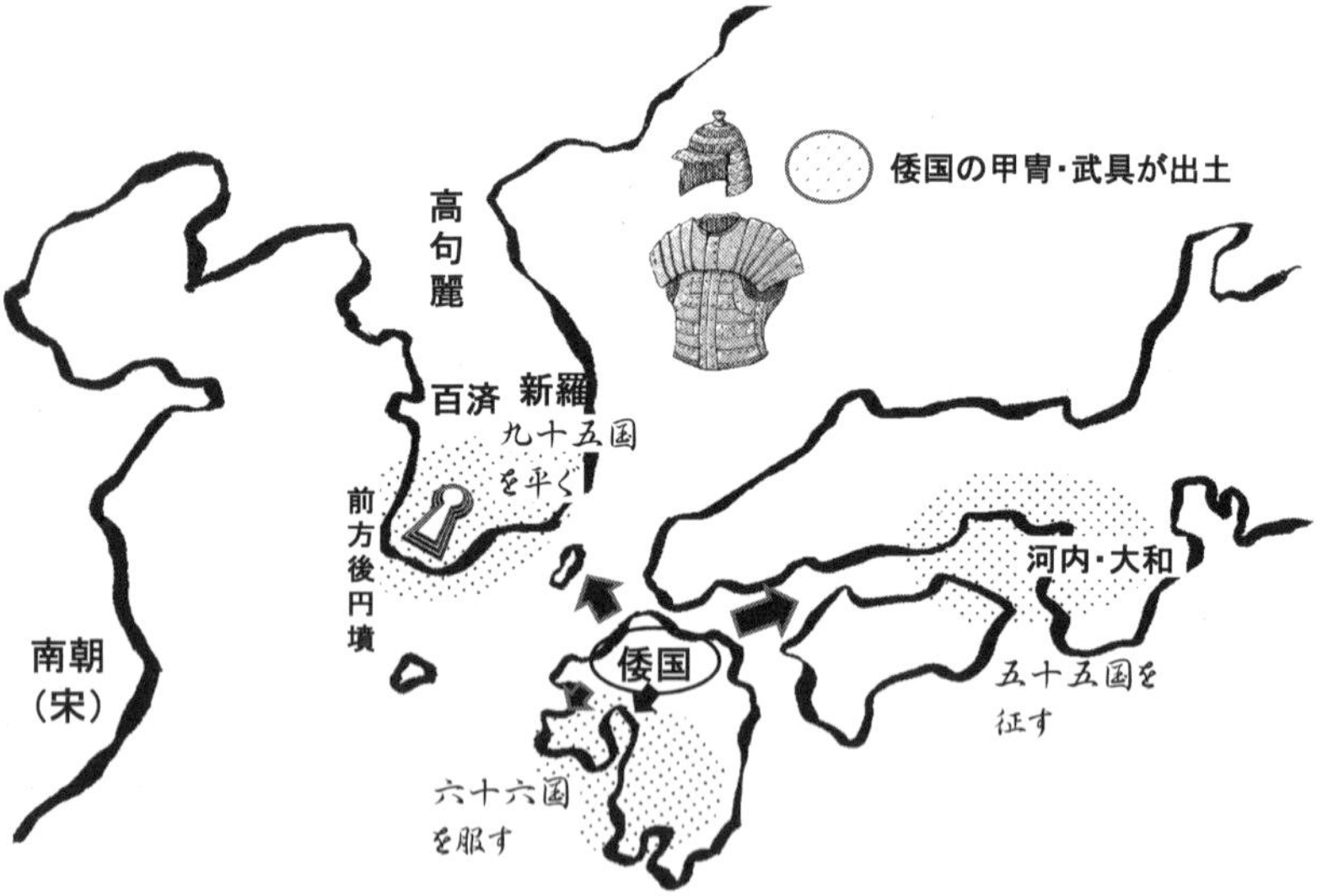

倭王武上表文の図解

戦前、日本が朝鮮を植民地化した時、『日本書紀』の任那日本府記事を占領正統化の根拠としたため、戦後は朝鮮半島の倭人や任那の文字は禁句のようにされ、一時は天皇家を含め古代の日本文化はすべて朝鮮から来たとする論までありました。しかし最近では、朝鮮半島での発掘が進み出土品の分析から、朝鮮半島の南部は古代の朝鮮・中国史書に描かれているように倭人が活動していたと認識せざるを得ない状況になっています。

それではこの倭の五王とは、一般的に言われているように「記紀」に描かれている日本の天皇たちだったのでしょうか。『古事記』を見ていきましょう。

2　「記紀」の天皇は倭の五王か

内紛に明け暮れた履中〜雄略天皇

通説では、倭王の最初の二人「讃」と「珍」は履中《りちゅう》と反正《はんぜい》天皇だろう、そして残りの三人も間違いなく「済」は允恭《いんぎょう》、「興」は安康《あんこう》、「武」は雄略天皇だとしています。この比定は正しいのでしょうか。

『古事記』のそれぞれの該当記事を見ると履中、反正、允恭から安康天皇までの説話は皇位継承に関する兄弟間の争いや国内

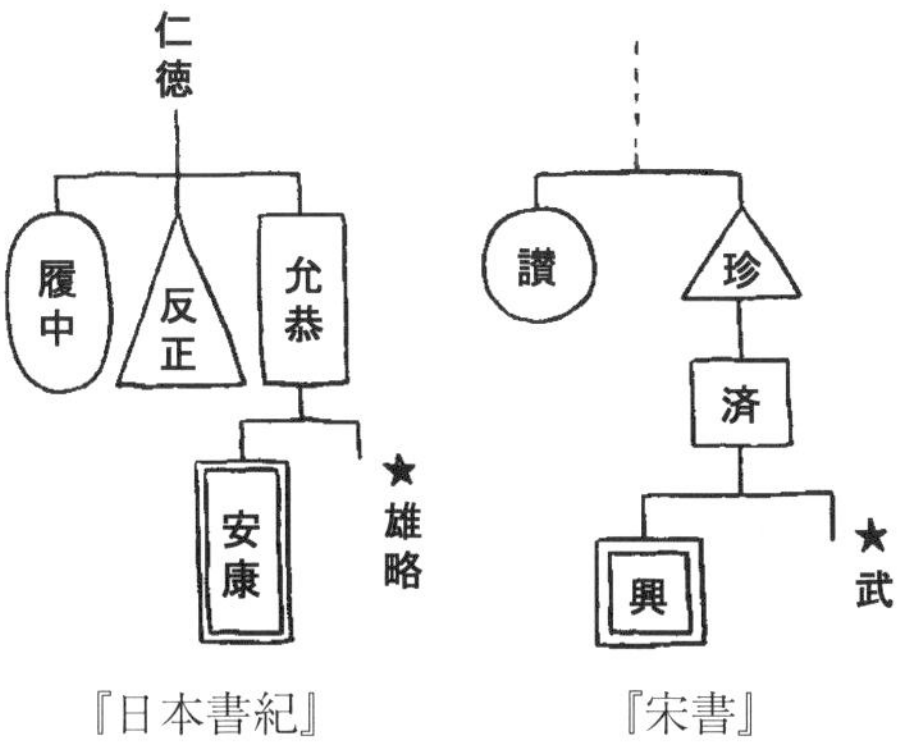

倭の五王

の記事ばかりで、朝鮮半島での記事は一言もありません。中国史書にある、倭・新羅・任那・加羅・秦韓・慕韓の領有を主張し、安東将軍・倭国王を名乗る倭王たちの片鱗すらうかがえません。この四人の天皇は『古事記』の記事から見て、『宋書』の倭王たちではあり得ません。

倭王武で確実とされている雄略《ゆうりゃく》天皇はどうでしょう。『古事記』の即位前記には「二人の兄を殺して皇位に就いたこと、仁徳天皇の孫、目弱王《まよわおう》を殺したこと」、即位後の説話も「恋の歌、葛城山の神のこと、トンボの歌など」が長々と書かれているだけで、高句麗との戦いで父と兄を失い、喪が明けたので再び兵を向けるという、緊張感に満ちた倭王「武」の面影はうかがうことは出来ません。まったく違ったイメージで描かれています。

それでは雄略天皇が倭王武であることは確実

『古事記』履中～安康天皇

【履中天皇】

・難波宮で隼人の曾婆訶里に弟の墨江の中つ王を殺させ、曾婆訶里も宴席に招き自ら首をはね殺害。

【反正天皇】

・身長九尺二寸半、歯の長さ一寸と大男であった記述のみ。

【允恭天皇】

・天下の臣民の氏姓を定む。

【安康天皇】

・兄の軽の皇子を伊予に追放・殺害し、皇位につく。

・仁徳天皇の子大日下王を殺し、妃の長田大郎女を皇后とす。

・大日下王の子、七歳の目弱王に父の仇と、就寝中に殺さる。

『古事記』雄略天皇

【雄略天皇即位前記】

・目弱王が安康天皇を殺したことを知った大長谷王子（後の雄略天皇）は、まず二人の兄、黒日子王、白日子王を殺す。

・次に目弱王を匿った都夫良意富美の屋敷を包囲、意富美は娘（訶良比売）を雄略に差出し、目弱王とされている根拠は何なのでしょうか、それは『日本書紀』にあります。

朝鮮に渡海していない近畿の天皇

『日本書紀』の雄略紀に次の二つの朝鮮での戦闘記事が書かれています。

・雄略八（四六四）年二月　膳《かしわで》臣《のおみ》斑鳩《いかるが》ら任那日本府軍が高麗軍を撃破。

・雄略九（四六五）年三月　紀《きの》小《お》弓《ゆみの》宿禰《すくね》らが新羅攻撃。

・雄略二十三（四七九）年　筑紫の水軍が高麗を撃つ。

雄略紀の朝鮮における軍事活動の記事はこの三つだけですが、古代史学会はこの記事を根拠に「雄略天皇」は朝鮮半島へ出兵していたとし、倭王武としているのです。

『宋書』倭王武の上表文には「祖先は自ら甲冑

を殺し、自身も自殺。

・次期天皇として有力であった履中天皇の子忍歯王を謀殺。忍歯王の二人の子どもは針間国（播磨）に逃れ隠れた。

【雄略即位後の説話】

・遊行先で見初めた少女に、迎えにいくから結婚せずに待つように、と言ったが、天皇は約束をすっかり忘れ少女は老婆になった。

・吉野川の畔で見初めた嬢子を宮に召しその少女に舞をさせた。

・吉野で狩し、休んでいると虻が腕を刺した。蜻蛉が飛んできてその虻を咥えて飛び去った。その場所を阿岐豆野という。

・天皇が百官をひきつれて葛城山に出向いたとき、山むこうに同じ服装の人たちが現れ、一言主之大神であると答えがあった。天皇はかしこみて、自分の百官の服装を脱がし武器とともに差し上げた。一言主之大神はそれを受け取り、山の麓まで天皇を見送った。

・伊勢の国の采女が天皇にささげた酒盃に枯葉が浮いていた。天皇は怒って殺そうとしたが、采女が殺される前に歌った歌に感動した天皇は采女を許した。

をまとい……渡りて海北の九十九国を平定」とあります。「倭国」は朝鮮半島で九十九国を相手に大規模な軍事作戦を展開していました。一方の朝鮮側の記録はどのように記しているのでしょうか。朝鮮の史書『三国史記』には倭王武の上表文を裏付ける倭人の十六回もの新羅への侵略記事が記されています。

『三国史記』五世紀の倭の新羅侵入記事

四〇五年　倭兵、明活城を攻める。
四〇七年　倭兵、東辺を侵しまた南辺を侵す。
四一五年　倭人と風島で戦い勝つ。
四三一年　倭兵、東辺を侵し、明活城を囲む。
四四〇年　倭人、南辺を侵し、生口を掠奪す。
四四四年　倭兵、金城を囲む。
四五九年　倭人、兵船一〇〇余艘で東辺を襲う。
四六二年　倭人、活開城を破る。
四六三年　倭人、歃良城を侵す。
四七六年　倭人、東辺を侵す。
四七七年　倭人、五道に来侵する。
四七九年　倭国の兵、来侵する。
四八二年　倭人、辺を侵す。
四八六年　倭人、辺を侵す。
四九七年　倭人、辺を侵す。
五〇〇年　倭人長峯鎮を攻略する。

『三国史記』に倭人の侵略が記されている時期は履中・反正・允恭、安康・雄略から武烈天皇の時代に相当します。ところが『古事記』『日本書紀』共に前記の雄略八、九、二十三年以外に、朝鮮半島での戦闘に関する記事は一言も記されていません。近畿にいた天皇家は朝鮮半島経営とはまったく関係がなかったのです。朝鮮出兵軍の主体は九州の「倭国」軍でした。右の雄略紀の朝鮮での戦争記事も、雄略天皇の話ではなく、『日本書紀』が作られた時、手元にあった「倭国史料」の朝鮮記事を盗用し、雄略天皇が行なったように見せかけたものです。『古事記』の雄略天皇の記事に「倭国」の朝鮮半島での記事を書き加えたものなのです。

『日本書紀』には『古事記』になかった記事が沢山加えられています。これらの記事はどのような性格のもので、なぜ『古事記』に書かれていないのに『日本書紀』に加えられたか、それを解明する一つの確実な証拠が「雄略紀」にあります。

『日本書紀』の盗用記事

『日本書紀』によると、雄略二十三（四七九）年八月に雄略天皇が亡くなります。その時の雄略の遺詔として「今天下は一つの家のようにまとまり、竈の煙は遠くまで立ち上っている。万民はよく治まり、四囲の夷もよく従っている……」で始まる長文が記されています。

この文が『隋書』の高祖の仁寿《にんじゅ》三年詔・四年遺詔とまったく同じであることはよく知られています。『隋書』は『日本書紀』より八四年前の六三六年に出来ています。書紀の編纂者たちは『隋書』を入手しており、雄略天皇の偉大さを示すために、『隋書』の高祖の詔・遺詔をあたかも雄略天皇の遺言のように盗用し、雄略天皇記事に加えたのです。

『隋書』記事の盗用

高祖の詔（『隋書』）
・方今区宇一家、煙火万里、百姓乂安、四夷賓服……

盗用

雄略の遺詔（『日本書紀』）
・方に今区宇一家にして、煙火万里し。百姓乂り安くして、四の夷賓服ふ。……

このようにして『日本書紀』の編纂者たちは、当時入手可能な史料を説話として組み入れ、輝かしい万世一系の天皇像を作り上げようとしていました。このため『日本書紀』には『古事記』にない記事が沢山含まれているのです。

雄略天皇は四七九年に亡くなり、宋も同じ年に滅びます。しかし倭王武はまだ生きています。宋が滅び、南朝は南斉《なんせい》、梁《りょう》と続き、それら王朝へも倭王武は朝貢をしていたことが『南斉書』『梁書』に記されています。

「中国史書」雄略死後の倭王武の記事

①南斉の建元元（四七九）年（『南斉書』）
進めて新たに使持節都督倭・新羅・任那・加羅・秦韓・（慕韓）六国諸軍事・安東大将軍・倭王武に除し、号して鎮東大将軍と為す。

②梁の天監元（五〇二）年（『梁書』）
鎮東大将軍・倭王武、進めて征東将軍と号せしむ。

倭王武は雄略でない

①『南斉書』には四七九年、②『梁書』には五〇二年に倭王武の朝貢記事があります。倭王武は少なくとも五〇二年までは存命していたのです。

『書紀』では四七九年に雄略が亡くなりその後、清寧《せいねい》、顕宗《けんそう》、仁賢《にんけん》と変わり武烈《ぶれつ》天皇の時代に入っています。しかし武烈の時代になっても倭王武はまだ生きていたのです。倭王武は雄略天皇の二十三年以上後に死んだ倭王です。

倭の五王の親子兄弟関係は、「記紀」に書かれた応神から雄略までの間の、天皇の親子兄弟関係とも合いません。また『古事記』『日本書紀』ともに宋王朝への朝貢、称号の受領など中国王朝との交流を示す記事は載せられていません。『宋書』に描かれている倭の五王は近畿の天皇たちではなかったのです。

では次に雄略天皇が日本列島を支配していた証拠とされる五世紀の古墳から出土した刀に刻まれた金石文を見ていきたいと思います。

3　金石文解釈の疑問

稲荷山鉄剣と関東の大王

埼玉《さきたま》古墳群にある稲荷山古墳から出土した鉄剣には百十五の黄金の文字が刻まれ、次のことが記されています。

・銘文は辛亥《しんがい》（四七一）年に乎獲居《おわけ》の臣《おみ》が記した。
・乎獲居の臣の祖は意富比垝《おほひこ》で、以下乎獲居まで代々の先祖の名を記入。
・乎獲居の臣は代々、杖刀人《じょうとうじん》（武人）の首《おびと》として大王に仕えてきた。
・今獲加多支鹵大王の寺が斯鬼《しき》の宮に在る時、乎獲居の臣は天下を左治《さじ》（政治を司る）した。
・この百錬の刀を作り吾が奉事の根源を記す。

古代史学会ではこの鉄剣の表面に金で象嵌された銘文に書かれた内容をもって、雄略天皇が関東までを支配をしていた証拠としています。

しかし、鉄剣の銘文には本当に「雄略天皇の関東支配」のことが書かれているのでしょうか。まず銘文にある斯鬼の宮について見ていきましょう。「記紀」共に雄略天皇の宮は大和泊瀬《はつせ》の朝倉宮です。磯《し》城《き》の宮が雄略の宮であった記述はどこにもありません。では斯鬼宮とはどこにあった宮でしょうか。稲荷山古墳から東北の方角約二十キロメートルのところ栃木県藤岡町大前字磯城宮に「大前神社《おおさきじんじゃ》」があります。神社の由緒に「大前神社はその先磯城宮と号す」と書かれています。「斯鬼宮」は奈良県ではなく、鉄剣が出土した地元にあったのです。

稲荷山鉄剣銘文

（訓読表面）

辛亥の年七月中、記す。乎獲居の臣。上祖、名は意富比垝。其の児、（名は）多加利の足尼。其の児、名は弖巳加利獲居。其の児、名は多加披次獲居。其の児、名は多沙鬼獲居。其の児、名は半弖比

（訓読裏面）

其の児、名は加差披余。其の児、名は乎獲居の臣。世々、杖刀人の首と為り、奉事し来り今に至る。獲加多支鹵の大王の寺、斯鬼の宮に在る時、吾、天下を左治し、此の百練の利刀を作らしめ、吾が奉事の根原を記す也。

銘文の大王の名前については、「今獲加多支鹵大王」とあるのを、「今」と「獲加多支鹵」を分けて「今に至る。ワカタケル大王」と読んでいます。これは『古事記』の大長谷《おおはつせ》の若建命《わかたけのみこと》と、『日本書紀』の大泊瀬の幼武天皇《わかたけのすめらみこと》とあるのに合せるために、そのように読んでいるのです。五世紀の漢字の正確な読みは明確ではありませんが、「支」はケではなく古代でも一般にキまたはシと読まれています。「今を獲《え》、加多支鹵《かたしろ》大王」と読める可能性もあります。さらに「記紀」には雄略天皇を補佐した「乎獲居《おわけ》の臣」という人物も登場せず、雄略の関東での説話もありません。

このため銘文を普通に読めば「乎獲居の臣という人がいて、栃木県の斯鬼宮の加多支鹵大王に仕え、政治を司っていた。そしてこの刀を作り先祖の名前を記した」となります。埼玉古墳群、斯鬼宮を中心とした関東の大王に仕えた武人がその祖先の名を刀の銘文に記したのです。五世紀中頃に、埼玉古墳群のそばにあった磯城に宮を置き、関東平野を領域として治めていた大王がいたのです。

現在の古代史学会は五世紀中頃には大和朝廷が関東平野も支配していたとまず考え、その根拠として無理に鉄剣銘文の獲加多支鹵をワカタケルと読み、雄略天皇と結び付けています。

雄略天皇は決して関東まで支配していたのではありません。鉄剣の銘文を素直に読み、その内容から歴史を見ていくことが大事なことです。

江田船山古墳大刀読みの変遷

稲荷山鉄剣の前に、熊本県の江《え》田《た》船山《ふなやま》古墳から出土した大刀にも文字が銀で象嵌されていました。一緒に出土する土器などから五世紀のものと考えられ、文字は次のよ

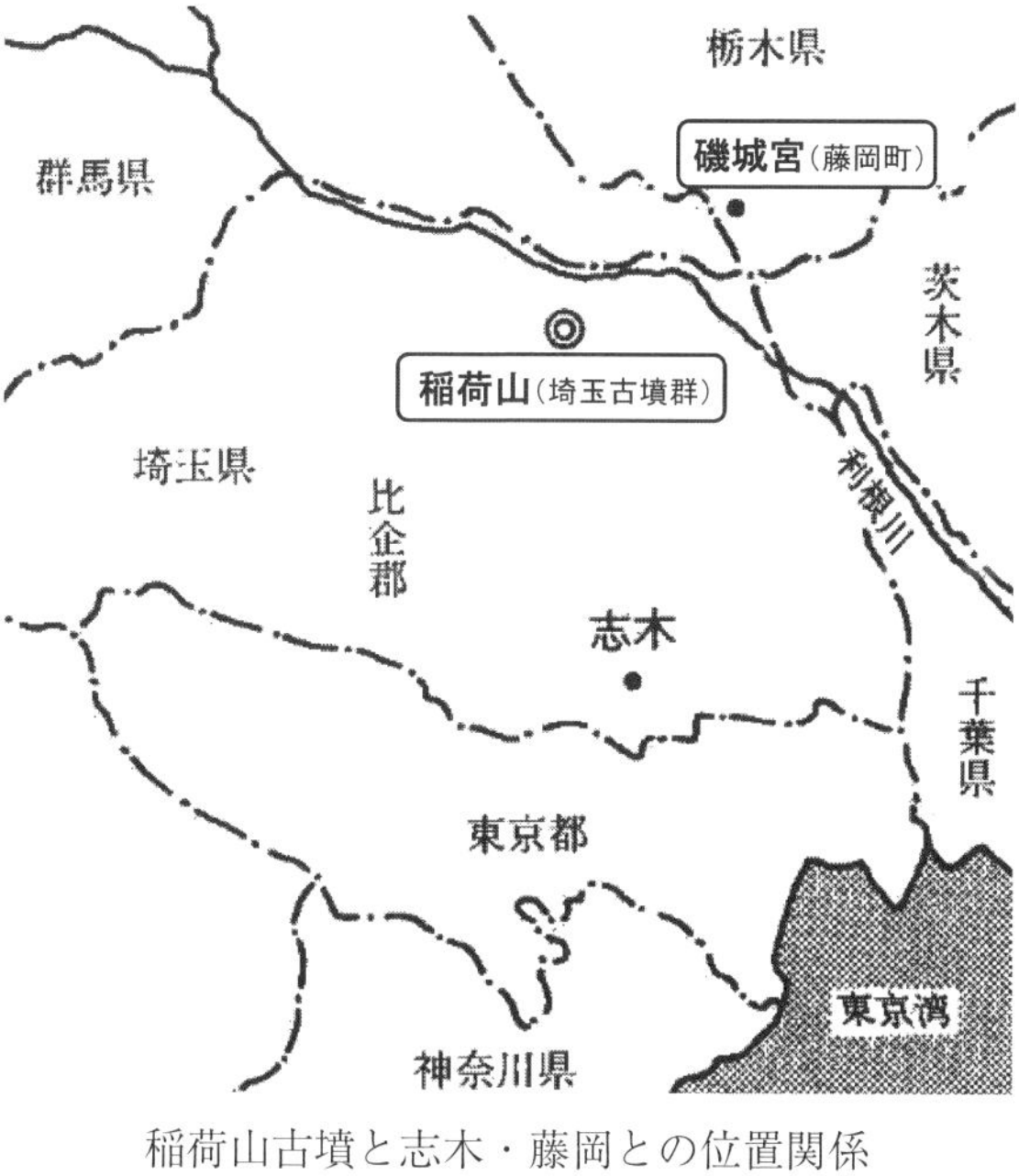

稲荷山古墳と志木・藤岡との位置関係

うに読まれました。意味は「古墳に葬られた无利弖《むりて》は典曹《てんそう》人《じん》として蝮《たじひ》□□□歯大王に仕えた。この刀を持つ者は長寿にして子孫洋々……」となります。そして「蝮□□□歯大王」は「記紀」のどの天皇に当たるかで論争が起きました。

大王の名前に当たる字の中で、なんとか「蝮」と「歯」が読めそうなので、まず「①蝮□□□歯大王」としました。次に『日本書紀』によって五世紀の天皇を探したところ、反正天皇の宮が多治比《たじひ》（大阪府松原市）にあり、水歯別《みずはわけの》命《みこと》と呼ばれていたことから□□のところを埋めて大王名を「②蝮之宮水歯大王」として確定しました。ところが、稲荷山鉄剣が出土してから、大王の名前は「蝮之宮水歯大王」ではなく「③獲居多支鹵大王」であるとしたのです。雄略天皇が関東から九州まで支配していた証拠とするため、それまでの解釈を簡単に変えてしまったのです。

今まで述べてきたように、五世紀は倭の五王の時代で、雄略天皇が九州を治めていたことはありません。この大刀

江田船山大刀銘文

天の下治らしめし蝮□□□歯大王の世、典曹に奉事せし人、名は无利弖、八月中、大鉄釜を用い、四尺の廷刀を幷わす。八十たび練り、九十たび振つ。三寸上好の刊刀なり。此の刀を服する者は、長寿にして子孫洋々、□恩を得る也。其の統ぶる所を失わず。刀を作る者、名は伊太和、書するのは張安也。

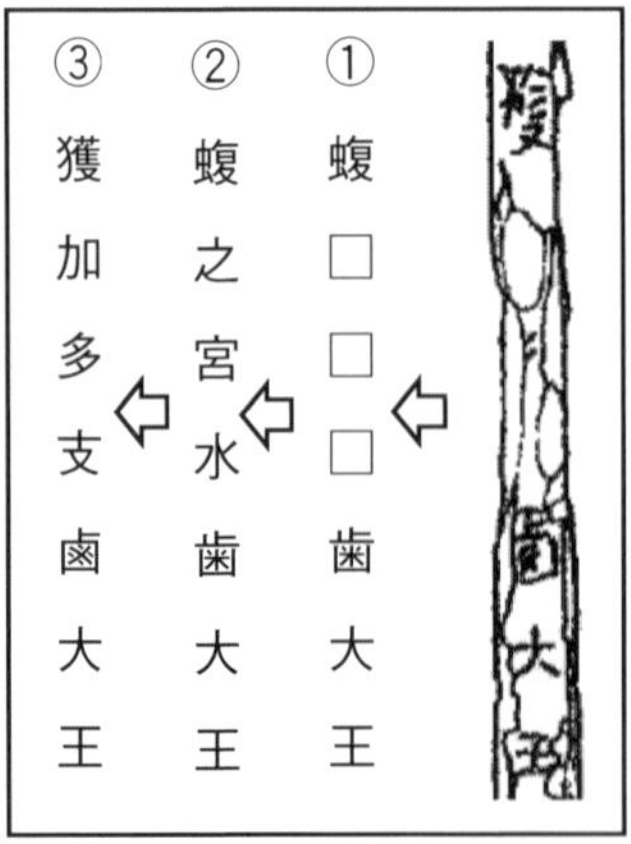

銘文読みの変遷

の銘文に書かれている、蝮□□□歯大王とは、当時北九州から朝鮮半島南部を支配していた倭王だと思われます。

稲荷山鉄剣には関東にいた大王の名前、江田船山古墳銀象嵌銘大刀には九州にいた倭王の名前が書かれているのです。先に雄略天皇の事績のところで『古事記』にある雄略の記事を並べましたが、いずれも吉野や葛城、遠くて伊勢までの範囲です。このことからも雄略天皇の支配地域は関東や九州まで及んでいなかったと言えます。

雄略の次の清寧天皇に子がいなかったため、父の市辺忍歯《いちのべのおしはの》皇子《みこ》を雄略天皇に殺され播磨に逃れていた二人の兄弟が探し出され即位します。二十三代顕宗天皇、二十四代仁賢天皇です。畿内の政権は弱体化し、六世紀初頭に応神・仁徳から続いていた王朝が滅び新しい王朝が誕生します。『古事記』の説話は仁賢でなくなり、その後は、ほぼ系譜だけの記述となり、『古事記』自体も推古天皇で終わります。『古事記』には神代から神武東征、そして応神王朝まで近畿地方を支配していた政権の歴史・説話が描かれていたのです。武烈から継体への王朝交代など、以降は『日本書紀』をもとに論を進めていきます。

4　大和の王朝交代

武烈から継体へ――非合法な権力奪取

近畿天皇家では仁賢の子、武烈天皇が現在の奈良県桜井市にある泊瀬《はつせ》列城宮《なみきのみや》で即位（四九八年）します。この天皇について『日本書紀』には「妊婦の腹を裂いて胎児を見る」など紙面に表わせないような暴虐行為が繰り返し描かれています。そして天皇に子供がいなかったので、北陸にいた応神天皇の五世の孫とされる継体天皇が呼び寄せられ二十六代の皇位を継承したと記されています。「前王朝の天子が悪逆非道の行ないをしたので、これを倒して新王朝を作った」とする、中国史書において王朝交代を正当化する典型的な手法がここに取られています。武烈《ぶれつ》から継体《けいたい》への王朝交代が非合法であったのでしょう。『日本書紀』を作った継体直系の子孫である元正《げんしょう》天皇らが、自分たちの先祖の権力奪取を正当化するために、このような記事を作り上げたものと思われます。

神功・応神に始まり河内平野の巨大な前方後円墳を作った王朝は滅び、新しく継体王朝が出来たのです。この継体に始まる王朝はその後日本列島全域に支配を広げ、現在の天皇家の直接の祖となりま

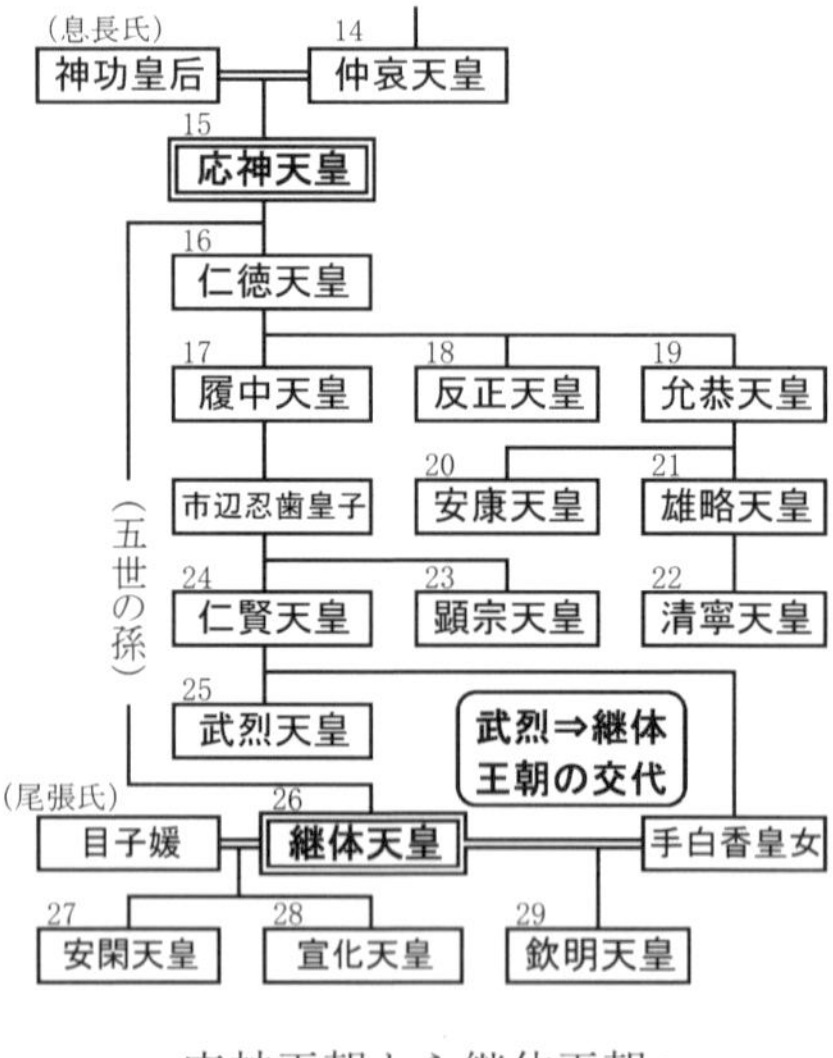

応神王朝から継体王朝へ

す。

継体天皇宮都の変遷

『日本書紀』では樟葉宮《くずはのみや》での皇位継承から十九年後の大和の中枢部磐余宮《いわれのみや》までの遷都の様子が記されています。継体天皇は大和の豪族たちの要請を受け、北陸・近江の兵を率いて福井からやって来て樟葉宮で即位します。武烈天皇の姉、手白香皇女《たしらかのひめみこ》を皇后としましたが、すぐには大和盆地に入れませんでした。

大和には継体擁立の中心となった大伴氏以外に物部、許勢《こせ》などの豪族が割拠し、継体が奈良盆地での主導権を握るのはたやすくなかったためと思われます。大和の北側山背国《やましろのくに》の樟葉、筒城《つつき》、弟国《おとくに》と転々として、皇位について十九年の後にようやく大和の中枢部の磐余（現在の桜井市）に入り宮を建てることが出来ました。この間「継体紀」に国内の治世に関する記事はまったく記されていません。大和盆地は豪族間の争いが続いていたように思われます。そ

「継体紀」の主な記事

・継体元（五〇七）年 大伴金村、物部麁鹿火、許勢男人ら重臣の推薦により北陸から迎えられた継体が天皇として、樟葉宮（大阪府枚方市）で即位。武烈天皇の姉手白香皇女を皇后とする。
・継体五（五一一）年 都を山背の筒城（京都府京田辺市）に遷す。
・継体十二（五一八）年 都を弟国（京都府向日市）に遷す。
・継体二十（五二六）年 都を磐余の玉穂に遷す。
・継体二十一（五二七）年 近畿軍六万が任那回復のため朝鮮に送られたが、筑紫の君磐井が妨害、反乱を起こす。物部麁鹿火を派遣し翌年に鎮圧。
・継体二十五（五三一）年 継体天皇崩御。藍野陵に葬る。

して磐余に遷都した翌年の継体二十一年に突如朝鮮半島へ六万の兵を派遣し、これが九州の磐井《いわい》の反乱を誘ったとの記事が書かれています。

今まで述べてきたように、朝鮮半島に軍を展開していたのは、近畿の天皇家ではなく、九州にいた倭の五王たちでした。この記事にある朝鮮派遣軍六万も当然倭国の軍隊です。継体は数万もの兵を集められるなら、大和盆地の周辺を十九年間も彷徨する必要はありませんでした。一気に大和へ入り宮を建てたでしょう。

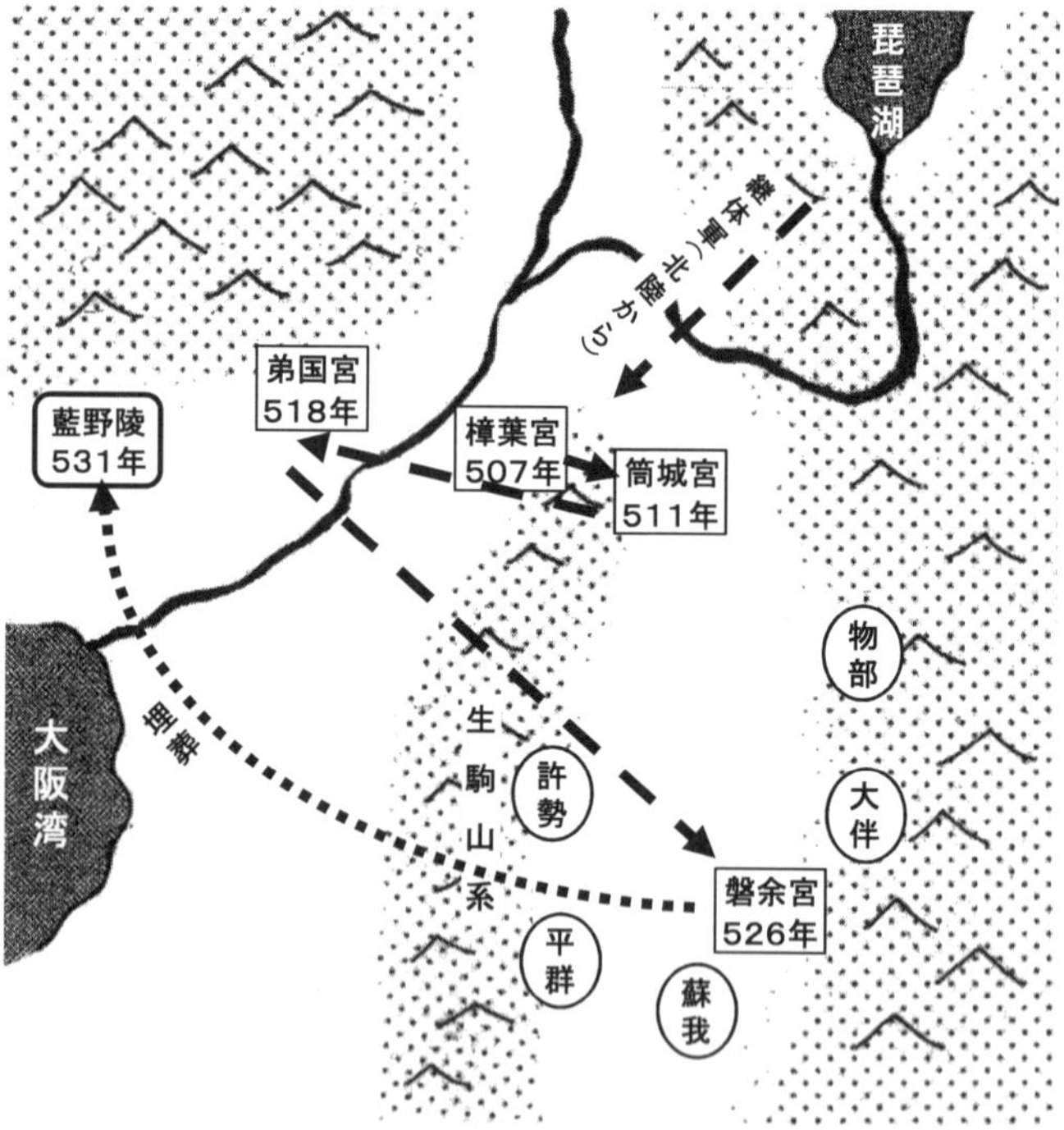

継体天皇遷都と大和の豪族

不思議な天皇死亡記事

継体天皇の死亡年について『日本書紀』に不思議な記事があります。継体二十五年に天皇は亡くなりますが、藍野陵《あいのりょう》への埋葬記事の後に次のような記述が書き添えられているのです。

或る本には二十八年甲寅に死んだと記すが「百済本記《くだらほんき》」辛亥年の記事に「日本の天皇及び王子、皇子共に死す」とあるので、この記事を採用し、辛亥年（継体二十五年）を継体の死とする。後世の人が考えて欲しい。

継体の死亡の年について「或る本（国内の史書）では継体二十八年に死んだとしているが、『日本書紀』では百済本記に従って継体二十五年に死んだことにする。このことについては後世の人がよく考えて欲しい」と書いてあるのです。継体が死んだ時、共に死んだ王子、皇子は誰もいません。「百済本記」に日本の天皇、王子、皇子共に死す、と記されているのは「倭国」で天皇親子が共に死んだことが書かれていたのでしょう。

『日本書紀』継体紀には、朝鮮半島での戦闘や領土問題が、近畿天皇家のものとして記されています。しかしこれらが「倭国」の記事であるのを知っていた『日本書紀』編纂者は、近畿天皇家の記事として書くことに良心の呵責を感じたのでしょうか。それが「後世の人が考えて欲しい」と記したメッセージの背後にあったように思えます。

今城塚古墳は継体天皇陵か

陵墓についても謎が残されています。継体天皇の埋葬の地は『古事記』には「三島の藍」、『日本書紀』にも「藍野陵」に葬ると記されています。大阪府茨木市の安威《あい》のことです。このため宮内庁の継体天皇陵墓指定地は安威地区の近くにある墳丘長二百二十六メートルの太田茶臼山《おおだちゃうすやま》古墳とされています。しかし、出土する埴輪から太田茶臼山古墳が五世紀中頃の古墳であることが分かったため、最近では高槻市にある「今城塚《いましろづか》古墳」が継体天皇の陵墓といわれるようになってきました。

「今城塚古墳」から出土する埴輪や須恵器が太田茶臼山古墳のものより新しいこと、古墳の大きさが全長三百五十メートルと大王の墓としてふさわしいと考えられたためです。

しかし「記紀」に記されている継体を葬った三島の藍（安威）は茨木市にあり高槻市ではありません。また長年、放浪を続けていた継体天皇の政権が大型古墳を作れるほど安定していたとは考えられません。「今城塚古墳」の造営年代は継体天皇の古墳とするために、六世紀半ばとされていますが、この古墳はまだ大型前方後円墳が作られていた五世紀に三嶋（高槻）にいた豪族が作ったものでしょう。

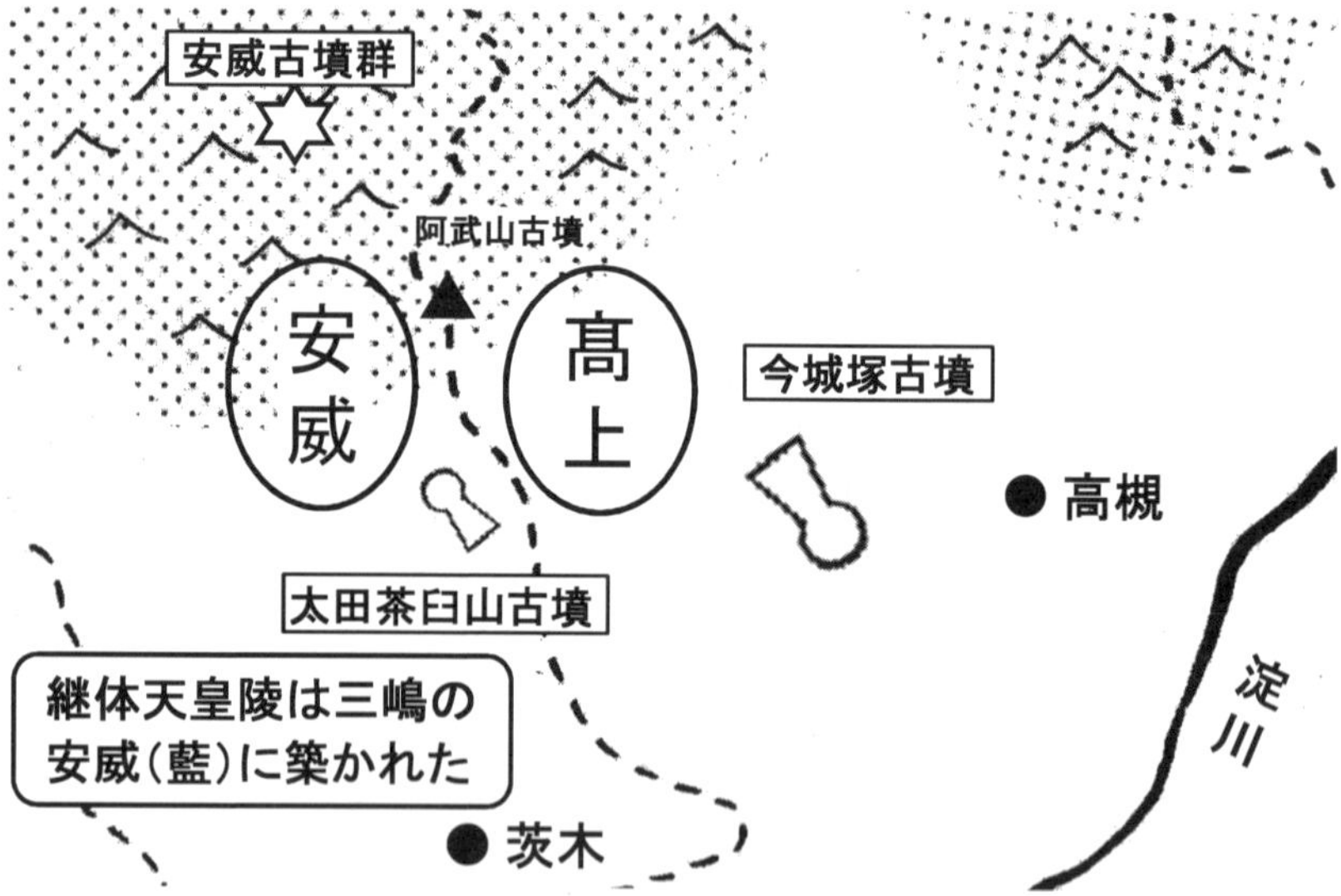

継体天皇はどこに葬られたか

茨木市の安威（藍）には「阿為神社《あいじんじゃ》」と「安威古墳群」があります。小さな古墳ですが、大型古墳は武烈天皇で終わり、新しい王朝は継体天皇を小型の古墳に葬ったのではないでしょうか。王朝が代わると古墳の埋葬形式も変わります。

前頁の地図の安威と高上の間に大織冠《だいしょくかん》が出土し、藤原鎌足の墓とされる阿武山《あぶやま》古墳があります。この地域は中臣氏の勢力下にありました。その後の中臣氏と天皇家の関わり具合から見て継体天皇は「記紀」に書かれている通り、茨木市の安威にある古墳群中のどれかに葬られたものと思われます。

第4章　九州王朝の成立から衰退へ

六～七世紀

装飾古墳壁画

時代	世紀	西暦	九州年号	倭国・九州王朝
古墳時代後期	六世紀	五一七年	継体元年	九州年号始まる 九州王朝の成立
		五一二〜五二九年		任那西部、百済へ割譲
		五三二〜五六二年		任那東部、新羅へ
飛鳥時代	七世紀	六〇〇年	法興十年*	多利思北孤、隋へ献使
		六〇七年	法興十七年	日出処の天子の国書
		六一八年	（中国では隋が滅び唐に代わる）	
		六六〇年	白雉九年	唐が百済を滅ぼす
		六六三年	白鳳三年	白村江の戦い
		六六四年	白鳳四年	唐軍の来日
		七〇〇年	大化六年	倭国の滅亡

＊　法興年号は『二中歴』にないが，ここでは釈迦三尊像の年号を採用（本文26頁参照）。

1　六世紀、朝鮮半島の攻防

混乱する東アジア

五世紀末から中国南朝は宋、斉、梁、陳と次々に王朝が交代して混乱が続き、倭の記事も『梁書』の倭王武の朝貢記事（五〇二年）を最後に途絶えます。北朝においても華北で安定した政権を運営していた北魏が五三四年に滅び、国は東・西の魏に分裂します。そして東・西魏も北周・北斉に代わり、混乱は中国全土に広がっていました。その後、北周が北斉を滅ぼし、北周のあとを継いだ「隋」が五八九年に南朝「陳」を滅ぼしたことで中国大陸はようやく安定します。三百年ぶりに統一された中国はこの後、隋・唐帝国と繁栄の時代を迎えていきます。

六世紀に中国が混乱の中にあった時、朝鮮半島でも大きな変化が起きます。五世紀に圧倒的な力を誇っていた高句麗の勢力が衰え、新羅に対する北方からの脅威が減少しました。この状況の変化を見て、新羅はまず百済のソウル周辺の領土を占領し、黄海へ出るルートを確保します。中国と直接に接触できるようになったため、以降新羅と中国との関係は緊密になっていきます。

次に新羅は南朝鮮にあった伽耶《かや》諸国の併合に乗り出します。伽耶諸国とは倭の五王たちが朝鮮半島南部で根拠地とし、任那《みまな》と呼ばれていた地域です。そこは『日本書紀』には任那、「朝鮮史書」は伽耶、「中国史書」は加羅《から》とされている所です。六世紀、倭の朝鮮半島問題は任那が舞台となります。

任那の喪失

『日本書紀』の継体・欽明《きんめい》紀に任那攻防の動きが記されています。継体紀には五一二年に任那・百済の国境にあった四県（上《おこし》多利《たり》、下多利《おろしたり》、娑陀《さだ》、牟婁《むろ》）を、翌年には己汶《こもん》、帯沙《たさ》の二県を百済に割譲したことが記されています。今まで述べてきたようにこれらの動きも倭国・九州王朝のものです（第3章2参照）。さらに五二九年には重要な港の帯沙津まで譲渡します。任那の西半分（地図上の大伽耶）が百済の支配する所となりました。任那東部が新羅に圧迫されているので、九州王朝は任那西部の割譲を条件に百済と軍事同盟を強化し、新羅に対抗しようとしたと思えます。

次の欽明紀（五四〇～五七一年）は国内記事が少なくほとんどが朝鮮の記事で埋まります。これらも「倭国」の記事で、そっくり『日本書紀』に引き写し、近畿天皇家のものとしたものです。五四一～五五四年まで十四年の間、新羅の攻撃で任那の東部諸国が次々と併呑されていきますが、倭国は援軍を送っていません。そして五五四年に内臣《うちのおみ》に率いられた救援軍を派遣しますが敗退し、五六二年に任

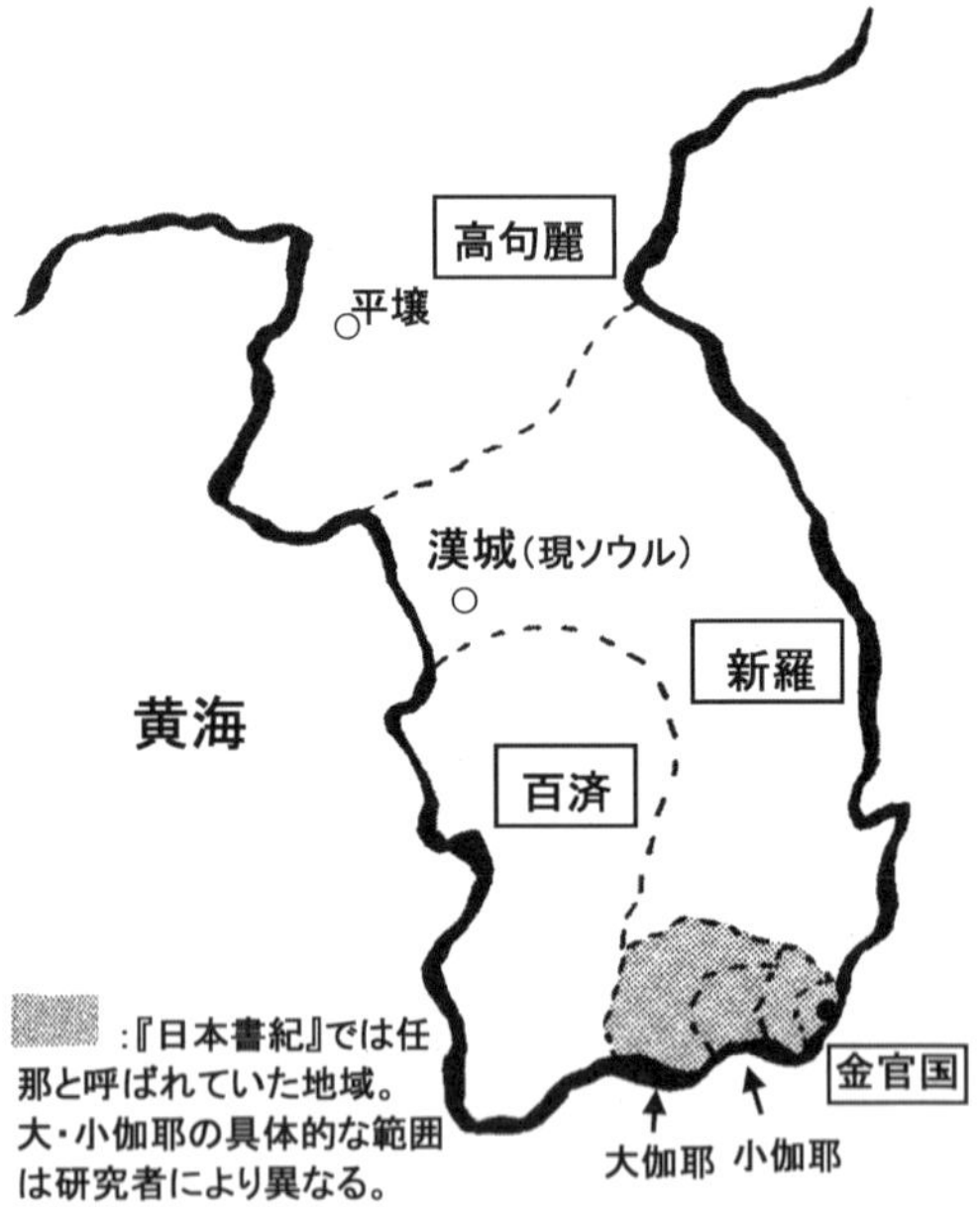

任那の喪失

那は滅亡しました。

五世紀には倭の侵攻記事に満ちていた朝鮮の史書『三国史記』も六世紀の倭国記事はわずかに、

・五三二年　金官国王が王妃、三皇子と共に投降し、本国をその食邑（知行）として与えた。

・五六二年　伽耶が反乱を起こしたので軍を送り平定した。

と新羅が五三二年に金官伽耶国を滅ぼしたこと、五六二年

「継体紀」朝鮮半島記事
継体三（五〇九）年
　任那日本邑にいた百済の百姓を百済に返す。
六（五一二）年
　百済に任那四県（上多利、下多利、娑陀、牟婁）を割譲。
七（五一三）年
　任那の二県（己汶、帯沙）を百済に割譲。
八（五一四）年、九（五一五）年
　伴跛国が反旗を掲げ帯沙を占拠、倭国は物部連を派遣するも敗退。
二十一（五二七）年　近江毛野臣兵六万を任那派遣
二十三（五二九）年　百済に帯沙津を割譲。
「欽明紀」
欽明二〜五（五四一〜四）年
　新羅に占領された任那諸国の復興を百済と協議するも進展せず。
八〜十三（五四七〜五五二）年
　任那、百済の救援要請あるも出兵せず。
十四（五五三）年
　百済救援決定、翌年内臣以下兵千、馬百匹、船四十隻の援軍を送り、百済軍と新羅領に侵攻するも敗退。
二十三（五六二）年
　任那十県（加羅、安羅、斯二岐、多羅、卒麻、古嵯、子他、散半下、乞飡、稔禮）新羅に滅ぼさる。倭国は紀男麻呂を大将軍に新羅を攻めたが敗退。

には伽耶の反乱を平定したことだけとなりました。倭の勢力下にあった任那東部（地図の小伽耶・金官国）が新羅の制圧下に入り、この方面での倭国からの脅威は去ったためと思われます。

倭国は朝鮮半島での軍事行動を完全に停止しました。そしてこの間、本国においては内政を充実させ、独自の年号を制定、それまでの「中国冊封体制」から離脱し独立国家への道を歩んでいたのです。「九州王朝」の誕生です。詳しく見ていきましょう。

2 九州王朝の成立

九州年号

法隆寺釈迦三尊像光背銘にある「法興」年号は伊予温湯碑にも記されていました（第1章4参照）。全国の古い神社の由緒を調べるとその中に「善記《ぜんき》」「教到《きょうとう》」「僧聴《そうちょう》」など、沢山の見慣れない年号が使われていています。これらの年号は平安末から鎌倉時代にかけて作られた『二中歴《にちゅうれき》』という事典の「年代歴」に纏められています。『二中歴』年号表の最初は五一七年に始まり、五二一年まで五年間続く「継体」年号です。次が「善記」で五二二～五年、「教到」は五三一～五年、以降「僧聴」「明要《めいよう》」……と続き、六九五～七〇〇年の「大化」年号で終わります。そして七〇一年から現在まで続く「日本国」年号が始まっています。この一連の年号は江戸時代の国学者鶴峯戊申《つるみねぼしん》により「九州年号」と名付けられました。

「九州年号」の中で一番長く続いたのは六六一～八三年（二十三年間）の「白鳳《はくほう》」です。白村江《はくそんこう》の戦い、壬申の乱があった時代です。『日本書紀』に「白鳳」年号は記されていませんが、奈良時代を記した『続日本紀』の聖武天皇、神亀《じんき》元（七二四）年の詔報に「白鳳以来、朱雀《すざく》以前」と昔の時代を表わすのに九州年号の白鳳、朱雀（六六一～八五年）が使われています。また、奈良時代に作られた藤原氏の歴史書『藤氏家伝』や、多くの史書、神社縁起にも白鳳年号が使われています。奈良時代以前、近畿天皇家も九州年号を使っていたのです。

現在においても美術史の分野で「飛鳥時代」「白鳳時代」「天平時代」と、七～八世紀の仏像・絵画など美術の変遷を時代区分するために「白鳳」が使われています。明治の美術史家たちは、仏像を調べた時、その由緒書・伝承に白鳳年号を多く見出したのか、その仏像が作られていた七世紀後半を「白鳳時代」と称したと思われます。ちょうど「九州年号」の白鳳年間に当たる時代です。

ほとんどの「九州年号」は正史から消されましたが、なぜか『日本書紀』の中で「大化」「白雉」が孝徳天皇の時代（六四五～六五四年）に、そして「朱鳥《しゅちょう》」が天武天皇の最後の年、六八六年に年号

九州年号	
517～	継体
522～	善記
526～	正和
531～	教到
536～	僧聴
541～	明要
552～	貴楽
554～	法清
558～	兄弟
559～	蔵和
564～	師安
565～	和僧
570～	金光
576～	賢接
581～	鏡当
585～	勝照
589～	端政
594～	告貴
601～	願転
605～	光元
611～	定居
618～	倭京
623～	仁王
635～	僧要
640～	命長
647～	常色
652～	白雉
661～	白鳳
684～	朱雀
686～	朱鳥
695～	大化
日本国年号	
701～	大宝
704～	慶雲

「二中歴・年代歴」

として使われています。

『二中歴』の九州年号表

平安時代に作られた「掌中歴《しょうちゅうれき》」「懐中歴《かいちゅうれき》」という事典があります。原本は残っていませんが、名前の通り携帯用事典であったと思われます。鎌倉時代初期にこの二つを合わせて編集されたものが『二中歴』です。現在、尊経閣《そんけいかく》文庫と呼ばれる加賀前田藩の文庫に古写本が残されています。

『二中歴』は全部で十三目録あり、第一目録は神代歴、人代歴、后宮歴、女院歴、公家歴などで、それぞれに神々、歴代天皇、皇后、公家などの名前が記され、第二目録に年代歴が記されています。そして以降、僧職歴、官職歴、儀式歴など宮中・政治に関する事柄が網羅されています。

年代歴の最初に「年始五百六十九年の内三十九年は年号がなくて干支が記されず、其間は結縄《けつじょう》・

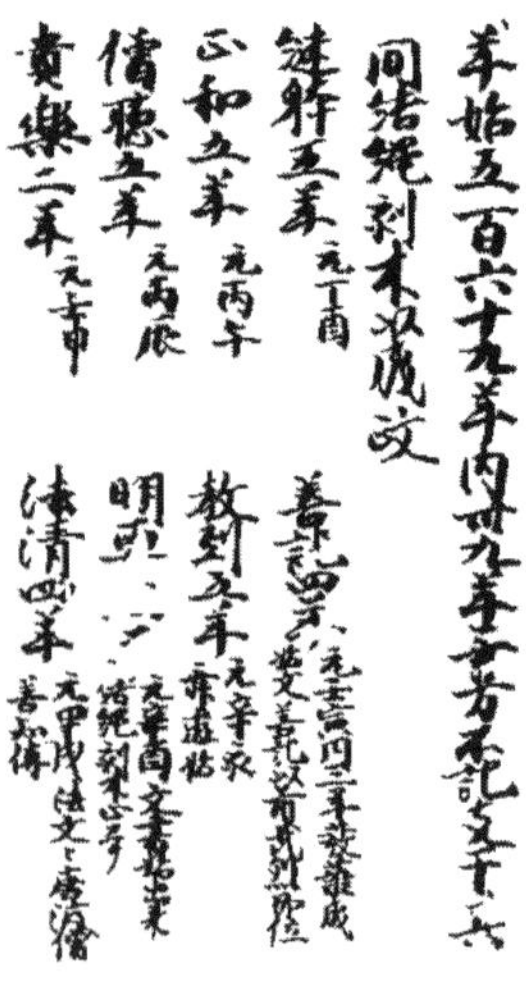

年代歴

年始五百六十九年内丗九年無号不記支干其間結縄刻木以成政

継体五年	元丁酉	517	善記四年	元壬寅	522
正和五年	元丙午	526	教到五年	元辛亥	531
僧聴五年	元丙辰	536	明要十一年	元辛酉	541
貴楽二年	元壬申	552	法清四年	元甲戌	554

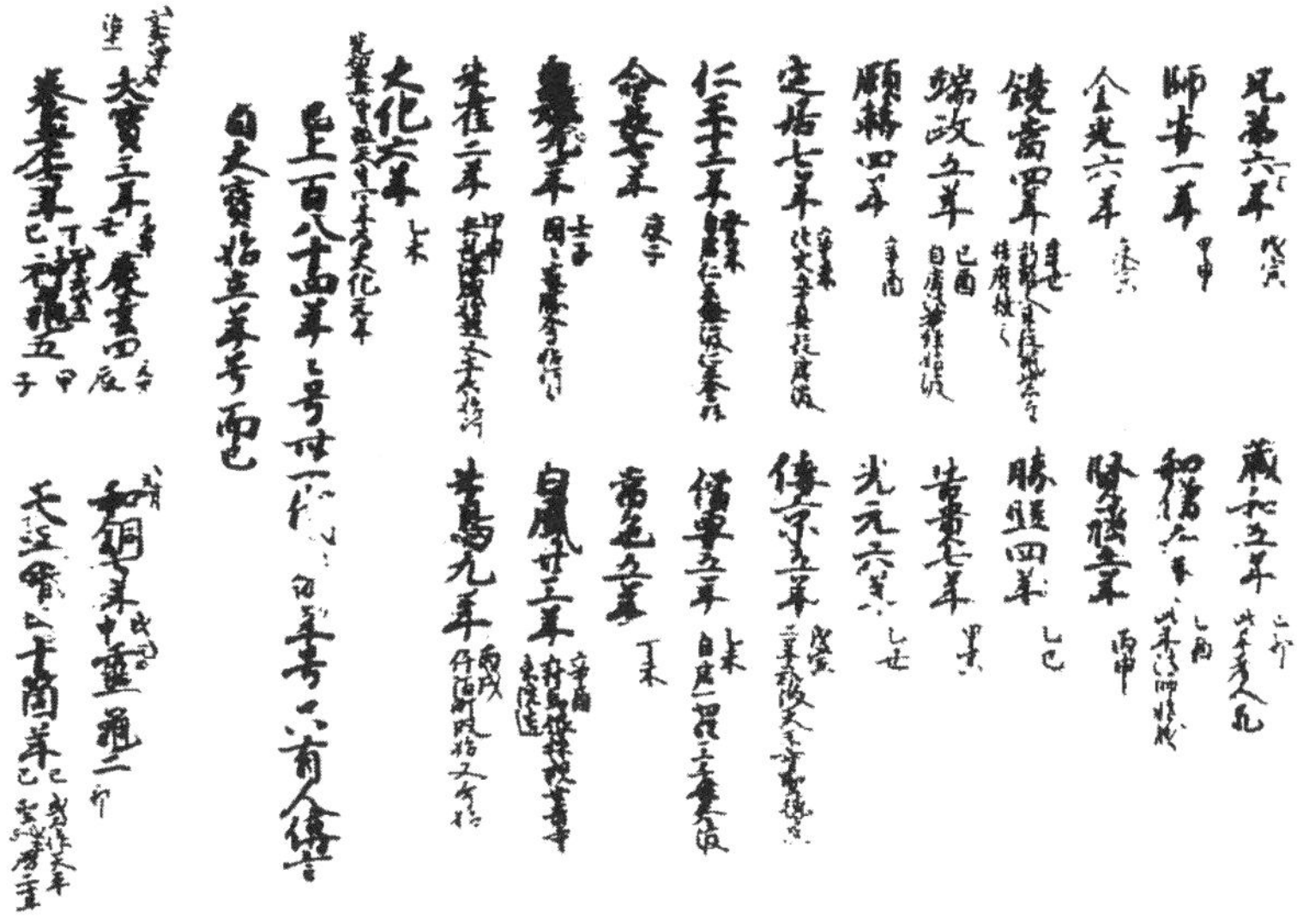

「二中歴・年代歴」

兄弟六年	戊寅	558	蔵和五年	己卯	559
師安一年	甲申	564	和僧五年	乙酉	565
金光六年	庚寅	570	賢接五年	丙申	576
鏡当四年	辛丑	581	勝照四年	乙巳	585
端政五年	己酉	589	告貴七年	甲寅	594
願転四年	辛酉	601	光元六年	乙丑	605
定居七年	辛未	611	倭京五年	戊寅	618
仁王十二年	癸未	623	僧要五年	乙未	635
命長七年	庚子	640	常色五年	丁未	647
白雉九年	壬子	652	白鳳廿三年	辛酉	661
朱雀二年	甲申	684	朱鳥九年	辛戌	686
大化六年	乙未	695			

覧初要集皇極天皇四年為大化元年

已上百八十四年〻号卅一代□年号只有人伝言

白大宝始立年号而已

大宝三年	辛丑	701	慶雲四年	甲辰	704	和銅七年	戊申	708	霊亀二年	乙卯	715
養老七年	丁巳	717	神亀五年	甲子	724	天平二十	己巳	729			

刻木《こくぼく》を以て政を成す」、すなわち国が出来て五百六十九年間経っているが、最初は干支も年号もなく、結縄文字や木を刻んで年紀を表し政治を行なっていた、と書かれ、次に丁酉《ていゆう》（五一七）年「継体」から始まる一連の九州年号が記されています。そして九州年号表の後に、一部の文字が欠けているために完全な判読が出来ませんが、「以上百八十四年、三十一代の年号があった、但し、世間では大宝から年号が始まるとしている」と書かれています。『二中歴』が作られた平安末〜鎌倉時代には「九州年号」は年号だけが断片的に残されていましたが、それがどのようなものか、分からなくなっていたと思われます。七〇一年からは大宝年号以降、我々が知っている年号が記されています。

九州年号の研究

平安・鎌倉時代以降、多くの学者が寺社の縁起書などに残されていた「九州年号」の研究に取り組みました。室町時代には僧侶たちが『麗気記私抄《れいききししょう》』『如是院年代記《にょぜいん》』などに独自の研究に基づいた年号表をまとめています。そして海外から日本にやってきた人たちがこれらの年号を本国へ報告をしています。

室町時代の中頃、日本にやってきた朝鮮通信使は朝鮮国王に提出した『海東諸国記』（一四七一年）において、「継体十六（五二二）年壬寅《じんいん》の年、初めて年号を建て善化《ぜんか》と為す」とし、その後も正和《しょうわ》、発倒《はっとう》と次々と改元されたこと、そして最後は応仁三（一四六九）年に文明と改元され現在に至っていると記しています。この本では文武五（七〇一）年の「大宝」も改元と書かれ、年号は五二二年の善化から一連の流れの中で続いているように記されています。その王朝が初めて年号を制定した時に使う「建元」という言葉は使わずに、単に年号が代わったことを示す「改元」と記しているのです。

戦国時代に日本にやってきたイエズス会宣教師も九州年号を本国に報告しています。報告書には「日本の年号は善記（五二二年）で始まるのか、もしくは大宝（七〇一年）で始まるのか二つの意見がある。後者が確実と思えるが、書物や歴史には大宝以前の別の年号があるので、善記から始めるものとする」と書かれています（コラム④ヨーロッパに伝えられた「九州年号」参照）。

江戸時代、大分県出身の国学者鶴峯戊申が著書の『襲国偽僣考《そこくぎせんこう》』において「中国史書に記された邪馬台国などの倭国は「記紀」でいうところの熊襲《くまそ》であり、卑弥呼はその国の女酋（女首長）である。また熊襲の国を襲国といい、襲国の元号の痕跡が残されている」とし、年号を「九州年号」と名づけました。「法興《ほうこう》」年号（法隆寺釈迦三尊像光背銘、伊豫国温湯碑などに記されている）については「貴楽《きらく》－端世《たんせい》－始哭《しこく》－始大《しだい》－法興」の別年号系統があったと記しています。

しかし九州年号の調査は困難を極めたと思われます。例えば九州年号の始まりは『二中歴』が五一七年「継体」としているのに対して、室町時代の僧が記した『如是院年代記』は五二二年「善記」としています。『海東諸国記』も「善化」から始まるとしており、それぞれの研究書に書かれた年号名、時代の順番は一致していません。七〇一年以降歴史から消えた九州年号を求めて、研究者たちは全国の神社に残された記録などを調べ、それぞれが独自に年号表を作ろうと試みました。しかし、この復元作業は難しく、当時の情報収集能力からみて完全なものは再現出来なかったと思われます。九州年

コラム④　ヨーロッパに伝えられた「九州年号」

戦国時代、日本にやって来たイエズス会宣教師たちは、キリスト教布教を成功させるため、詳しく日本を研究し膨大な報告書を本国へ送っています。それらの報告書はバチカン、マドリッドなどの図書館に所蔵され、一部が研究者によって現代の言葉に翻訳され、戦国時代の日本についての貴重な研究史料として使われています。

特に語学に堪能なポルトガル人のJ・ロドリゲスは、日本語文法書の執筆に取り組み一六〇八年に『日本語文典』を刊行しています。この本には当時の日本語文法だけでなく、キリスト教布教のために必要な手紙を書くための書式、貨幣・度量衡など数の数え方、そして年月・年号などが詳しく書かれています。また、日本の古代の年号についても次のように記しています。

わが主キリシトの年代順に並べた日本の年号

各年号の始まりと継続年数を示す年号を表示する事について、日本人の間に二つの意見がある。一つはキリシト紀元の五二二年のIenqui（善記）を以て第一の年号が始まるといふものであり、今一つは刊本のNenraiqui（年来紀）のやうに、キリシト紀元の七〇一年に始まるDaifó（大宝）を以て始めとするものである。後者の方に確実さが多いように思われる。然しながら、書物や歴史にはDaifó（大宝）以前の別の年号を記述しているので、Ienqui（善記）から始めよう。（出典『日本大文典』土井忠夫翻訳、三省堂、一九六九年）

『日本語文典』の採用した年号は「善記」から始まり、内容は一六世紀後半に作られた『如是院年代記』に収録されている「九州年号」に近いものです。日本の年号がいつから始まるのか、九州年号の存在が議論の対象となっていたことが記されています。

号の研究は明治中頃まで続けられましたが、明治政府により万世一系の「皇国史観」が国の方針として決まり、天皇家と関係のない年号の研究は禁止されてしまいました。「皇国史観」においては「記紀」に記されていない神々はすべて異神、邪神として排斥されました。同様に「記紀」にない大宝元年以前の年号の研究も禁止されてしまったのです。現在の古代史学会も引き続きこれらの年号を「な

ERAS DE IAPAM POR ORDEM DOS annos de Christo. N.S. em que cada hũa começou & os annos que durou.

¶. Em assinalar estas eras ha duas opinioens entre os Iapoens, hũa diz que começou a primeira o anno de Christo de 522. chamada Ienqui: outra como he o Nentaiqui impresso, começa da era, Daifô, que começou o anno de Christo de. 701. E isto parece mais prouauel. Todavia por quanto nos liuros & historias se faz menzam de outras eras antes de Daifô, começarei por Ienqui.

Annos.							
522.	Ienqui,	Durou.	4.	589.	Tanxei,	Dur.	5.
526.	Xôua,	Dur.	5.	594.	Côquiũ,	Dur.	7.
531.	Quiñtô,	Dur.	5.	601.	Quafô,	Dur.	4.
536.	Sôtocu,	Dur.	5.	605.	Quôgô,	Dur.	6.
541.	Meiyo,	Dur.	11.	611.	Iôi,	Dur.	7.
552.	Quiracu,	Dur.	2.	618.	Vaqueixu,	Dur.	5.
554.	Fôxei,	Dur.	4.	623.	Ninvô,	Dur.	6.
558.	Quiôtei,	Dur.	1.	629.	Xôtocu,	Dur.	6:
559.	Curanji,	Dur.	5.	635.	Sôyô,	Dur.	5.
564.	Xian,	Dur.	1.	640.	Meichô,	Dur.	7.
565.	Chisô,	Dur.	5.	652.	Facuuô,	Dur.	9.
570.	Quinquô,	Dur.	6.	661.	Facufô,	Dur.	23.
576.	Quempô,	Dur.	5.	684.	Xujacu,	Dur.	6.
581.	Quiôgiô,	Dur.	4.	692.	Daichô,	Dur.	9.
585.	Xũgiô,	Dur.	4.	701.	Daifô,	Dur.	3.

西暦	年号	翻訳	期間	西暦	年号	翻訳	期間
522	Ienqui	善記	4年	601	Quafó	願転	4
526	Xóua	正和	5	605	Quógó	光充	6
531	quiutó	教到	5	611	Ióo	定居	7
536	Sótocu	僧聴	5	618	Vaqueixu	和景縄	5
541	Meiyo	明要	11	623	Ninvó	仁王	6
552	Quiracu	貴楽	2	629	Xotocu	聖徳	6
554	Fóxei	法清	4	635	Sóyo	僧要	5
558	Quiótei	兄弟	1	640	Meichó	命長	7
559	Curranji	蔵知	5	647	Ióya	常色	5
564	Xian	師安	1	652	Facuuó	白雉	9
565	Chiso	知僧	5	661	Facufó	白鳳	23
570	Quinquó	金光	6	684	Xujacu	朱雀	6
576	Qempó	賢輔	5	692	Daichó	大長	9
581	Quiógio	鏡常	4				
585	Xugio	勝照	4				
589	Tanxei	端政	5	（日本国年号が始まる）			
594	Cóquiu	告貴	7	701	Daifó	大宝	3

J. ロドリゲス『日本語文典』の日本の年号

かった」ものとして、過去・現在における研究を一切無視する立場を取っています。

九州王朝の始まり

年号を独自に持つことは完全な独立国になることを意味します。新羅は建元元（五三六）年から太和四（六五〇）年まで独自年号を用いていました。しかし唐から独自年号の使用禁止を求められた新羅は六五〇年から唐の年号を採用し、唐の冊封体制に入ります。朝鮮ではその後独自の年号を持つことはありませんでした。百済も独自の年号を持つことなく歴代の中国王朝に朝貢を続けていました。

倭国の中国王朝への朝貢は五〇二年に倭王武が梁から征東将軍の称号を授与されたことで終わります。倭国は五一七年には「九州年号」という独自年号を制定します。朝貢をやめ年号を制定したことは、博多湾出土の金印に書かれている「漢の委奴国」から邪馬壹国の親魏倭王「卑弥呼」、そして南朝時代の「倭の五王」まで続いた、中国の冊封体制下からの離脱を意味します。「倭国」は独自の王朝を建てたということです。称号もそれまでの倭王でなく「倭の天子」を名乗りました。「九州王朝」の始まりです。

装飾古墳

五世紀になると北九州の筑後川流域を中心に熊本県北部にかけて沢山の装飾古墳が作られます。古墳の内部は白、赤、黄、緑、青、黒などを使い色彩豊かな絵画文様が描かれています。文様には円、同心円、三角形、直線と弧を組み合わせた九州独特の「直弧文《ちょっこもん》」が使われ、また動物・船などの絵も描かれています。挿絵は福岡県にある竹原古墳壁画のスケッチで、一対の団扇様の日傘や、龍、馬を曳く人、そして波とその上の船などがストーリー性を持たせて描かれているようです。色は黒、赤が使われています。装飾古墳は全国で六百基ほどあり、その半数以上が北部九州で、当時の「倭国」中枢部における墓制であったと考えられます。近畿地方には見られませんが、関東平野でも百基ほど見つかっています。「倭国」中枢部の墓制が東国にも及んでいたことが分かります。装飾古墳は六世紀中葉から後半にかけて全盛期を迎えています。「倭国」は朝鮮半島の支配地を失ったにもかかわらず、数多くのこのような古墳を作っていました。「倭国・九州王朝」は決して疲弊していたのではなかったのです。朝鮮半島の任那の百済への割譲は、海外での無駄な戦費をおさえ、富を国内に集中するための戦略的撤退だったのでしょう。任那東部は失いましたが、西部を百済に渡すことで、百済との同盟を強化し、倭国の朝鮮半島での権益

竹原古墳に描かれた人物，月，日傘，龍，馬など

維持を図ったものと思われます。

六世紀後半になると、中国南朝は滅び隋になり、朝鮮半島では新羅がますます強力になっていきます。周囲に強国が誕生し、倭国は国力の強化を迫られます。この時登場したのが日出処の天子「多利思北孤」です。

3　多利思北孤の時代

朝鮮半島からの脅威

釈迦三尊像光背銘にある九州年号「法興」の元年（五九一年）が多利思北孤《たりしほこ》の即位の年と考えられます。隋が中国を統一した二年後でした。その後多利思北孤の政権は法興三十二（六二二）年まで続きます。この時代、朝鮮半島では百済と新羅が激しく戦い、「倭国」も安全ではありませんでした。九州年号が書かれた書物『二中歴』には、鏡当《きょうとう》年間（五八一～四年）の注に「新羅が瀬戸内海に入り播磨を焼く」と記されています。このことは愛媛の豪族、越智・河野系譜にも「異族八千人、鉄人を以って大将となし襲来、播州明石浦において、越智益躬《おちのますみ》がその大将を射殺した」と書かれています。今も、明石海峡にある稲爪《いなづめ》神社には鉄人大将を射殺した矢（掃鬼矢《そうきや》）を神宝として益躬が祀られています。新羅が瀬戸内まで攻めてきていたのです。

多利思北孤は倭国中枢部防衛のため、首都太宰府を中心に神籠石《こうごいし》山城群や水城《みずき》の整備・新規構築に取りかかります。

倭国防衛の要塞網――神籠石山城群

『日本書紀』に天智四（六六五）年と九（六七〇）年の記事に「長門国に城一つ、筑紫国に大野、椽《き》の二城を築く」とありますが、他の北部九州の各地に構築されている神籠石山城群のことは書かれていません。このため神籠石は長い間、防御施設である山城ではなく「霊域」と考えられていました。ところが佐賀県の教育委員会の研究調査によって山城の遺構であることが確認されたのです。

そこには、大きな石が「ほぼ同じ大きさ（七～八十センチほど）の長方体」に加工されて、山の中腹を囲むように隙間なく並べられています。それが作られた時はその石の上に土を盛り、さらにその上に木の柵を施し、敵が来ても容易には乗り越えられない厳重な砦のようになっていました。太宰府の北東にある阿志岐《あしき》城では全長約三・六キロメートルにも及ぶ神籠石列石が山を取り囲むように並べられています。城内は軍隊だけでなく、大勢の住民も一時的に住めるようになっています。住民のすべてを保護できる「壮大な規模の城」が作られたのです。現在は盛り土や木柵はなくなり、山を囲んだ下石のみが残っています。昔はこの列石に囲まれた所が「霊域」と考えられたため「神籠石」と命名されたのです。

このような神籠石山城は北部九州から山口県にかけて存在し、近畿地方にはありません。福岡には「雷山《らいざん》神籠石」「高良山《こうらさん》神籠石」「杷木《はき》神籠石」「女山《ぞやま》神籠石」「鹿毛馬《かけのうま》神籠石」「御所ケ谷《ごしょがたに》神籠石」「唐《とう》原《ばる》神籠石」など、佐賀には「帯隈山《おびくまやま》神籠石」「おつぼ山神籠石」、そして、中国山口県には「石城《いわき》山《さん》神籠石」があります。これ以外にも「大野城神籠石」「基肄城《きいじょう》神籠石」などが、倭国・九州王朝の首都であった太宰府を中心に筑後川流域を守るように分布しています。倭国・九州王朝の中枢部を守るために巨大な要塞群が作られていたのです。

水城と本土防衛

朝鮮半島からの侵入軍は博多湾に上陸し太宰府を目指すことが想定されます。このため博多湾から太宰府への平野部には防御のための直線状の巨大な堀と土塁が築かれました。土塁は、高さ十メートル以上、幅八十メートル、長さ一・二キロメートルあり、その博多湾側にあった堀は、幅六十メートル、深さ四メートルで水を貯えていました。現在その一部が残り水城と呼ばれています。博多

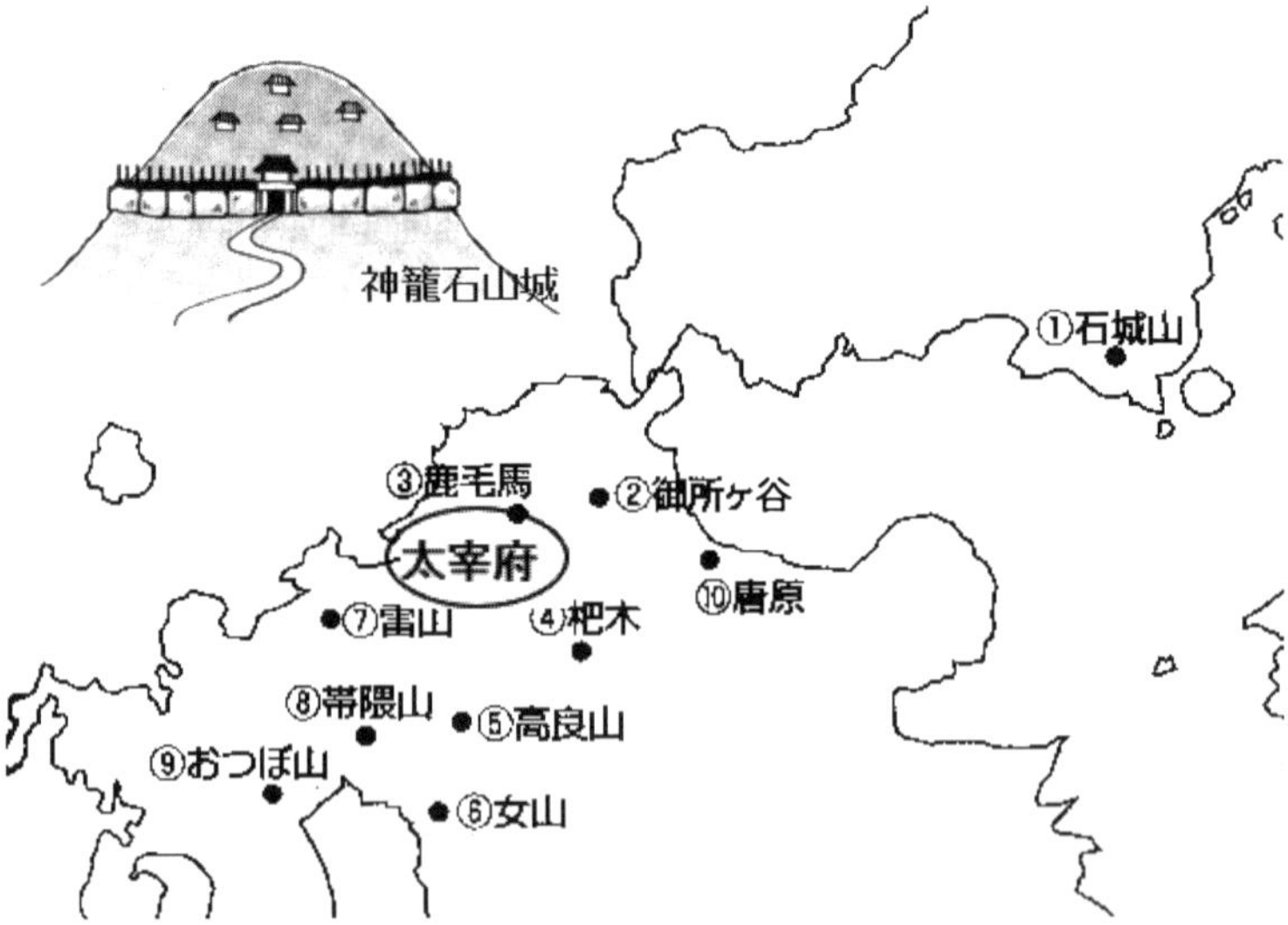

神籠石山城

湾から侵入する敵に対し、まず水城で防衛します。水城を破られた時、民衆を山城に入れて守りつつ、ゲリラ戦で敵の補給路（海上）を断ち、撃退する戦術と考えられます。後の時代になりますが、第一次元寇の時、博多湾上陸に成功したモンゴル軍は太宰府を目指しましたが、この水城で食い止められ、船に引き上げざるを得ませんでした。九州王朝の防御施設がこの時、日本を救ったのです。

水城、神籠石の構築時期

『日本書紀』の天智三（六六四）年の項に「筑紫に大堤を築きて水を貯えしむ、名付けて水城と曰ふ」と、白村江の敗戦（六六三年）の翌年に作られたものと記されています。しかし、六六四年五月から十二月までの間、唐の百済駐留軍の鎮将劉《りゅう》仁願《じんがん》の配下である郭務悰《かくむそう》が戦後処理のため来日し筑紫に滞在しています。さらに、天智八（六六九）年には唐兵二千の進駐、天智十（六七〇）年には唐兵六百、百済兵千四百の到着など、次々と唐軍が筑紫に来ていることが書かれています。そ

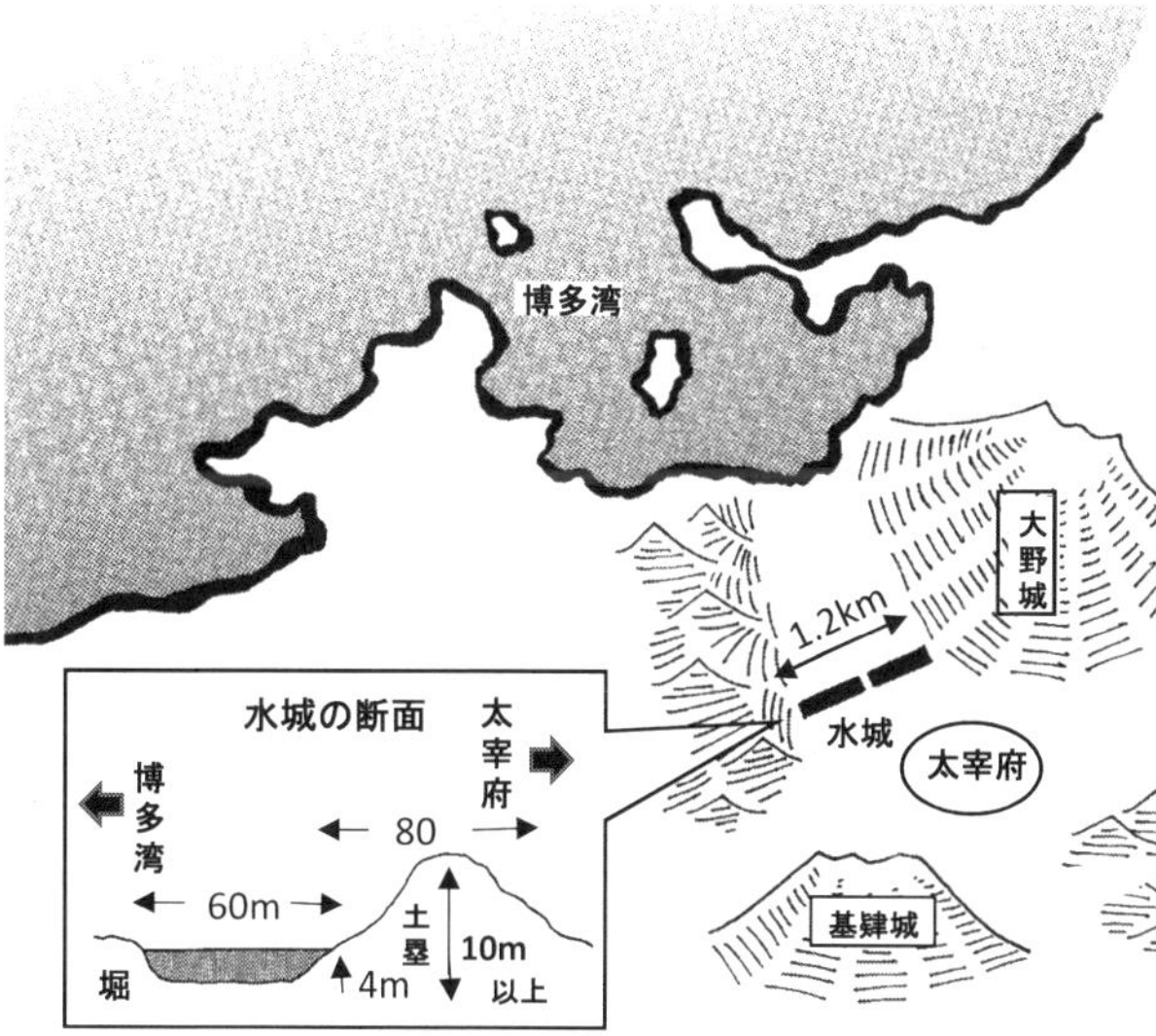

水城と太宰府防衛網

のような時に筑紫防衛設備の水城が作れるでしょうか。水城の施設は巨大なものです。短期間に出来るものではありません。

水城に使われている木材を炭素十四により年代測定したいくらかの記録があります。これらの数値は五～六世紀の白村江の戦い以前を示しています（内倉武久『太宰府は日本の首都だった』ミネルヴァ書房、二〇〇〇年）。この水城は九州王朝が「白村江の戦い」より以前に首都を守るために作った巨大な防衛施設だったのです。

神籠石山城については、大野城太宰府口城門跡から出土した城門の柱の年輪年代を測定したところ、伐採年は六四八年であることが分かりました。白村江の戦いの十五年前です。『日本書紀』に記されている大野城の築城時期六六五年、六六九年はでたらめであったことが判明したのです。古代史学会は、『日本書紀』の記述だけをたよりに、水城だけでなく神籠石山城も、白村江の戦いの後に大和朝廷が作ったとしています。戦いに敗れて、敵国の軍が進駐している中で巨大な防衛施設が作られていたという説はあまりにも矛盾に満ちた説明でしょう。多利思北孤が博多湾から太宰府への直撃に備えて水城を、また九州王朝の中枢部を囲む山岳地帯に神籠石山城群を築き完璧な「倭国」防衛網を築いていたのです。

では、神籠石山城群・水城に守られた「倭国・九州王朝」の内部ではどのような政治が行なわれていたのでしょうか。

岩戸山古墳の裁判

福岡県八女市北部、八女丘陵上に五世紀から六世紀にかけて作られた前方後円墳十二基、装飾古墳五基を含む約三百の古墳が残されています。その中でも代表的なものが岩戸山古墳で、六世紀前半の筑紫の王磐井君《いわいのきみ》の墓とされています。古墳は墳丘長約百三十五メートルの前方後円墳で、北東部分には別区と呼ばれる四十メートル四方の広場状の区画が付設され「石人石馬」と呼ばれている石製品が並べられています。この「石人石馬」について奈良時代に作られた『筑後国風土記』に次にように記されています。

① 磐井の墓は高さ七丈、周六十丈そして石人、石盾《せきじゅん》が各六十枚ある。

② 東北の隅に衙頭《がとう》（政所）と呼ばれている別区画が設けられ、裁判官が立っている。

③ そこでは猪を盗んだ罪人が地に伏している。

④ 側に盗んだ猪が四頭石で作られその他石馬、石殿、石蔵が置かれている。

九州王朝では裁判が行なわれていたことが書かれているのです。

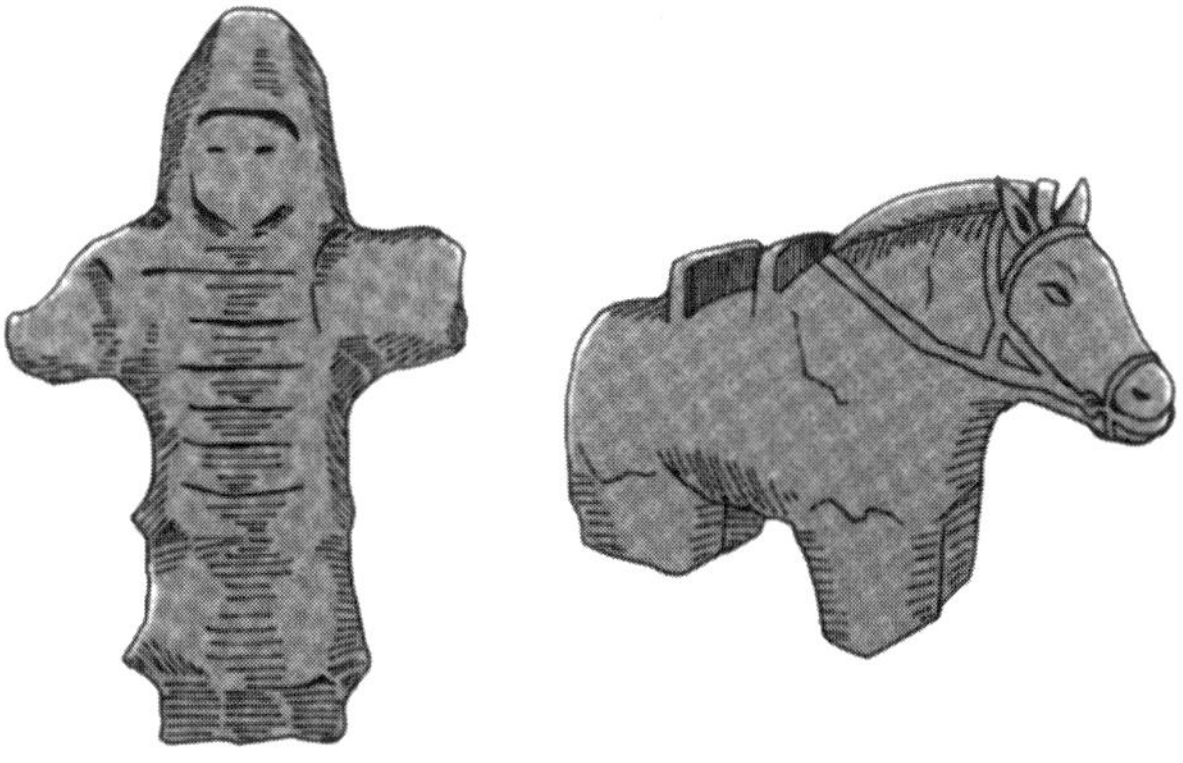

岩戸山古墳の石人石馬

岩戸山古墳には今も『筑後国風土記』に書かれている石人や石猪が置かれ、猪を盗んだ罪人が裁かれている様子を思い浮かべることが出来ます。

『筑後国風土記』

①上妻県、県の南二里、筑紫君磐井の墓墳有り。高さ七丈、周六十丈、墓田南北各六十丈、東西各四十丈。石人石盾各六十枚。交陣なり行を成し、四面に周匝れり。

②東北角に当り、一別区有り。号けて衙頭という。衙頭は政所なり。その中に一石人有り。縦容として地に立つ。号けて解部（裁判官）という。

③前に一人有り。裸形にして地に伏す。号けて偸人という。生きて猪を偸みき。仍りて罪を決するに擬す。

④側に石猪四頭有り。贓物と号ける。贓物は盗みし物なり。彼の処に亦石馬三匹、石殿三間、石蔵二間有り。

多利思北孤の政治

多利思北孤の政治の様子は「隋書俀国伝《たいこくでん》」に詳しく描かれています。六〇八年、倭国の国情調査のため、煬帝に派遣された裴世清の見聞をもとに作られた記事と思われます。倭国の国内政治の様子について次のように記されています（「隋書俀国伝」の読み下し文の全文は二一〇頁以下に記します）。

① 倭国は官位を制定、政治体制が整備されている。

② 兵は整備されているが、戦争は行なっていない。

③ 犯罪に対する刑罰が詳しく決められ、強盗、殺人を犯すもの、姦するものはすべて死罪となる。裁判は熱湯に手をつけて事の真偽を糺す「盟神探湯《くがたち》」という神明裁判や拷問が行なわれている。

④ 但し人は素直で争いはまれで、盗賊は少ない。

⑤ 新羅、百済など皆、倭を大国として敬い通使を送ってきている。

国家体制が整備され、兵備は整っているが戦争のない平和国家であること、裁判と厳しい刑罰があり、治安は保たれ人は平穏に暮らしている。そして近隣諸国と友好な関係を築いていることが描かれています。「和を以って貴しとなす」という十七条憲法の基本理念が実践されていたのです。畿内で十七条憲法の理念が実施されていた形跡はなく、この憲法は後世に作られたとの説があります。そうではなく、多利思北孤が作ったものと考えるのが自然ではないでしょうか。

さらに多利思北孤の使者は隋の煬帝に「数十人の僧が隋に来て学んでいる」と倭国はすでに仏教を取り入れていることを報告しています。多利思北孤の国は仏教国でもあったのです。

平和を享受していた「倭国」の人々はその後、どうなったのでしょうか。白村江の悲劇が訪れます。

「隋書俀国伝」倭の政治・刑罰

①内官に十二等有り。一に大徳と曰ひ、次に小徳、次に大仁、次に小仁、次に大義、次に小義、次に大礼、次に小礼、次に大智、次に小智、次に大信、次に小信。員に定數無し。

②弓・矢・刀・（さく）・弩・穳・斧有り。皮に漆して甲と爲し、骨を矢鏑と爲す。兵有りと雖も征戰無し。

③其の俗、人を殺し、強盗及び姦するは皆死。盗む者は贓（ぞう）を計りて物を酬い、財無き者は、身を没して奴と爲す。自余は輕重或は流し或は杖す。獄訟を訊究する毎に、承引せざる者は木を以って膝を圧し、或は強弓を張り、弦を以て其の項を鋸す。或は小石を沸湯の中に置き、競う所の者をして之を探らしめ、云う、理曲なる者は即ち手爛（ただ）ると。或は蛇を瓮中（おうちゅう）に置きて之を取らしめ、云う、曲なる者は即ち手螫（ささ）る、と。

④人、頗（すこぶ）る恬静（てんせい）にして、争訟罕（まれ）に、盗賊少し。

⑤新羅・百済・皆倭を以て大国にして珍物多しとなし、並びにこれを敬仰す。恒に通使・往来す。

4　白村江の戦い

白村江の戦い前夜――近畿軍の戦線離脱

六世紀後半から百済と新羅は伽耶（任那）諸国争奪のため、一進一退の戦いを繰り返していました。七世紀半ばにこの均衡が破れます。百済は六四一年に義慈王《ぎじおう》が即位すると、国力を整備し、急速に軍事力を強化、高句麗と同盟して南北から新羅攻撃を開始します。滅亡の恐怖を感じた新羅の武烈王（金春秋）は唐に助けを求めます。隋を滅ぼし北方の異民族を平定したものの、朝鮮半島の高句麗を攻めあぐねていた唐はこの申し出を受けます。

六六〇年七月、新羅は陸から百済に侵入し、唐軍は海上から一気に百済の首都に迫ります。義慈王はあっけなく降服し、皇子と共に捕えられ唐に連行されました。しかし、王族は簡単に降服しましたが、百済の地方豪族は健在で各地で百済復興軍を組織し、次々と唐・新羅軍を破ります。このため唐は占領地の確保のため軍を増派し百済復興軍の制圧に乗り出します。百済復興軍を構成する地方豪族の中に「魏志倭人伝」の頃からこの地に住んでいた倭人も多くいたと思われ、倭国に救援を求めます。「倭国・九州王朝」は外地で窮地に立たされた同朋を救援するため、総力を挙げて兵を朝鮮半島に送り込みます。しかし軍は半島の南西海岸で起きた白村江の海戦で壊滅的打撃を受け、朝鮮半島から撤退しました。

なぜ、倭国軍は簡単に負けてしまったのでしょうか。『日本書紀』斉明《さいめい》七（六六一）年に次の記事があります。

・一月、近畿にいた斉明、中大兄皇子は参戦のため、傘下の兵力を集めて九州に出兵。

・五月、朝倉宮（現在の福岡県朝倉市）に居を構える。七月に斉明天皇崩御。

・十月、中大兄皇子は喪と称して飛鳥に引き上げ、その後九州へ戻らず。

筑紫（福岡）まで出兵した中大兄皇子は、戦闘に参加せず、天皇の喪を理由に大和に引き揚げてしまったのです。この時の地方での動きが『備中国風土記』に「邇摩郷《にまのさと》（現在の岡山県倉敷市）は斉明天皇の要請で二万の兵を準備したが、斉明天皇の死で兵は出発しなかった」と書かれています。中大兄皇子は近畿軍を戦線に投入しなかっただけでなく、吉備の兵二万も参戦させませんでした。兵力の温存を図っ

『日本書紀』白村江前夜の斉明・天智の動き

斉明六（六六〇）年

七月　百済滅亡。新羅・唐が百済を挟撃し王族を捕虜とする。

斉明七（六六一）年

一月　斉明天皇、百済（復興軍）救援のため出発。

三月　娜大津（博多）着。

五月　斉明天皇、朝倉宮に移り、七月崩御。

八月　阿曇比羅夫、阿倍比羅夫の百済救援軍出発。

九月　百済王子豊璋に兵五千をつけて百済へ送る。

十月　中大兄皇子、天皇の亡がらと共に難波にもどり、十一月 飛鳥川原に殯する。

『備中国風土記』「邇摩郷」

「唐の将軍蘇定方が百濟を攻撃し、百濟が救いを求めてきた。斉明天皇が救援に筑紫に向かう時、邇摩郷は出兵を求められ、兵二萬人を揃えた。天皇は大きく悦ばれ、此の邑を二萬の郷と名づけられた。其の後、天皇は筑紫の行宮で亡くなられたので、此の軍は出発しなかった」

たのです。半島での決戦は、倭国・九州王朝傘下の兵だけでの戦いとなりました。

なぜ、中大兄皇子は軍を引き返したのでしょうか。一つの可能性として近畿天皇家と新羅の関係が考えられます。七世紀始め、飛鳥地域から出土する新羅土器が急増します（重見泰『新羅土器から見た日本古代国家の形成』学生社、二〇一二年）。飛鳥にある新沢千塚《にいざわせんづか》一二六号墳からはペルシャから新羅を経由し大和に伝えられたローマングラスなどが出土しています。また「記紀」、「風土記」などに但馬、若狭、近江における新羅の王子天之日矛《あめのひぼこ》の伝承が語られています。地理的、海流の流れからも、古くから新羅と山陰から近江にかけての交流があったことが考えられます。六世紀に倭国・九州王朝から任那東部を奪取した新羅が、七世紀に入ると若狭、近江を経由して飛鳥の近畿天皇家と接触し、中大兄皇子や中臣鎌足などと繋がりが出来ていったと考えられるのではないでしょうか。

白江、倭兵の血で染まる

六六三年に朝鮮半島の南西の海岸、白江の河口にある白村江で起きた海戦について、『日本書紀』『旧唐書』『三国史記』の記述をまとめると次のようになります。

・天智元（六六二）年に百七十艘の軍船を派遣。
・天智二（六六三）年三月に兵二万七千を渡海させ新羅軍への攻撃を開始。
・北方から侵攻した唐の陸軍は百済復興軍の拠点州柔《つぬ》（周留《する》）城を包囲し、さらに本国から救援に駆けつけた水軍は、州柔城の入り口白村江を確保。

・八月、倭国軍は海上から庵原君《いおはらのきみ》の率いる一万余の救援軍が到着するとの情報に接し、州柔城の海上補給の要衝であった白村江を兵船千艘で攻撃。

しかし、待ち受けていた唐の軍船百七十艘のために大敗を喫しました。『旧唐書』には、船四百艘が焼かれ、白江は倭兵の血で赤く染まった、と記されています。

この戦いで百済復興運動は壊滅、百済は完全に滅びました。この時の海上から救援に向かった一万余の庵原軍の動静、参加した千艘のうち、被害を免れた六百艘の動向について『日本書紀』には何も記されていません。九月に倭国は半島からの撤退を決定、大量の倭兵、百済人が九州に引き揚げます。

各地で戦っていた多くの陸兵が逃げ遅れ、捕虜となり唐に連行されました。筑紫君薩夜馬《さちやま》は、八年後の天智十（六七一）年に唐使と共に帰国しましたが、

『日本書紀』白村江の戦い
天智元（六六二）年
五月　阿曇比羅夫ら軍船百七十艘で豊璋を百済に送り王位を継がせる。
天智二（六六三）年
三月　上毛野君稚子以下二万七千の新羅討伐軍を派遣。
八月　庵原君の軍一万余が海上から到着するとの情報に接し、白村江攻撃を決定。しかし唐の軍船百七十艘の守り堅く敗戦。
九月　百済の州柔（周留）城陥落。百済軍と倭軍、九州へ引揚げ。

『旧唐書』の記述
劉仁軌、白江の口において倭兵に遇い、四戦にかち、その船四百艘を焚けり、煙焔は天に漲り、海水はみな赤く、賊衆大潰せる。

『三国史記』の記述
唐は百済復興軍の拠点周留（州柔）城攻撃に水軍の派遣を決定。白村江の海戦で倭の兵船千艘を撃破した。同時に行われた陸上の戦いにおいても新羅の騎兵が百済騎兵を破り、周留城は降服した。

多くは三十年以上も抑留されました。帰国が出来なかった兵も多くいたと思われます。

白村江の帰還兵について『日本書紀』『続日本紀』に次の記事が見えます。

・持統四（六九〇）年、筑後国上陽咩郡《かみつやめのこおり》（福岡県八女市）の住人大伴部博麻《おおともべのはかま》が帰国。

・持統十（六九六）年　伊予国風早郡《かざはやのこおり》（愛媛県北条市）の物部《もののべの》薬《くすり》、肥後国皮石郡《かわしのこおり》（熊本県菊池市）の壬生諸石《みぶのもろし》が、唐の地で苦しんだことを慰め褒賞を与える。

・慶雲元（七〇四）年　讃岐国の錦部《にしこりの》刀良《とら》、陸奥国の生王五百足《いほたり》、筑後国の許勢部形見《こせべのかたみ》らが遣唐使粟田真人《あわたのまひと》と共に帰国。

さらに『日本霊異記《りょういき》』には伊予の越智直《おちのあたい》が捕えられ唐に連行されたが、同族八人と共に脱出に成功して帰国したこと、また備後国三谷郡（広島県三次市）の長官が百済での戦に参加し、百済の僧を連れ

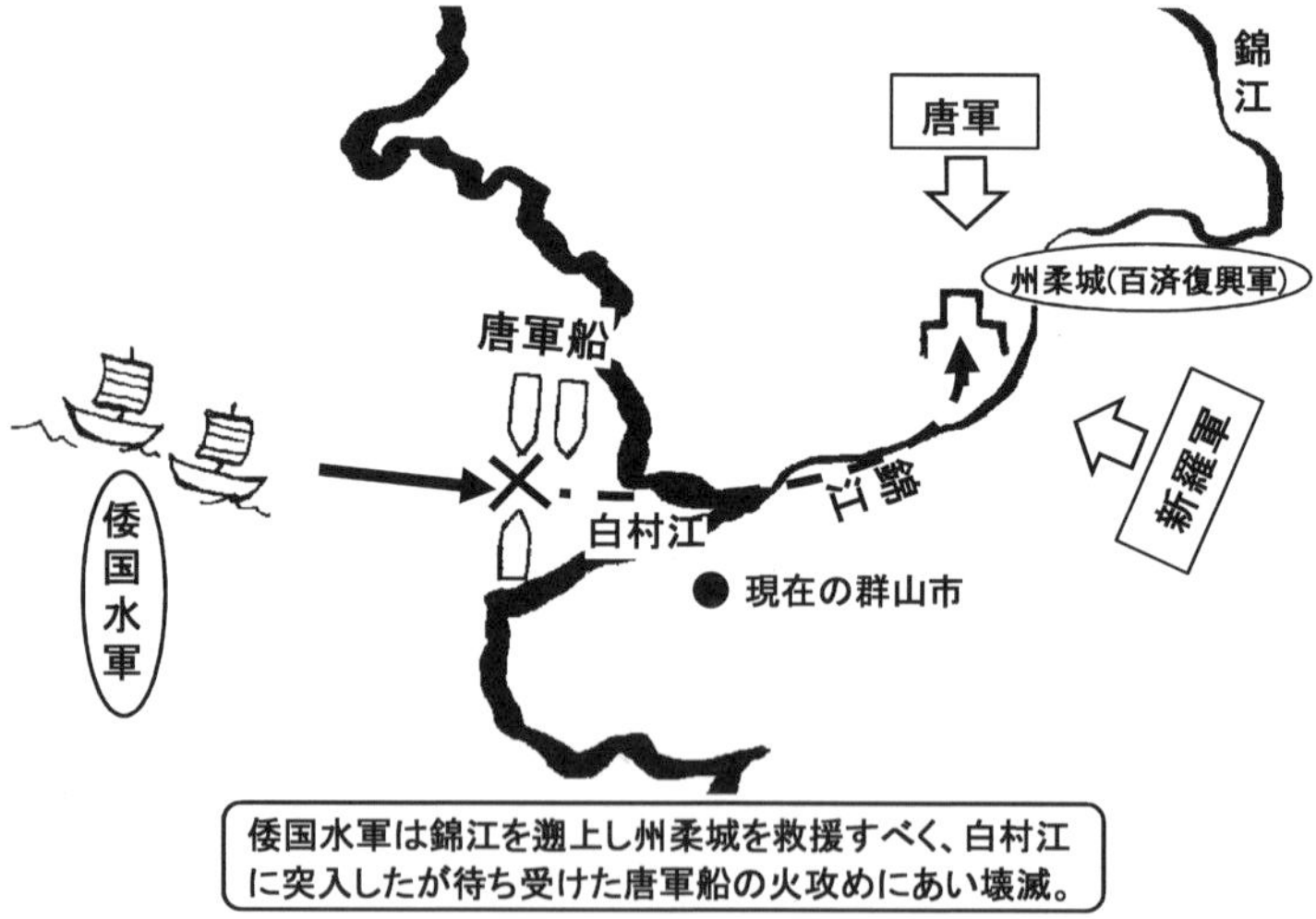

白村江の戦い

て帰国したことが書かれています。

朝鮮半島派遣軍の主力は九州王朝直轄の筑紫・肥後（福岡・熊本県）、影響下にあった四国の伊予・讃岐（愛媛・香川県）、中国の備後（広島県）の兵で構成されていたのです。また陸奥（東北地方）兵の帰還記事は、東北地域も九州王朝の支配下にあり、兵が集められていたことを示しています。しかし『日本書紀』には白村江戦をはじめ朝鮮戦役での畿内豪族の戦いや慰労・褒賞の記事がありません。近畿軍は朝鮮へ出兵しなかったのです。

朝鮮での戦いは終わり、唐は占領軍司令部を百済の旧都泗沘《さび》に置き、熊津都督府《ゆうしんととくふ》と名付け直接統治に乗り出します。新羅も属国とされ鶏林州《けいりんしゅう》都督府が置かれました。

白村江の戦後処理——唐の占領統治

『日本書紀』によると、唐は天智三（六六四）年五月に戦後処理のため郭務悰を日本に送り込みます。日本側は中臣鎌足が接待に当たったことが記されています。直接に唐と戦わなかった近畿天皇家は郭務悰と良好な関係を保っていたようです。その後、郭務悰は六七二年の壬申の乱の直前まで、八年間にわたり日本との交渉に従事します。

天智六年十一月九日条に筑紫都督府のことが記されています（都督府＝唐の占領地統治の行政府）。白村江戦の四年後です。この時、唐は倭国にも、朝鮮半島と同じ占領体制を築こうとしていたと考えられます。

天智八年に唐軍二千が来日、天智十年には郭務悰以下の唐軍六百と旧百済の将軍沙《さ》宅孫登《たくそんとう》に率いられた旧百済兵と思われる千四百、都合二千の兵が来日しています。これらの兵の来日の目的は不明です。郭務悰は翌年帰国しますが、送られてきた兵四千のその後の動向についての記録はありません。

白村江の海戦・半島南部の陸戦で主力を失った「倭国・九州王朝」は唐軍の進駐を受け弱体化していきます。天智十（六七一）年十一月に、白村江で倭国軍を率いた筑紫君薩夜馬が郭務悰と一緒に戻ってきます。一般の豪族や兵が長期抑留されるのに対し、わずか八年で戻ってきました。薩夜馬は唐の対日統治政策への協力を約束したのでしょう。「倭国・九州王朝」は薩夜馬を中心とした親唐勢力が力を握っていったと思われます。

そして薩夜馬の帰国した翌年に古代史上最大の内乱、壬申の乱が勃発します。この戦いに豊後の豪族

『日本書紀』白村江戦後処理

天智三（六六四）年
　五月　唐の百済占領軍司令官劉仁願が郭務悰を戦後処理交渉のため倭国に派遣。
　十月　中臣内臣（鎌足）が郭務悰へ贈り物。接待に当る。
　十二月　郭務悰、帰国。
天智四（六六五）年
　九月　劉徳高、百済禰軍、郭務悰ら二五四人が来日。筑紫に至る。
　十二月　劉徳高ら唐軍帰国。坂合部連石積ら同行する。
天智六（六六七）年
　三月　近江遷都
　十一月　九日熊津都督府の司馬法聡が筑紫都督府に到着。
　　十三日唐使帰国。伊吉博徳ら同行。
天智七（六六八）年
　九月　中臣鎌足が新羅の重臣金庾信に船一隻を与える。
天智八（六六九）年
　是年　河内直鯨らを唐に派遣、郭務悰ら二千余人来日。

大分君《おおきだのきみ》恵尺《えさか》と大分君稚臣《わかみ》が活躍をしています。また筑紫の豪族宗像徳善《むなかたとくぜん》の娘尼子姫は天武天皇の妃で壬申の乱で天武軍を率いた高市皇子《たけちのみこ》を出産しています。筑紫君薩夜馬を中心とする九州王朝の親唐勢力が天武側についたと思われます。

平安時代に書かれた『釈日本紀《しゃくにほんぎ》』（日本書紀の解説書）巻十五に「天皇問唐人等曰。汝国数戦国也。必知戦術。今如何矣」と天武天皇が壬申の乱の時に唐人に戦いの進め方を質問していることが記されています。天武軍には唐の軍事顧問も参加していたのです。来日していた唐軍四千もこの時何らかの役割を果たしていたのかもしれません。

天智十（六七一）年
　一月　劉仁願の部下李守真が使書をもって来日。
　七月　李守真が帰国。
　十一月　白村江の捕虜、筑紫君薩夜馬を連れて、唐の郭務悰ら六百人、百済人沙宅孫登ら千四百人、総計二千人が船四十七隻に乗って筑紫に着く。
　十二月　天智天皇崩御。
天武元（六七二）年
　五月　郭務悰らに鎧・甲・弓矢などを送る。同月郭務悰帰国。
　六月　大海子皇子（天武）の蜂起。壬申の乱勃発。（反乱成功し、翌年二月天武即位）

この戦いに勝利した大海子皇子はその後、天武天皇となり権力を掌握、日本の歴史は大きく変わります。『日本書紀』はこの間の事情についてただ壬申の乱の戦闘場面を描いているだけです。

七世紀後半は唐との交渉に当たった近畿天皇家が日本列島の表舞台に立ちます。白村江戦の前後近畿地方ではどのように政治は動いていたのか、そして七〇一年「日本国」の成立までを次章で見ていきたいと思います。

コラム⑤　「君が代」は九州王朝の賛歌

「君が代は千代に八千代に細石《さざれいし》の磐《いわお》をとなりて苔の生すまで」

国歌「君が代」の歌詞は誰が作ったのでしょうか、答えは「詠み人知らず」です。この歌は『古今和歌集』に収録されていますが、誰が作ったのかわからないのです。

「君が代」の「君」は誰を指しているのでしょうか、現在は「国民の象徴である天皇」を指していると解釈されています。では、『古今集』の「君が代」を詠った歌人は、「君」を「天皇」と意識して詠んだのでしょうか。歌の歌詞を詳しく調べてみると、歌が作られた舞台や誰のために詠われたのか分かってきました。

歌詞には筑前（福岡）に今も残る地名や神社、神様等が詠い込まれています。「千代に八千代に」の千代は、福岡市博多湾岸にある地名を指しています。今は福岡県庁がある所ですが、昔は海岸で「千代の松原」と呼ばれていました。

「細石の」は、糸島市前原《まえばる》の三雲遺跡の近くに

「君が代」の舞台

ある古社「細石神社」を詠み込んだものです。「岩ほとなりて」は、糸島市前原の南に井原山《いわらやま》があり、そこの鍾乳洞の「磐穂《いわほ》」とみられます。「苔の生すまで」は、糸島市の唐津湾を望む船越という所に若宮神社があり、その祭神が「古計牟須姫命（コケムスヒメノミコト）」です。歌詞の中には博多湾岸にある古い神社や地名が詠み込まれていました。

歌に詠み込まれたこれら神社の博多湾の向こう側に、「金印」が出土したことで有名な志賀島があり、そこに「志賀海神社」という古い神社があります。この神社で春秋二回「山ほめ祭」という祭事が行われます。この神社の神主も禰宜《ねぎ》も、神官すべてが志賀島に代々住む人たちで、祭事のすべてがこれら住民で行なわれています。「八乙女《やおとめ》の舞」というユニークな神事も土地の女性の役割です。祭事の最後に少しユーモラスな寸劇のような神事が行なわれます。神社の拝殿の前の広場に莚を敷いて神官たちにより演じられます。

その寸劇神事では道具立て（山に見立てた盛り砂、藁で作った魚の尾鰭など）、動作（弓を射る、櫓を漕ぐなど）、セリフなど、すべて決まり通りに行なわれます。そして一人の神官から「君が代」の歌詞が突然発せられます。七日七夜の祭りの最後の夜に「君」が千代の浜から船に乗って、ここ志賀島「阿曇《あずみ》の民」の元にお見えになる。それを喜んで迎える時の言葉が「君が代」です。

これは近畿の天皇を迎えての情景や言葉ではありません。歌詞内容から「君が代」の「君」は九州王朝の天子であると考えられます。「君が代」は北部九州（筑前）で作られた、「倭国・九州王朝」の賛歌です。滅びて歴史から消された「倭国・九州王朝」の賛歌が、明治政府の首脳によって「日本国」の国歌として蘇った、ということです。少なからぬ歴史の皮肉といっていいでしょう。

第5章　日本国の誕生

七〜八世紀

薬師寺月光菩薩

時代	世紀	西暦	天皇年（年号）	近畿天皇家
	六世紀	五〇七年	継体元年	継体天皇即位
飛鳥時代	六世紀	五九二年	崇峻五年	推古天皇即位
飛鳥時代	六世紀	五九三年	推古元年	聖徳太子摂政となる
飛鳥時代	七世紀	六〇三年	推古十一年	冠位十二階の制定
飛鳥時代	七世紀	六一八年		（中国では隋が滅び唐に代わる）
飛鳥時代	七世紀	六一九年	推古二七年	遣唐使小野妹子＊
飛鳥時代	七世紀	六四五年	大化元年	乙巳の変
飛鳥時代	七世紀	六六一年	斉明七年	白村江戦前に撤兵
飛鳥時代	七世紀	六七二年	天武元年	壬申の乱
飛鳥時代		七〇一年	大宝元年	日本国の誕生

＊　妹子の派遣年＝第1章の31頁参照。

1　大化の改新

「乙巳の変」中大兄皇子の権力奪取

継体天皇の死後『日本書紀』には安閑《あんかん》・宣《せん》化《か》・欽明《きんめい》と続いた五三一〜五七一年の四十年間、国内記事はあまりありません。この間、蘇我稲《いな》目《め》は欽明天皇に子《お》姉君《あねのきみ》と堅塩《きたし》姫《ひめ》の二人の娘を嫁がせ、着々と権力の掌握を図っていきます。

欽明のあとの敏達《びたつ》天皇の時代になると稲目の子の馬子《うまこ》が後を継ぎ大臣となり、宿敵物部守屋を滅ぼし、さらに権力を強化していきます。敏達の後継には馬子の姉妹二人が産んだ用明、崇峻《すしゅん》、推古と三人の天皇を擁立し、推古のあとの舒明天皇には自分の娘の法堤郎媛《ほてのいらつめ》を夫人としました。また聖徳太子にも刀自古郎女《とじこのいらつめ》を嫁がせています。蘇我氏の本拠地飛鳥には仏教文化が花開き、さ

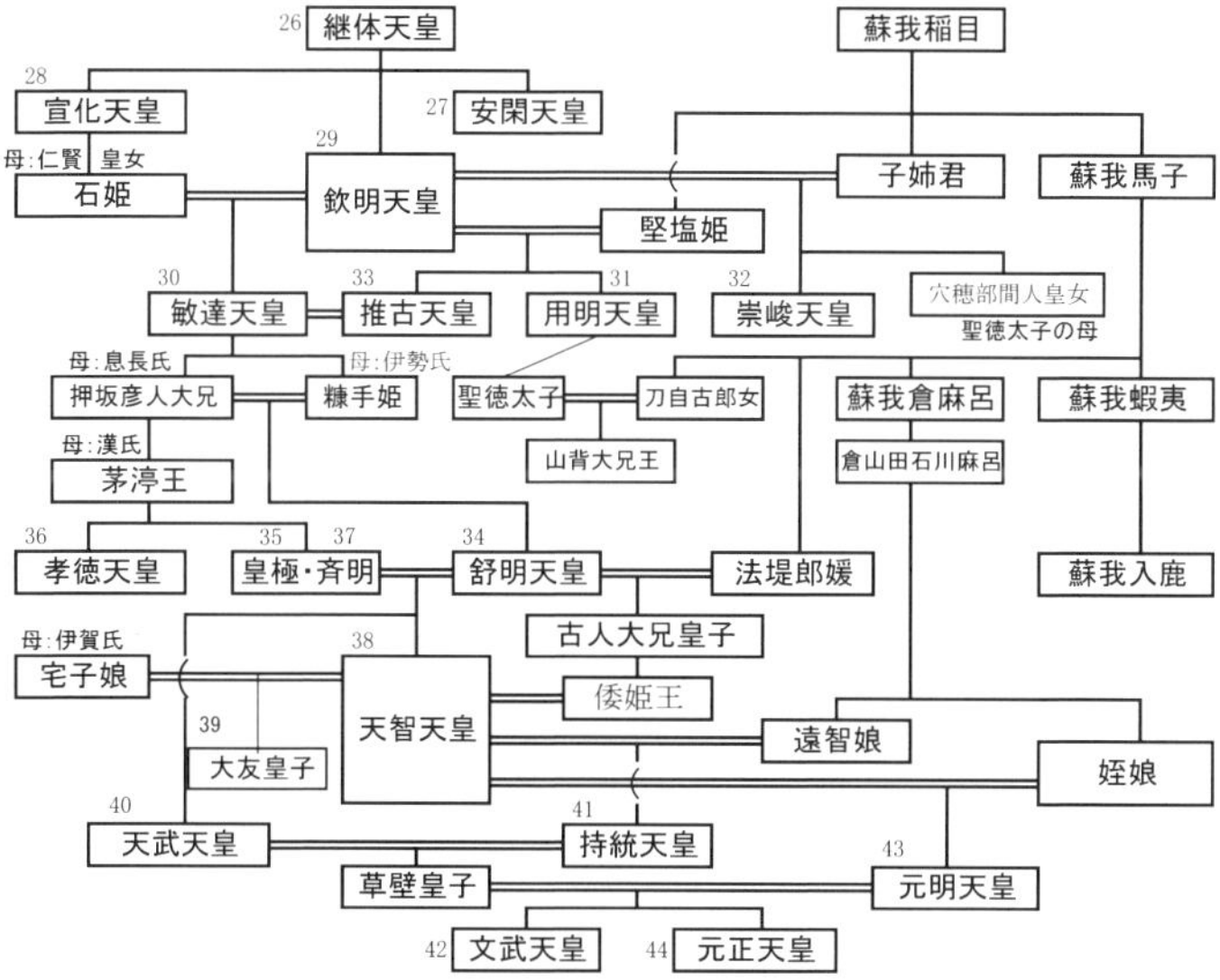

天皇家，蘇我氏関係図

ながら蘇我王朝が出来上がったかのようになります。

推古天皇の晩年に馬子は死に（六二六年）、蝦夷《えみし》が後を継ぎます。舒明が亡くなり皇后が皇極《こうぎょく》天皇として即位すると、皇極二（六四三）年に入鹿《いるか》は聖徳太子の子山背大兄王《やましろのおおえのおう》を斑鳩《いかるが》に攻め殺害します。自分の影響下にあった古人大兄皇子《ふるひとのおおえのおうじ》を次の天皇に据えようとしたためです。

蝦夷・入鹿親子への権力集中を喜ばない、中大兄皇子（後の天智天皇）、中臣鎌足（藤原鎌足）は蘇我一門の内部分裂を画策し、馬子の孫、倉山田石川麻呂を味方に引き入れ、皇極四（六四五）乙巳年六月十二日に、皇極天皇が朝鮮使を迎える儀式の場で中大兄皇子自らも入鹿殺害に加わり、さらに蝦夷を攻めて自害させます。「乙巳《いっし》の変」と呼ばれているものです。

政権を握った中大兄皇子は六月十四日に叔父の軽皇子《かるのみこ》を立て孝徳天皇とし、自らは皇太子となりました。そして皇極四年を改めて大化元年とします。九月には吉野に逃れた蘇我馬子の血を引く古人大兄皇子を攻めて殺害、さらに六四九年には乙巳の変の功労者蘇我倉山田石川麻呂にも謀反の疑いをかけ、山田寺に攻めて殺します。倉山田石川麻呂は後に冤罪と認められ子孫は朝廷に登用され、天皇家や藤原家の外戚となりますが、飛鳥にまるで王朝のように栄えていた蘇我氏の勢力は衰えます。そして時代は孝徳朝・大化年間が始まります。

大化年号の謎――『日本書紀』の中の九州年号

『日本書紀』では孝徳天皇即位の五日後に、日本で初めて年号が定められ、「大化元年」としたことが記されています。それ以前、年号がない時は「〇〇天皇の即位から何年」という年の表わし方をしていました。例えば「蘇我蝦夷・入鹿を殺した事件」は皇極天皇四年に起きた、としています。「年号」は、中国で始まった制度で、前漢武帝の時代の紀元前一四〇年に「建元《けんげん》」という年号を制定したのが始まりです。「建元」年号は六年間続き、次に「元光《げんこう》」という年号に変わります。一代の天子の間でも複数の年号が建てられ、年号を変える時は改元と呼ばれました。天子が変わって新しい年号を建てる時も改元という言葉が使われます。そして王朝が代わり新王朝の初代天子が初めて年号を制定する時は「建元」（元号を建てるという意味）という言葉が用いられました。以降その王朝が続く間は年号が変わると「改元」という言葉を用います。年号が王朝半ばで途切れることはありませんでした。

年号の制定は王朝で最も大切なことで、天子の特権です。冊封体制下にあった百済には年号はありませんでした。新羅も一時年号を建てましたが、唐の圧力で廃止となりました。以降歴代の朝鮮王朝は独自の年号を持つことが出来ませんでした。中国の年号を使わされていたのです。『日本書紀』によれば孝徳天皇の時に初めて年号が建てられます。しかし、不思議なことに「皇極四年を改めて大化元年とす」と「建元」ではなく「改元」と表記しています。「建元」の宣言がないのです。そして大化六年二月には白雉《はくち》が献上され、めでたいので「大化を白雉に改む」と改元の宣言をしています。しかし後を継いだ斉明天皇、天智天皇は何の説明もなく年号を取りやめました。その後を継いだ天武天皇も十五年間年号を制定していません。亡くなる直前に初めて「朱鳥《しゅちょう》」という年号を制定しましたが、これも一年で終わりました。次の持統天皇にも年号はなく、持統を継いだ文武天皇も四年間年号を制定しませんでした。

文武五（七〇一）年になり、ようやく現在の「平成」まで続く「大宝」年号が制定されます。『続日本紀』には文武天皇が「大宝」年号を制定するにあたって、新しく出来た王朝が初めて年号を建てる時に使う「建元」を宣したことが記されています。七〇一年に新しく日本国が誕生し、新しい年号が建てられた、ということになります。

では、孝徳天皇の「大化」や「白雉」、天武天皇の「朱鳥」といった年号は何なのでしょう。年号とは国家にとって一番大事なもので、王朝が続く間は継続して使われるものですが、それが飛び飛びに現われては消えているのです。第4章の2で触れたように、五一七年から七〇〇年まで「倭国・九州王朝」では途切れることなく「年号」が使われていました。この「九州年号」の中に「大化」「白雉」「朱鳥」という年号があります。『日本書紀』の中に「九州年号」が紛れ込んでいるのです。

大化の改新詔勅の謎

大化二（六四六）年一月元旦「改新の詔」が宣言されます。『日本書紀』には大化五年まで、合わせて十六の「詔《しょう》・奏請《そうせい》・制《せい》」が公布されたことが詳しく記されています。その内容は「豪族らの私有地の廃止、行政単位の郡への切り替え、中央による地方の直轄統治、戸籍、租税制度の再編成」など、従来の豪族中心に運営されていた国家体制を、天皇中心の律令制に基づく中央集権国家に変えるものでした。ところが、この時代に律令制が実施された痕跡はなく、多くの学者から「大化の改新虚構説」が唱えられ「大化の改新論争」が行なわれました。

この論争は全国から出土した木簡に書かれた文字で結論が出ました。「大化の改新」の詔勅が実施されていたなら、国の行政単位を表わす文字として「郡」が使われるはずですが、出土した木簡を調べたところ、七〇〇年以前の遺構から出土するすべての木簡には、未だ従来の行政単位であった「評」が使われていたのです。「郡」と記された木簡は一枚も見つかりませんでした。発布されて五十年もその法令が放置されることはあり得ません。このため「大化の改新」の一連の詔勅は六四五年頃に出されたものではないことが判明したのです。

そして七〇一年以降に出土する木簡にはすべて「郡」の文字が記されていました。「評」から「郡」への切り替えは、「倭国・九州王朝」の「大化」年間（六九五〜七〇〇年）に「大化改新詔勅」の名のもとに準備され、七〇一年に倭国が滅び日本国・大宝元年になった時、全国一斉に実施されたのです。

それではなぜ七〇一年から実施された新制度の法令が、『日本書紀』には五十年も前の孝徳天皇の時に出されたとされたのか、それがなぜ「大化の改新」と呼ばれたのでしょうか。『書紀』が作られた七二〇年時点は大宝律令が施行されていました。『書紀』は「現在行なわれている律令制度の淵源は、すでに中大兄（天智）・中臣（藤原）鎌足の頃定められた詔勅でありその施行である」とするために「大化の改新」という歴史を五十年遡らせて、そこに偽用したのです。「九州王朝」をなかったものとし「日本列島は近畿天皇家万世一系の統治する所」とする『日本書紀』は、「大化の改新詔勅」は九州王朝の「大化」年間ではなく、その五十年前の孝徳天皇の時に出されたとしたのです。『日本書紀』になぜ「大化・白雉」が孝徳天皇の在世期間に、そして「朱鳥」年号が天武天皇の最後の一年に使われたのか、「九州王朝」の存在を認めない現在の古代史学会からは明確な説明がありません。

2　壬申の乱

白村江後の朝鮮半島

白村江の戦いに巻き込まれるのをうまく避けた天智天皇は、戦後も唐の郭務悰《かくむそう》などと良好な関係を築き地位を盤石のものにしていきます。しかし朝鮮半島では百済が滅んだ後も緊張はさらに続いていました。唐は百済領を手に入れただけでなく新羅の全面的な植民地化も図ろうとします。さらに高句麗への攻撃を強め、六六八年に滅ぼします。隋の文帝の遠征以来念願であった北方の脅威をようやく取り除き、唐帝国は東アジアを完全制覇したかのように思えました。

ところが新羅は高句麗滅亡を待っていたかのように唐軍への攻撃を始めました。新羅は百済と高句麗に対抗するため、形式上一旦は唐の属国になることに甘んじていましたが、百済・高句麗が滅亡するとそれぞれの遺民の反唐感情の高まりを利用し、唐からの独立を図ります。六六八年、高句麗王が唐に降服すると高句麗復興軍が各地で反唐戦争を始めます。新羅は高句麗復興軍を支援し、朝鮮半島の唐からの解放を目的とする戦いを始めました。百済の残存勢力も対唐戦争に参加しました。この戦いは八年間続き、六七六年にようやく唐軍は朝鮮から撤退、代わって新羅が朝鮮半島を統一し、長く続いた戦乱は終わりを告げました。

新羅と唐の争いが激化し始めた頃、天智は晩年を迎えていました。『日本書紀』によると「天智六（六六七）年近江大津宮に遷都。天智十（六七一）年天智は死に大友皇子が近江朝を継ぎます。翌年「壬申の乱」が起こり天智の子大友皇子は殺され、近江朝は滅びます。古代史上最大の内乱とされる壬申の乱とは何だったのか、『日本書紀』を見ていきましょう。

「壬申の乱」の経緯

天智十（六七一）年十月に大海人皇子（後の天武）が「自分は僧体となり野に下りる。天下は天智天皇の皇后倭姫王《やまとひめのおおきみ》と大友皇子の二人が治めるのがよい」と天智に申し出て了承を得、即日出家して吉野に入ります。壬申の乱の序章です。そして次のような詳しい記述が続きます。

・十二月に天智の崩御、翌春には大友皇子を後継として近江朝の新体制が発足。
・天武元（六七二）年五月に近江朝が天武討伐の準備をしているとの情報が天武にもたらされます。
・六月二十四日、天武は家族、郎党ら少人数で吉野を脱出し伊勢に向かいます。天武の脱出を知った多くの豪族が天武方に加わります。

・同二十六日には早くも美濃の兵三千で不破《ふわ》の関（岐阜県）を占領します。

・同二十七日には尾張の兵二万も加わり、不破に拠点を築きます。その後、天武軍は着々と手を打ち、大和盆地の確保、大津宮への進軍を開始します。天武の挙兵を知った近江朝は慌てて全国に動員を掛けますが、足並みは揃いませんでした。

・七月二十二日の瀬田川の戦いで近江朝軍はあっけなく壊滅し、翌日大友皇子は自決し、壬申の乱は天武の勝利に終わります。

・九月に天武は飛鳥に凱旋し天武二（六七三）年二月に飛鳥浄御原宮《あすかのきよみはらのみや》で即位します。

『日本書紀』壬申の乱

天智十（六七一）年

十月　大海子皇子は天智からの皇位継承の要請を断り、大友皇子を推薦。自らは出家して吉野に引退する。

十二月　天智崩御。

天武元（六七二）年

五月三十日　郭務悰は甲冑弓矢など贈物を受け帰国。

是月　近江朝は美濃、尾張で兵を集め、吉野への兵糧を絶つとの情報を天武が入手。

六月二十二日　天武は家族、側近と共に吉野脱出を決意、二十四日に東国に向かう。

二十六日　天武軍は美濃の兵三千で不破道閉鎖に成功。高市皇子を派遣し軍司令官とする。

二十七日　尾張国司の小子部連が兵二万を率いて天武軍に参加。天武は野上（不破）に入り拠点とする。

二十九日　大和で大友連吹負が天武に呼応して挙兵、近江朝の留守司高坂王を襲う。

七月二日　天武軍は大和と近江へそれぞれ数万の兵を発進させる。一方天武の蜂起を知った近江朝は各地に援軍を要請、この日に数万の兵を以って不破攻撃をはかるも、内紛によって失敗。

四日　大和の天武軍は奈良山の戦いで敗れる。

九日　天武は救援兵を大和へ送る。

五〜十七日　天武の本隊は近江での戦闘を制し、大津宮へ進軍。

二十二日　瀬田川の戦いで近江軍壊滅。大和でも大伴連吹負が近江軍を掃討。二十三日　大友皇子自決。

天武天皇の謀反

「壬申の乱」の実態は天武の近江朝に対する謀反です。しかし、これを正当化するために、出家し吉野に引退していた天武を近江朝が殺そうとしたため、やむを得ず立ち上がったものとし、乱の経緯を詳細に記述しています。しかし、近江朝側は天武の反乱を事前に予測していた様子はなく、逆に天武側が周到に準備をして吉野を脱出、近江朝が十分な防御態勢に入る前に、一気に兵力を近江に集中、近江朝の中枢部を急襲して勝敗を決めたものと思えます。「天智紀」を読んでみても、近江朝が倒されねばならないほどの失政はありません。大友皇子への皇位継承もスムーズに行なわれています。大友皇子に

二十六日　不破宮で天武に大友皇子の首級を捧げる。
八月二十五日　軍事裁判を行い近江朝重臣の死刑、流刑を判決。
二十七日　功臣に対して論功行賞を授ける。
九月十二日　飛鳥に凱旋。

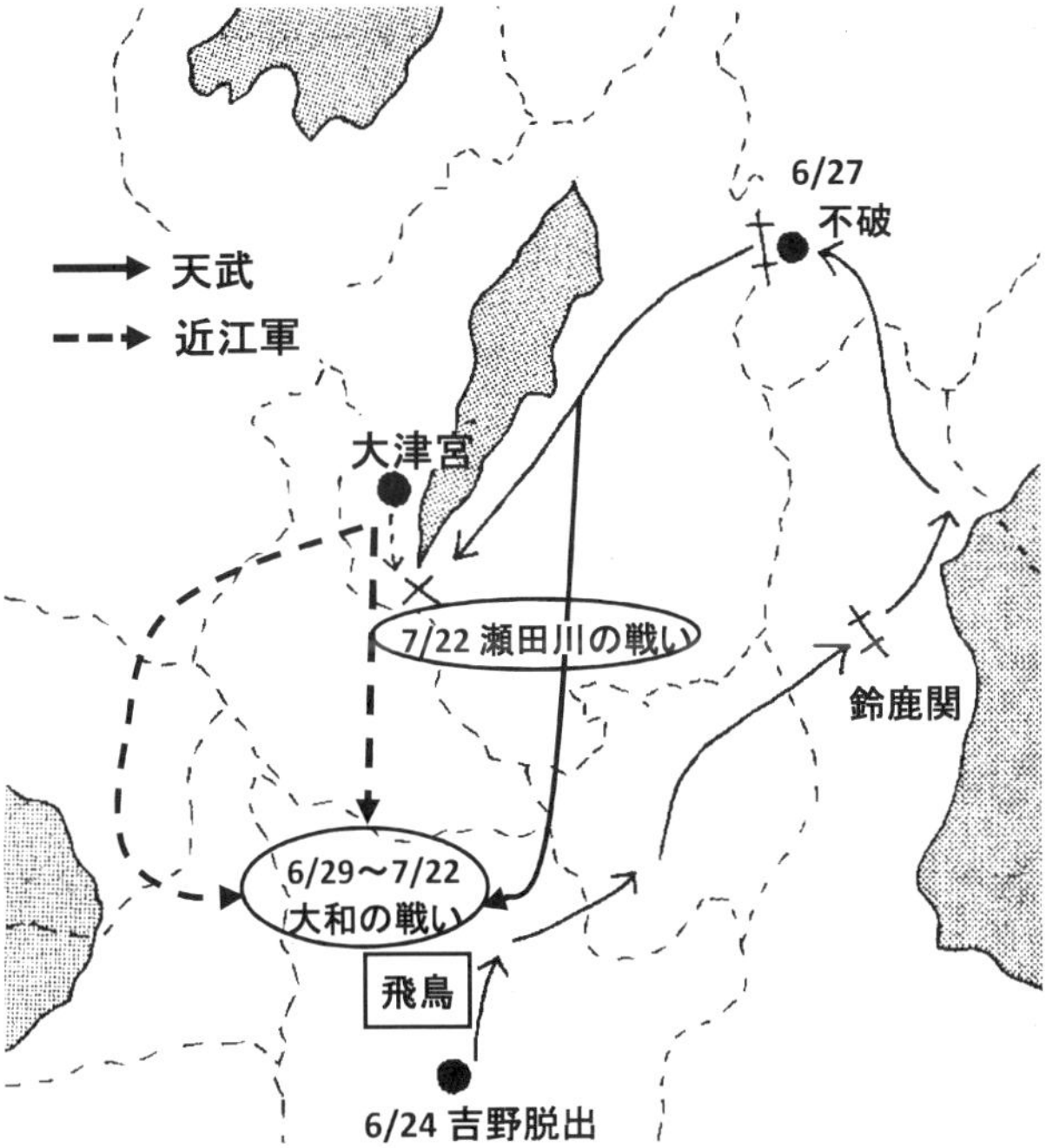

壬申の乱の戦場

も非はないのです。王朝交代の大義名分とする「正義」は天武側には見受けられません。大義名分のない政権交代でした。「壬申の乱」もまた多くの謎に包まれています。

万葉集の吉野

「壬申の乱」の謎を解きほぐす史料は見当たりません。ただ当時作られていた『万葉集』の中に天武蜂起の舞台となった吉野の歌とされているものが多くあります。たとえば歌聖とされている柿本人麻呂が吉野の風景について一－三六番歌で詠っています。現在は誰もが、この吉野は桜や紅葉の名所として有名な奈良県の吉野と考えています。しかし、当時の人々も吉野といえば奈良にあった吉野と考えていたのでしょうか。

歌には「大宮人たちは船を並べて朝の川を渡り、船を競わせて夕の川を渡っている。……中略……滝の都はいくら見ても見飽きることがない」と吉野で舟遊びをする光景や吉野に大きな滝があることを詠っています。これは奈良の吉野の風景なのでしょうか。確かに吉野川は流れていますが、人麻呂が詠うような、舟を並べて川を渡り、船を競い合いするような広々とした場所はありません。さらに歌にある「いくら見ても飽きないような水そそぐ滝」は奈良の吉野にはないのです。数メートルの高

『万葉集』人麻呂の歌

やすみしし　わご大君の　聞こしめす　天の下に
国はしも　多にあれども　山川の　清き河内と
御心を　吉野の国の　花散らふ　秋津の野辺に
宮柱　太敷きませば　ももしきの　大宮人は　船
並めて　朝川渡り　舟競ひ　夕河渡る　この川の
絶ゆることなく　この山の　いや高知らす　水た
ぎつ　瀧の都は　見れど飽かぬかも

（一－三六番歌）

さの水の段差があるだけで歌のイメージの瀧とはまったく違います。

現代の万葉学者は柿本人麻呂の想像力の豊かさと説明しますが、歌聖と呼ばれた人が数メートルの滝を見て「いくら見ても見飽きない」と詠ったのでしょうか。古代の人たちは、目で見たことをそのままに豊かに表現していたと思われます。人麻呂が見て詠ったのは奈良の吉野ではなかったのです。では吉野はどこにあったのでしょうか。人麻呂は吉野に関してもう一首の歌を作っています。

三－二四四番歌

み吉野の　御船《みふね》の山に　立つ雲の　常にあらむと　我が思はなくに

（現代語訳）

み吉野の御船山に立つ雲は、今は立っているけれど、それがいつもあるとは、わたしには思えない。

これは『古今和歌集』の序文において紀貫之が人麻呂について「吉野には桜や紅葉があるのに、雲ばかり詠っている」と批判し

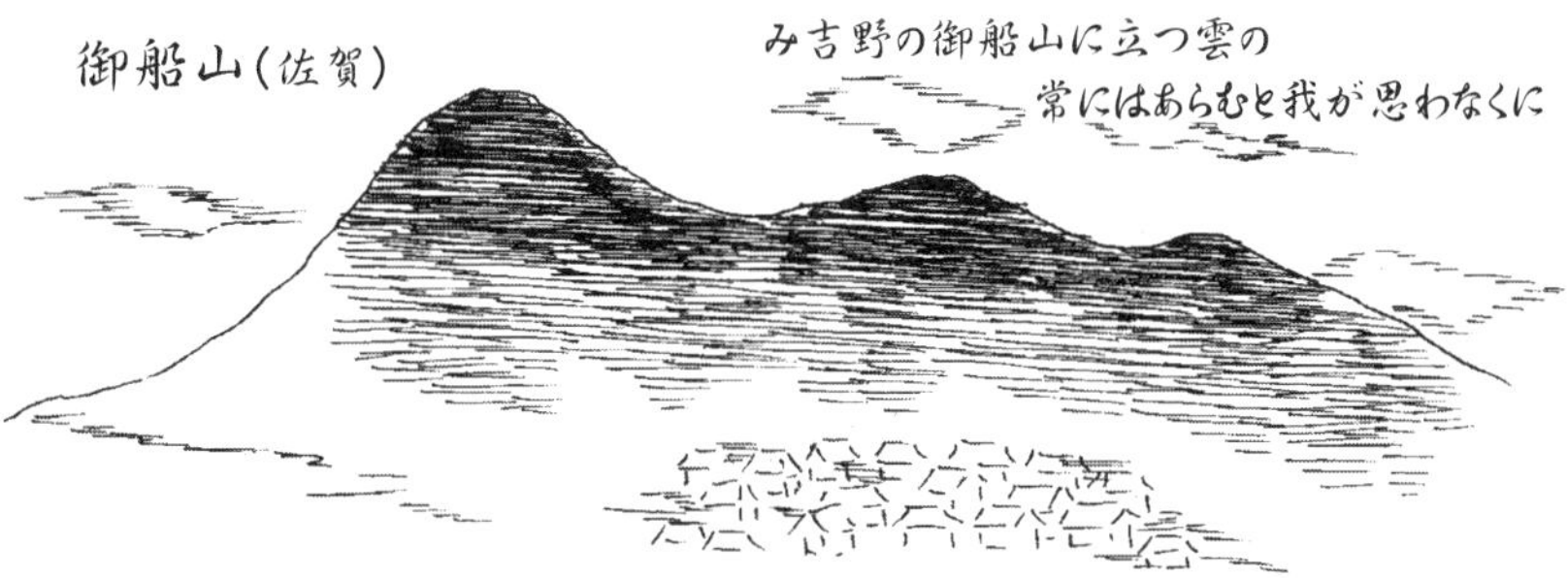
御船山（佐賀）
み吉野の御船山に立つ雲の
常にはあらむと我が思わなくに

人麻呂の歌

た歌です。これも果たして人麻呂は奈良の吉野を舞台にして詠った歌でしょうか。奈良吉野にある御《み》船山《ふねやま》と称されている山は何の変哲もない平凡な山で、特に歌の聖が取り上げるような山容ではありません。人麻呂の歌から、吉野には御船山があらねばならないとして、後世に人為的に付けられた名前である可能性があります。

九州佐賀にあった吉野

弥生時代の大きな環濠集落が佐賀県にあります。吉野ヶ里遺跡です。首のない人骨や剣などが出土し、武人が埋葬されたと思われる沢山の甕棺が見つかっています。有明海から襲ってくる外敵へ備えるための軍事要塞機能を持っていた遺跡と考えられます。吉野ヶ里の近くに三つの峰をもった標高二〇七メートルの御船山と呼ばれるきれいな山があります。船の形をして、平地の中にその山だけが突き出たようにたたずみ、見る人に神秘的な印象を与え人麻呂が詠ったのはここだと分かるような山です。

近くの吉野には嘉瀬川《かせがわ》が流れ、上流には大きな滝があります。七世紀の吉野には太宰府から幅六メートルほどの版築で固められた直線の軍事道路が築かれていました。人麻呂が「大宮人が舟遊びをし、見事な滝をみて飽きることがなかった」と詠った吉野宮はこの嘉瀬川上流にあったとも考えられます。人麻呂が『万葉集』に詠った吉野は奈良の吉野ではなく、佐賀県の吉野だったのです。

「壬申の乱」には唐と九州王朝の親唐勢力が関与していた可能性があります。壬申の乱は『日本書紀』に書かれているように奈良吉野から近江にかけて起きた戦乱ではなく、九州をも巻き込んだ大規模な内乱だったのではないのでしょうか。白村江戦のあと、唐と新羅の関係が悪化し始めます。天智天皇・大友皇子たちが新羅と密接な関係にあったとすると、「壬申の乱」の前、天智六（六六七）年の近江遷都は、唐とその傀儡となった九州王朝からの攻撃に備えたためとも考えられます。「壬申の乱」には東アジアの力関係も影響していたのです。その全貌を明らかにすることは、今後の大きな検討課題として残されています。

3　日本国の成立

天武から持統へ

壬申の乱に勝利した天武天皇は、大和盆地の南の端、飛鳥に都を置き天皇直轄の政治を始めます。大和盆地において勢力のあった、物部氏はすでになく、蘇我氏も宗家の蝦夷・入鹿を失い勢力は半減していました。壬申の乱はこれに追い打ちをかけました。近江朝廷の中核を形成していた蘇我・中臣・巨勢氏が没落します。特に乙巳の変で中大兄皇子方についた蘇我倉山田石川麻呂の一族は蘇我赤兄が近江朝についたことで完全に勢力を失い、また阿倍氏、紀氏などの有力豪族も弱体化していきます。そして『日本書紀』には天武が新体制に向け着々と布石を打っていったことが記されています。

天武四（六七五）年に豪族の私有民が廃止され公民となり、その後下級官人の登用など天皇直轄部門の強化が行なわれます。さらには、皇族や天武に近い豪族に対しては、新しく真人《まひと》・朝臣《あそん》・宿禰《すくね》・忌寸《いみき》という四つの姓《かばね》を作り、従来の臣《おみ》・連《むらじ》・伴造《とものみやつこ》・国 造《くにのみやつこ》という身分秩序の上位に置きます。八色姓《やくさのかばね》と冠位四十八階の制定です。天武天皇のもと中央集権化が進んでいきます。

唐と日本の政府間交渉についても、遣唐使船は天智、天武、持統と三代続けて送られませんでしたが、白村江の戦いで捕虜となり日本に連れて来られた続守言《しょくしゅげん》ら唐人の登用、白雉五（六五四）年の遣唐使船で派遣された学問僧の智宗《ちそう》らの帰国など、実務レベルでの接触・交流は続いていました。『日本書紀』には多くの唐人に褒美や爵位

『日本書紀』天武から持統、文武天皇へ

天武元（六七二）年
　七月　壬申の乱。
二年　二月　飛鳥浄御原宮で天武即位。
四年　二月　部曲（豪族私有民）を廃止、公民とする。
　十月　官人に武備を整えさせる。
五年　四月　庶民を含む人材の登用。
七年　十月　文武官の成績に応じた進階の制を定める。
　十二月　筑紫大地震。
八年十一月　龍田山・大坂山に関、難波に羅城を築く。
九年十一月　皇后の病気回復のため薬師寺建立祈願。
十年　二月　律令の編纂始める。
十二年十二月　複都制を実施、難波に都を定める。
十三年　十月　八色姓を定める。白鳳大地震。
十四年　一月　冠位四十八階を定める。
　十一月　地方部隊の武器私蔵を禁じ官に没収する。
朱鳥元（六八六）年
　一月　難波宮全焼。
　七月　朱鳥に改元。
　九月　天武天皇崩御、鵜野皇后（持統）が政務を継ぐ。
　十月　大津皇子が反逆罪で自害させられる。
持統三（六八九）年
　四月　下野国那須国造韋提、評督を賜う（碑文）。

を与えたことも記されています。

天武の死後、後を継いだ皇后の持統は、政権を握ると同時に自分の子草壁皇子（皇位に就くことなく六八九年薨去）の皇位継承の最大の敵となる大津皇子を反逆罪の疑いをかけ自殺に追い込みます。持統は政権を担当してもすぐには皇位につかず、称制とされる期間が続きましたが、四年後にようやく第四十一代持統天皇として即位します。

四年　一月	持統天皇即位。
十一月	元嘉暦・儀鳳暦（中国暦）を用いる。
八年十二月	藤原宮に遷都。
文武元（六九七）年　八月	持統天皇退位、孫の文武天皇即位。

天武の難波宮――複都制の背景

『日本書紀』では天武から持統にかけて着実に政権基盤は固まっていったように書かれています。しかしこの間何があったのでしょう。天武八（六七九）年に現在の大阪市の上町台地に羅城（都城の外郭）、そして龍田・大坂山に関所が築かれます。龍田・大坂とは、大和川が大和盆地から生駒山系と葛城山系の間を通り大阪平野に抜ける交通の要所で、そこを防御しようとするものです。なぜ首都飛鳥と難波の間に関所を作る必要があったのでしょうか。

天武十二（六八三）年には難波にも都を定めています。複都制の採用です。またなぜ、都は複数必要だったのでしょうか。加えて天武十三年二月に信濃にも都を作ろうとして調査団を派遣しています。まるで西からの攻撃を想定しているかのように、まず難波の防衛を補強し、次に大和盆地の守りとして龍田・大坂に関を築き、最悪のケース首都飛鳥が守り切れなくなった場合、信州に都を移して抵抗する、という戦略が立てられているかのようです。

天武年間は西方には弱体化したとはいえ九州王朝がまだ存続し、九州年号「白鳳」が用いられていました。何らかの事情により飛鳥の天武政権にとって脅威となっていたのかもしれません。天武は即位後十四年間飛鳥を離れることはありませんでした。

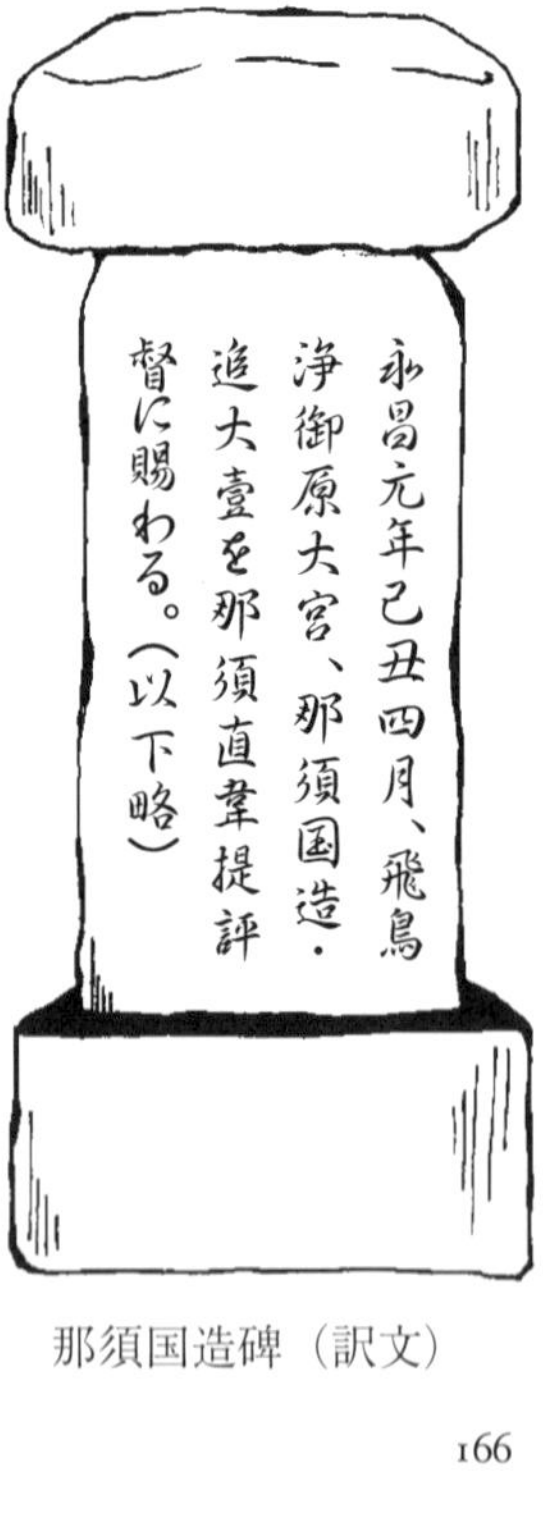
永昌元年己丑四月、飛鳥
浄御原大宮、那須国造・
追大壹を那須直韋提評
督に賜わる。(以下略)
那須国造碑（訳文）

那須国造碑に記された「唐年号」

栃木県大田原市の笠石《かさいし》神社に大きな石碑（那須国造碑《なすこくぞうひ》）が置かれ、その石に次の碑文が書かれています。

永昌元《えいしょう》（六八九）年に那須直《なすのあたい》韋提《いで》が、飛鳥の朝廷から新しく那須国長官として冠位「追大壹《ついだいい》」をもらった。韋提は庚子《こうし》（七〇〇）年に亡くなったので、碑を立て故人を偲ぶ……、

というものです。永昌年号は唐朝第五代睿宗《えいそう》皇帝の時に六八九年だけ使われた年号です。永昌元年という唐の年号が那須国長官の記念碑に刻まれているのです。

六八九年は持統がまだ天皇に即位せず、持統称制《しょうせい》三年とされる時でした。中国で称制とは「先王

が崩御して、新王が幼少である場合、太后（母后）が実権を握って政治を代行することをいいます。別に君主がいて、その政治を代行することを称制と呼んでいます。持統称制の時、天皇は不在で、幼少の天皇もいませんでした。持統は四年目になって初めて天皇に即位しますが、それまでなぜ天皇の位につかなかったのか、謎とされています。

壬申の乱が唐の主導で進められ、白村江で捕虜となった唐の続守言ら唐人が天武・持統朝で重用され唐の対日政策を担当していたとすれば、天武朝は唐の管理下にあったとも考えられます。天武朝は彼らの指導のもと地方豪族の力を削ぎ、中央集権化を図っていったのでしょう。そして唐の年号「永昌」が関東の地方長官の碑に残されていることは、この時、日本列島では公的には唐の年号が使われていたとも考えられます。持統が即位出来なかったのも唐の意向があったのかもしれません。

唐外交の変化

六七六年に唐は新羅の反抗により朝鮮半島から撤退しました。そして六八四年に則天武后《そくてんぶこう》が実権を握るとそれまで積極的に進めていた対外軍事行動をやめ、内政中心の政策に変更していきます。

唐の動向

六五九年	遣唐使船唐で足止め、一行は幽閉さる。
六六〇年	百済滅亡。
六六三年	白村江で倭軍壊滅。
六六四年	則天武后が政治的影響力をもつ。
六六四～六七二年	唐・倭の戦後処理交渉。
六六八年	高句麗滅亡。唐・新羅の対立顕在化。
六七六年	唐軍朝鮮から撤退、統一新羅の誕生。
六八四年	則天武后が唐の実権を把握。
六九〇年	武后が唐を廃し、周を建国。
七〇一年	四十二年ぶりに遣唐使派遣。
七〇五年	武后死し、唐が復活。

則天武后は凄まじい宮廷内の権力闘争のために悪い評価を受けていますが、彼女が権力を握っている間に農民の反乱は一度も起きておらず、国は安定し、平和であったと思われます。新羅との関係も、国境を大同江とすることで確定し、両国はその後友好国として活発な商業・文化交流の時代に入っていきます。

「倭国」から「日本国」へ――唐文化の流入

倭国・唐の関係も状況が変わります。則天武后が持統四（六九〇）年に唐を廃し周を建国します。即位した武后は、自らを聖神《せいしん》皇帝と称し、年号を「天授《てんじゅ》」としました。中国史上初めての女帝が誕生したのです。そして則天武后の対外融和政策が日本にも及んできたのでしょう、三年間皇位につけなかった鸕野《うの》皇后が持統天皇として即位します。持統天皇はそれまで使っていた南朝の元嘉暦《げんかれき》とともに唐の暦（儀鳳暦《ぎほうれき》）の採用を決定します。この頃から一気に唐文化の導入が進みます。

天武天皇が発願し六九〇年頃、藤原京に出来上がった薬師寺に初唐様式の仏像が安置されました。白鳳美術の最高傑作とされている薬師三尊像と聖観音《しょうかんのん》像です。いずれも初唐様式の世界最高水準の仏像といわれています。山田寺仏頭などそれまでの白鳳様式の仏より格段に優れた仏像です。持統天皇の時代に唐の最高水準の仏像製造技術が日本にもたらされたのです。

また、持統八（六九四）年に藤原京が完成します。律令制に基づいた中国様式の都城です。この建設に唐の技術者も関わっていたのでしょう。そして三年後の文武元（六九七）年に持統天皇の念願であった孫の軽皇子（草壁皇子の子）が天皇として即位します。文武天皇です。しかし文武は十五歳と若かったので、持統は太上天皇として引き続き実権を握りました。

七〇一年には四二年ぶりに遣唐使船が派遣されます。それまでの非公式な関係から正式な国交関係が持たれるようになったのです。遣唐使粟田真人らは翌年の長安二年に則天武后を訪れ、日本列島の支配者は「倭国」から「日本国」に代わったことを報告しました（第1章2参照）。近畿天皇家による「日本国」が唐に承認されたのです。

山田寺仏頭

白鳳時代前半は山田寺仏頭に代表される素朴な仏像が作られていたが、後半になると初唐様式の洗練された世界最高水準にある仏像が突然出現した。
女帝（則天武后）から女帝（持統天皇）へ唐の仏師が送られた！

薬師寺月光菩薩

白鳳時代の仏像

その後多くの学生、官僚、技術者を乗せた遣唐使船が派遣されます。七一〇年に都は平城京に移ります。完全な唐様式の都城で、都には唐風の華やかな天平文化が花開きます。遣唐使の派遣はその後も続けられ、九世紀末に唐が内乱で滅亡寸前となった八九四年に菅原道真の建議により廃止されました。このあと日本は中国の影響から脱し、独自の国風（和風）文化が栄えるようになっていきました。

倭国・九州王朝はどのようにして滅びていったのか、『日本書紀』には何も記されていません。さらに「日本国」は九州王朝に関係する書物を禁書として全国から没収し（序章一一頁参照）、九州王朝を日本の歴史から完全に消し去ってしまったのです。しかしその痕跡はまったく残っていないのでしょうか。

コラム⑥『古事記』と『日本書紀』

大宝元（七〇一）年に大宝令、翌年には律が制定され、新生「日本国」は、天武時代に始められていた歴史の編纂作業を急ぎます。そして和銅三（七一二）年、太安万侶《おおのやすまろ》により『古事記』が元明《げんめい》天皇に献上されました。『古事記』の序文には神代から天孫降臨、神武の東征による大和への進出、崇神天皇の賢明さ、仁徳天皇の仁政、成務・允恭天皇の業績が讃えられ、壬申の乱における天武天皇蜂起の正統性が唱えられています。本文は推古天皇で終わり、内容はまさに神武天皇を始祖とし大和盆地を中心に勢力を近隣地域に広げていった近畿天皇家の「正史」として書かれたものでした。

そこには中国・朝鮮の史書に描かれているような中国・朝鮮半島の記事は記されていません。また『日本書紀』にある景行天皇の九州平定記事もありませんでした。『古事記』は日本列島の一地方豪族の歴史を描いたもので日本国の正史としては完全なものでなかったのです。このため、「倭国」を抹消し、天皇家が日本列島の始まりからの支配者であると位置づける「日本国」は、九州王朝の史料と百済系三史料（「百済記」「百済新撰」「百済本記」）の一部を切り取り、『古事記』に貼り付け、新生日本国の正史として『日本書紀』を作り上げたのです。

そして「魏志倭人伝」の「卑弥呼」をあたかも神功皇后のように、また「隋書俀国伝」に書かれた「阿毎・多利思北孤」の業績を聖徳太子のものであるかのように書き加えました。養老二（七二〇）年のことです。

『古事記』はその後どのように扱われたのでしょうか。奈良時代を描いた『続日本記』その他一切の書物に『古事記』のことは触れられていません。その存在は抹殺されてしまったのです。

『古事記』は奈良・平安・鎌倉時代と長い間、世に出ませんでした。しかし南北朝時代に尾張国にあった真福寺《しんぷくじ》から突然その写本が出現しました。それは近畿天皇家につながる公的ルートではなく、太安万侶につながる一族に長く秘され伝えられていたものが「流れ出た」ものと思われます。このため『古事記』は長い間「偽書」の疑いをかけられていました。ところが、一九七九年太安万侶の墓碑銘が出土し、『古事記』の信憑性が確認され偽書論争は終わりました。

一方、『日本書紀』はその後も「六国史」の最初を飾る日本国の正史として扱われました。明治になると、維新政府により『日本書紀』をもとにした「皇国史観」が作り上げられ、大日本帝国憲法では、日本は「万世一系の天皇の統治する国」、「天皇は神聖」であることが明記されました。この『日本書紀』を基とする歴史観は現在も基本的には変わっていません。倭国の歴史は未だに消し去られたままです。

終章　よみがえる九州王朝

筑紫舞

1　疲弊にあえぐ倭国

大地震と倭国の疲弊

『日本書紀』には天武四（六七五）年から六八六年までの十二年間に巨大地震が二回、その他に十五回もの大きな地震が起きたことが記されています。天武七（六七八）年十二月に北九州一帯に起きた筑紫大地震では、幅六メートル、長さ約十キロメートルの地割れが出来ています。この時は福岡県から大分県が壊滅しました。天武十三（六八四）年十月の白鳳大地震では「国中の男女、叫び合い逃げまどい諸国の官舎・民の家・倉、寺社など破壊されたもの数知らず、土佐（高知県）では田畑約千町歩（三・二キロメートル四方）余りが沈み海になった」と記されています。今でも高知県の村々には、白鳳の時、大地震が起き、地変や津波が起きた、との伝承が伝わっています。東日本大震災の後、古文書や伝承に残された地震の研究が進み、天武天皇の時代に起きた一連の地震は東海トラフと南海トラフが同時に動き非常に大規模な地震であったことが確認されました。北部九州、そして四国など九州王朝の中枢部が壊滅状態に陥ったのです。

筑紫歌壇を形成した万葉の歌人山上憶良（六六〇〜七三三年）は「綿も入っていない麻の袖なしの、しかも海松《みる》のように破れて垂れ下がり、ぼろぼろになったものばかりを肩にかけ……」と「貧窮問答歌」に、困窮にあえいでいた人々を詠っています。九州王朝は朝鮮半島での権益や支配地を失い、また多くの兵も失っています。それに追い打ちをかけるように大地震が襲ったのです。倭国の民は疲弊しきっていたと思えます。

倭国の消滅

「倭国」から「日本国」への流れに抵抗する余裕はなくなり、九州王朝の支配層も多くの人が新政府に参加したと思えます。政権交代はスムーズに行なわれ、九州年号も大化六（七〇〇）年で終わりました。その後、新生「日本国」は屋久島・種子島など南島の島々も直接支配下におき、七二〇年に鹿児島で起きた隼人の乱も制圧しました。「倭国」は完全に消滅したのです。

倭国とはどのような国であったのでしょう。倭国に関する史料はほとんど残されていません。しかし第5章の2で述べたように、同時代に作られた歌集の『万葉集』があります。歌に倭国

潰れそうな家の中、地面に藁を敷き、父母は私を囲むようにして嘆き悲しんでいる。
かまどには火のけがなく米をにる器にはクモの巣がはってしまい飯を炊くことも忘れてしまったようだ。

貧窮問答歌

の痕跡が残されていないのでしょうか、見ていきましょう。

2　万葉集の謎

すり替えられた歌の舞台

『万葉集』は五世紀の雄略天皇から八世紀の防人《さきもり》の歌まで約四千五百首を集めた、本来は勅撰和歌集と呼ばれるべき性格の歌集です。しかし、『日本書紀』『続日本紀』をはじめ一切の史書に記載はなく、奈良時代後半に偶然見つけられたもので、多くの万葉学者がその経緯を研究していますが、はっきりしたことは分かっていません。

不思議なことに全二十巻約四千五百首の中に「九州の人」が詠ったとした歌はあまり収録されていません。「白村江の戦い」を詠った歌もまったくないのです。そして歌の前後に説明が書かれているのですが、行政区画が「評」の時代に詠われているのに、歌の説明ではすべて「郡」に書き替えられています。『日本書紀』と同じように『万葉集』においても編集段階において明らかに改竄が行なわれていたのです。

さらに、歌の前書・後書と、歌の内容がまったく違うものがあります。例えば高市皇子《たけちのみこ》が亡くなった時、柿本人麻呂が詠ったとされる巻第二の一九九番歌です、前書には、「高市皇子尊の城上《きのへ》の殯宮《もがりのみや》の時、柿本朝臣人麻呂の作る歌一首ならびに短歌」とあります。万葉学者の説明では、高市皇子が

「壬申の乱」の時に、天武天皇の命に従い大活躍した様子を皇子の葬送の時に褒め称えて人麻呂が詠んだ歌（挽歌）としています。

「壬申の乱」は旧暦の六月二十二日から七月二十三日の約一カ月、夏の間に行なわれました。真夏の戦いです。ところが歌には「冬ごもり春さり来れば」「み雪降る冬の林に」「大雪の乱れて来たれ」「春鳥のさまよいぬれば」など冬から早春の言葉が散らばっています。冬の戦いの情景が詠われているのです。この歌は真冬の戦いを詠ったもので、戦いが真夏に行なわれた「壬申の乱」のことではありません。高市皇子を偲んだ挽歌ではなかったのです。

吹雪の中の戦い
み雪降る冬の林に、旋風かもい巻き渡ると、・・・・引き放つ矢の繁けく、大雪の乱れて来れ

高市皇子を偲んだ挽歌ではない

天智・天武の時代、冬に行なわれた最大の陸戦は朝鮮半島での唐・新羅軍との戦いです。六六一年、冬に向かう九月に倭国軍五千の兵が朝鮮半島に上陸、陸上での戦いが始まります。以後六六三年八月の白村江の敗戦まで二年間、増援軍が次々に送られ陸での戦いは続きました。この時、九州王朝の皇子たちも戦場に向かい先頭に立って戦ったのでしょう。

人麻呂はこの挽歌に「皇子《みこ》ながら大御身《おおみみ》に大刀を取り、大御手《おおみて》に弓を取り、御軍士《みいくさ》を率ひたまひ」と戦いの最前線に立ち全軍を指揮し、戦場に斃れた皇子を崇高に詠い上げています。またなきがらは「百済が原に神葬《かむはぶ》り」と百済の原に神として葬ったと詠っています。朝鮮半島において真冬に激しい戦いが行なわれ、戦闘の中亡くなった誰か倭国の皇子を讃えた歌だったのです。

『万葉集』においては、前・後書と歌の内容は一致していないということがあるのです。歌自体は変えることが出来ませんが、前・後書は後世に改竄することは可能です。柿本人麻呂は日本が生んだ最大の詩人で朝臣の地位にありました。朝臣は皇族以外の臣下の中では一番上の高い地位の官人です。ただ九州王朝の詩人であったためか『日本書紀』には一言も人麻呂の名前が出ていません。しかし『万葉集』の編者は人麻呂の歌を載せることなしには歌集を作ることが出来なかったのでしょう。前書を書き変えることにより、人麻呂の歌を後世に残そうとしたと思えます。

読み人知らず

『万葉集』には沢山の「読み人知らず」とされている歌が収録されています。平安時代前期に最初の勅撰和歌集として編纂された『古今和歌集』も収録されている千百首の歌のうち、約四割が「読み人知らず」となっています。平安時代末に藤原俊成が勅撰集（『千載和歌集』）を編纂した時、朝敵となった平忠度の歌を「読み人知らず」として収録したという有名な逸話があります。優れた歌を残したいが朝敵の歌は勅撰集には載せられないので、名前を伏せたものです。『万葉集』『古今和歌集』においても多くの九州王朝の詩人の歌が「読み人知らず」として収録されたものと考えられます。

ヨーロッパでは長く『ギリシャ神話』は神を詠ったもので、歴史的事実ではないとされていました。しかし十九世紀にシュリーマンがここに詠われた詩の内容に従ってトロヤの遺跡を発見したことから多くの叙事詩の中にも歴史的事実が詠われていることが分かり、詩の分野からも歴史の解明が進められるようになりました。しかし日本ではシュリーマンの死後百年以上経過したにもかかわらず、相変わらず詩歌は文学のロマンの世界に閉じ込められています。万葉学会においては歌の内容のとんでもない解釈が行なわれ、古代史学会においても歴史的史料とみて研究されることはありません。『万葉集』は歴史の一級史料として研究される必要があるのです。

では前・後書に惑わされることなく『古今和歌集』『万葉集』の歌の中にどのような倭国の姿が描かれているのかを見ていきましょう。

三笠の山に出でし月――奈良の三笠山に月は出ない

「天の原ふりさけ見れば春日なる三笠の山に出でし月かも」

有名な『古今和歌集』に収録された「阿倍仲麻呂」の歌です。仲麻呂は七一七年に遣唐使として唐に入り、七七〇年に亡くなるまで唐で暮らし日本に帰りませんでした。年老いて帰国しようとして日本に向かったのですが、船は嵐に遭い反対方向に流されて、結局日本に帰ることをあきらめて唐の土となりました。

仲麻呂は、唐の朝廷で高位高官（秘書省の長官）となったため有名となりました。友人には有名な詩人である王維や李白がいます。王維は「仲麻呂」が帰国する時に「送別の詩」を作っています。李白は「仲麻呂」が遭難して亡くなったと思って「哀悼の詩」を作りました。その仲麻呂が帰国を許された時、明州という港で友人との「離別の宴」に月が出たので披露したのが

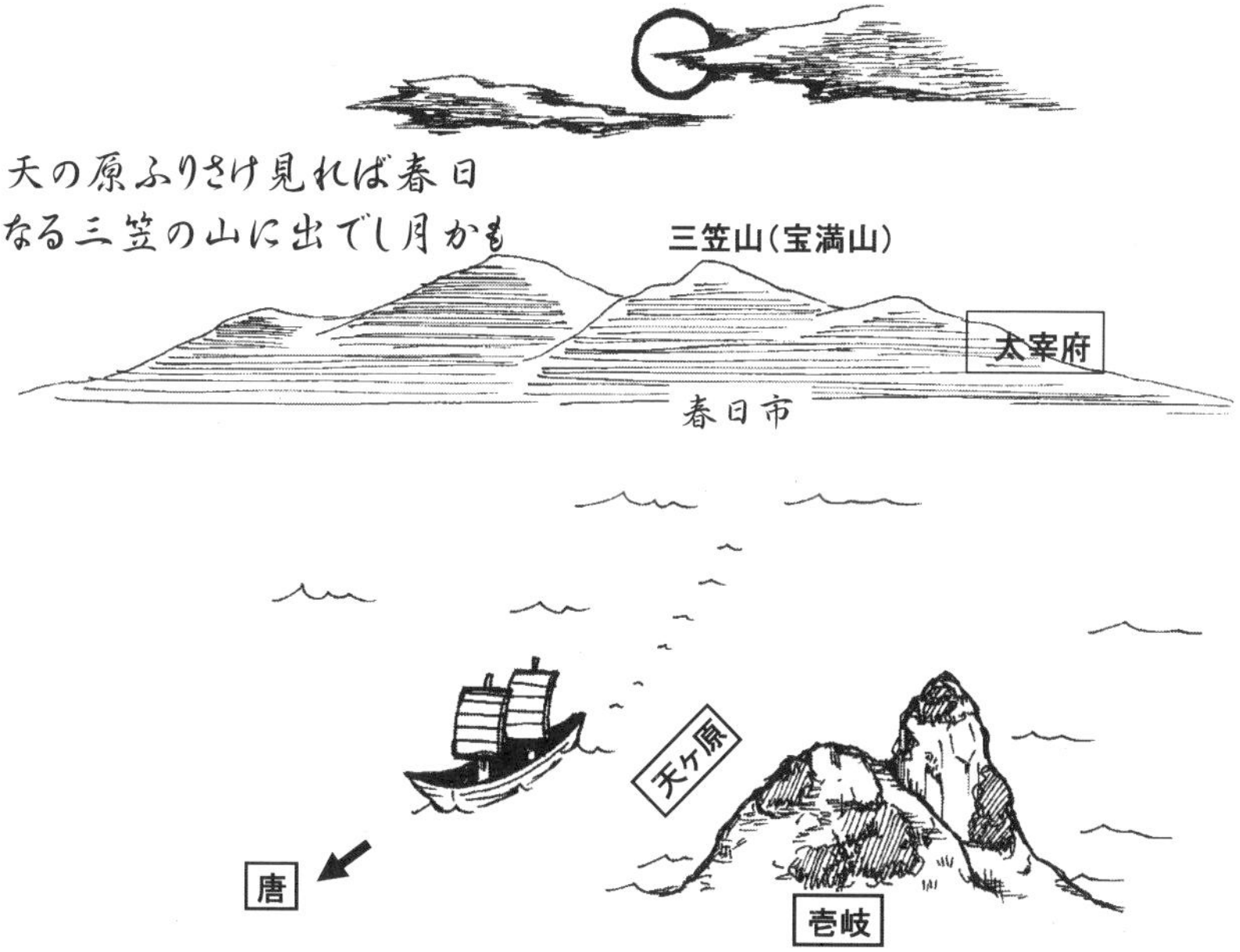
天の原ふりさけ見れば春日
なる三笠の山に出でし月かも
三笠山（宝満山）
太宰府
春日市
天ヶ原
唐
壱岐

阿倍仲麻呂の歌

「三笠山」の歌と伝えられ、『古今集』に収録されています。歌を詳しく読んでいきましょう。

まずこの歌の作歌場所です。「春日なる三笠山」とは、通説では奈良の三笠山（通称若草山）か隣の御蓋山《みかさやま》とされています。春日大社の後ろにある山です。しかし、三笠山、御蓋山はともに低い山で、山から月が出るのを見ようとしてもどこからも見えません。月はすぐ後ろの春日山連峰から昇ります。この仲麻呂の三笠山の歌は奈良の情景を詠ったものではないのです。

ではどこで詠んだものなのでしょうか。九州太宰府の後ろに御笠山（現宝満山《ほうまんざん》）があります。そこには春日市があり、御笠川が流れています。「仲麻呂」が日本（九州）を離れる時に船上から御笠山の方を振り返り、そこから月が上がるのを見たとすれば情景が当てはまります。さらに壱岐島に天が原という所があります。この歌は壱岐を通過していよいよ日本から離れる時、春日の御笠山から上がる月に感慨を込めて詠ったものです。

天の香具山――奈良盆地にカモメは飛ばない

「大和には群山《むらやま》あれど、とりよろふ天の香具山《かぐやま》、登り立ち国見をすれば、国原《くにはら》は煙立ち立つ、海原《うなはら》は鷗《かまめ》立ち立つ、うまし国ぞ蜻蛉島《あきづしま》大和の国は」（万葉集巻一―二番歌）

舒明天皇の作とされる有名な「天の香具山」の歌です。天皇が奈良で詠った歌とされています。しかし奈良の「天の香具山」は名前こそ立派ですが、大和三山の中では最も目立ちにくい山で、国見をするような山ではありません。さらに奈良からは海原など見えません。この歌は大和の情景を詠ったものではないのです。

大分県別府に鶴見岳という山があり、山頂と中腹そして麓に三つの「火男火売《ほのおほのめ》神社」があります。山に登り見下ろすと下に見える煙は別府温泉の湯煙、向こうには別府の海にカモメが群れ飛んでいます。「天の香具山」の歌にふさわしい風景です。

歌中の蜻蛉島は別府湾周辺一帯の領域を指す古名です。そして大和の国とされている文字は原文には「山常庭」、「八間跡能国」などの文字が使われています。それぞれ「山根には」、「浜跡《はまと》の国」と読めます。それぞれ別府に来た九州王朝の天子が鶴見岳に登った時に詠んだものとするなら、ふさわしい情景となります。

鶴見岳は平安時代に大噴火がありました。震動は三日続きました。それまで山頂には

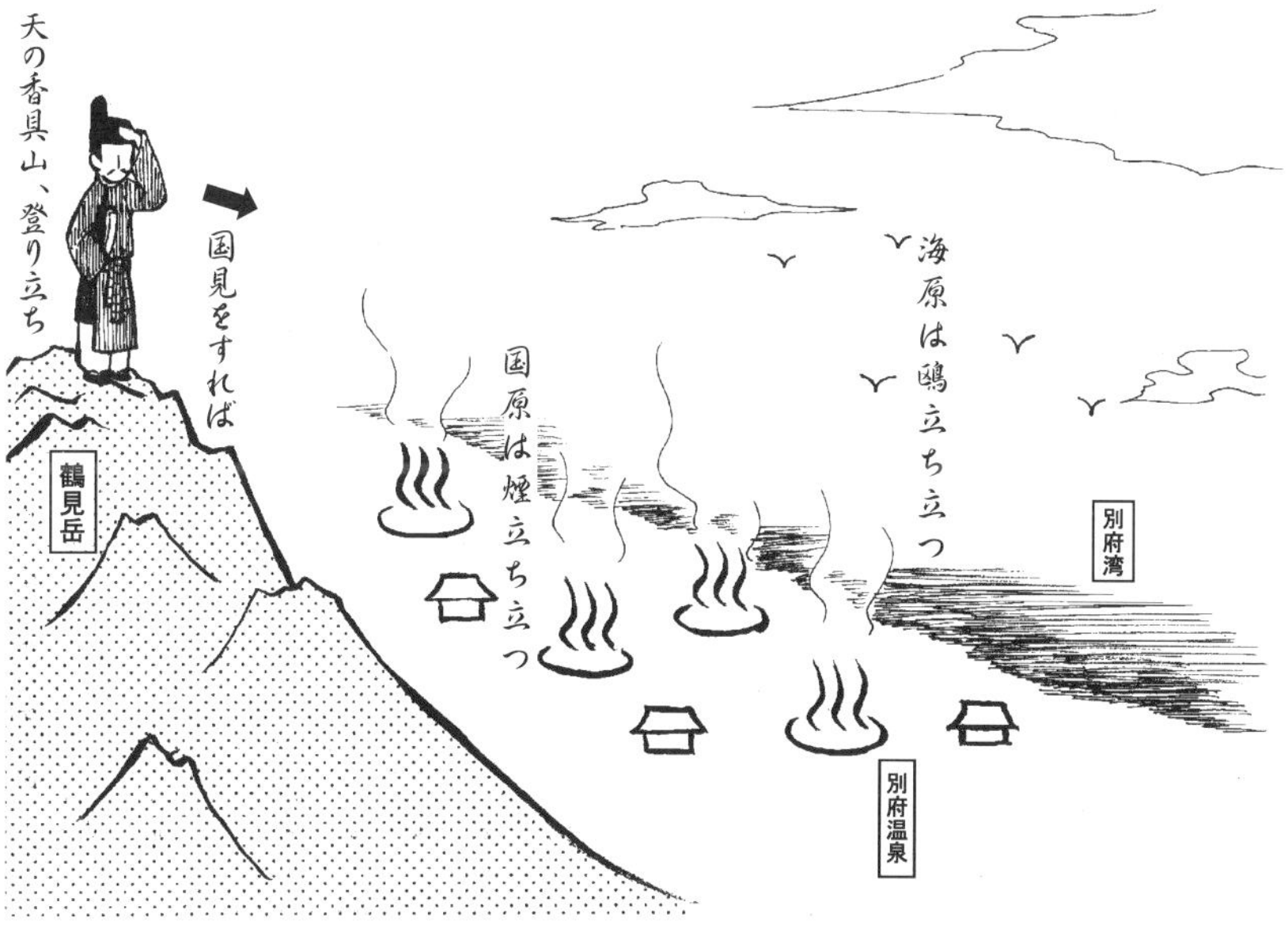

天の香具山の歌

三つの池（黒色、青泥色、赤色）がありましたが吹っ飛び、山容が変わりました（『三代実録』）。火山だったのです。今、山中にある神社は「火男火売神社」となっていますが、本来の祭神は火の神「迦具《かぐ》土命《つちのみこと》」（伊邪那美命《いざなみのみこと》が最後に産んだ火の神）です。鶴見岳は古代「天（海人）」の領域にあった「迦具土神」の山、すなわち「天《あま》の香具山」と呼ばれてふさわしい「倭国」の山なのです。鶴見岳（一三七五メートル）に登ると、別府湾の景色に「天の香具山」を実感することが出来ます。

天の香具山は後世の人が歌を舒明天皇のものとし、無理やり奈良（大和）の山にしたのですが、本来は九州「倭国」の山だったのです。

荘厳な「筑紫・雷山」、貧弱な「飛鳥・雷丘」

「大君は神にし座《ま》せば天雲の雷の上に廬《いほ》らせるかも」（万葉集巻三－二三五番歌）

この歌の前書に「天皇、雷岳《いかづちのおか》に御遊《いでま》しし時、柿本人麻呂の作る歌一首」とあり、後書には、「ある本では忍壁皇子《おさかべのみこ》に献る歌」とし、歌は「王は神にし座せば雲隠る雷山《いかづちやま》に宮敷きいます」と記されています。

万葉学者はここに書かれている「雷岳」「雷山《らいざん》」は奈良の明日香にある「雷丘《いかづちのおか》」としています。ところが奈良の飛鳥へ行くと「雷丘」は、高さ十メートルほどの小さな丘で、歌に厳かに詠われた「雷丘」「雷山」とはとうてい思えません。これについて通説は「古代人は想像ゆたかで、十メートルの丘も素晴らしい大きな山に見えた。ロマンです」と信じられない解釈をしています。

この歌の原文は「皇者《すめろぎは》神二《かみに》四座者《しませば》天雲之《あまくもの》雷之上《いかづちのうえ》尓《に》廬《いほら》為《せ》流《る》鴨《かも》」と書かれています。「皇者」を「大君は」と訳されていますが、これは「すめろぎは」と読むべきで「代々の王者、皇統の中の各王者」を指すものです。現代語訳をすると「代々の王者は、すでに死んで神になっていらっしゃいますから、天雲のかかった、この雷山の上に庵を作っておられます」となります。

福岡県糸島市の南に「雷山」（九百五十五メートル）という山があります。山中に雷《いかづち》社があり、昔は上宮（天の宮）・中宮（雲の宮）・下宮に分かれていました。今は標高四百メートルほどの所に中宮とみられる雷神《いかづちじん》社《じゃ》が残されています。ここには邇邇芸命《ににぎのみこと》と天神七柱、そして地神五柱が祀られています。「雷山」は倭国の王族が祀られた神聖な山で

糸島にある「雷山」

あったとみられます。麓の前原市には弥生時代の王墓（銅剣・銅鏡・勾玉出土）として有名な三雲《みくも》・井《い》原《わら》遺跡そして平原《ひらばる》遺跡があります。四十六センチもある日本最大の銅鏡や漢鏡が何枚も出土した所です。まさに歌の舞台としてふさわしいところです。

「雷山」も大和飛鳥にある高さ十メートルほどの小さな丘ではなく、歌聖・柿本人麻呂が詠った「倭国」の山だったのです。

3　秘かに伝えられた幻の筑紫舞

宮地嶽神社の黄金大刀と巨大石室

ＪＲ博多駅から北北東へ約三十キロメートルのところに鐘崎《かねざき》があります。古代、船乗りがこの岬を通り過ぎる時、「志賀《しか》の皇神《すめかみ》」に祈りを捧げた歌が『万葉集七－一二三〇番歌詠み人知らず』に収録されています。

「ちはやぶる金《かね》の岬を過ぎぬともわれは忘れじ志賀の皇神」

波の恐ろしい金の岬をようやく無事に過ぎたけれども、それでも海の守護神である志賀のすめ神を私は忘れまい（『万葉集二』岩波日本古典文学大系）。

鐘崎から津屋崎、そして博多湾にかけては、金印の出土した志賀島にある志賀海《しかうみ》神社を祀る阿曇《あずみ》族の土地でした。阿曇族は海人族で博多湾を拠点に海のルートから全国に進出し長野県の安曇野《あづみの》や滋賀県の安曇川《あどかわ》などに地名を残しています。また、倭国水軍の中核となり白村江の戦いには阿曇連《あずみのむらじ》比羅夫《ひらふ》が先鋒として百七十艘の軍船を率いて出陣しています。しかし、白村江の戦いで阿曇水軍は壊滅し勢力は衰え、この地は天武天皇に娘、尼子姫を送り込んだ宗像徳善の支配する地となりました。尼子姫が、壬申の乱に功績のあった高市皇子を出産し、その孫長屋王も奈良朝廷での実権を握るなど宗像一族は中央政権との結びつきを深め、その後も中世から近世までこの地を支配してきました。

津屋崎と志賀島の間、玄界灘に相島《あいのしま》が浮かんでいます。島には二百五十四基の阿曇一族の古墳が築かれていました。相島の真東に、当時は海岸線が迫っていた小高い丘の上に宮地嶽神社が鎮座し、その背後の直径三十五メートルほどの円墳に全長二十三メートル、高さ幅ともに四メートルを超す巨大な石で囲まれた日本一の大きさを誇る巨大石室が築かれています。石材は対岸にある阿曇族の聖地、相島から運ばれ、美しい石室を形作っています。石室の内部には全長三メートルを超す巨大な金銅製装飾大刀や透彫冠、馬具など、多くの黄金製品が収められていました。いずれも一国を支配する王者に捧げられるほどの素晴らしく豪華なものです。古墳は終末期古墳の特徴を有し、七世紀前半頃に作られたものと見られています。まさに多利思北孤の時代です。

そしてこの巨大な石室の内部ではいつの頃からか人知れず、全国から人が集まり不思議な「翁舞《おきなまい》」が奉納されていたのです。

筑紫舞が舞われていた巨大石室

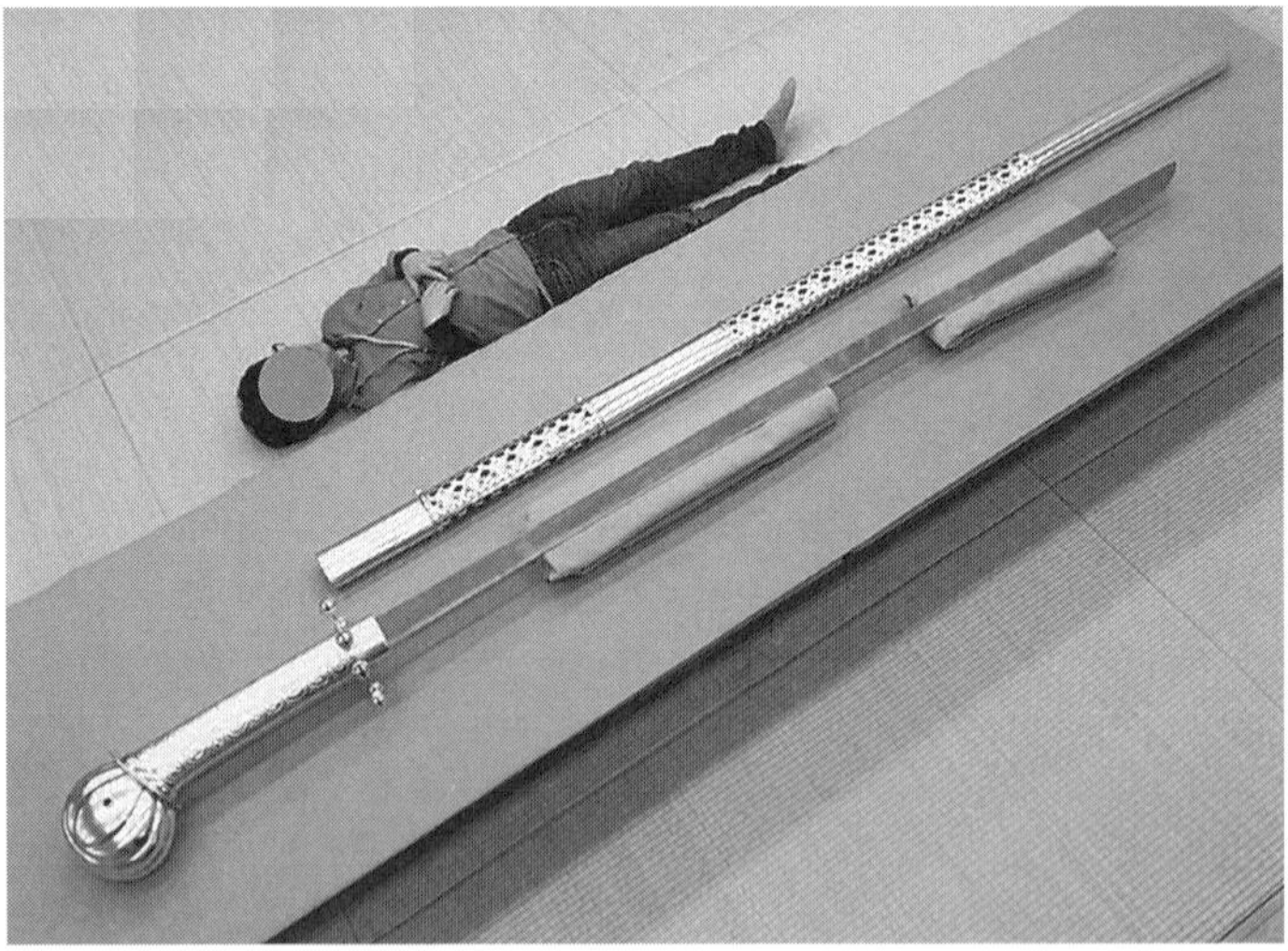

3m を超す金銅製大刀（九州国立博物館で復元）

筑紫舞の復活

阿曇族は水軍の民として有名ですが、芸能集団でもありました。現在も奈良春日大社に伝わる細男《せいのお》舞《まい》を舞った阿曇磯良《いそら》は我が国の芸能の祖とされています。阿曇一族が衰退した時、人々は伝承された芸能と共に全国に散らばり、各地に芸能の文化を開かせていきました。「能」であって「能」にあらずとされ、現在では正月に舞われる「翁舞」は、全国の多くの神社でも奉納されています。その起源は不明とされていましたが、それが阿曇の人々の間で舞われていたのです。

北部九州各地で阿曇磯良を祖とする「筑紫舞」と呼ばれる舞が神社で奉納されています。しかしこれらの舞は長い年月を経てすっかり一般の「里神楽」風に変質しています。ところが、阿曇磯良の本来の「筑紫舞」が宮地嶽神社裏の古墳の石室の中で、神社の神官にも気付かれず秘かに舞われ続けていたのです。

その舞を今に伝えたのは盲目の箏曲家菊邑検校《きくむらけんぎょう》でした。昭和の始め、自分の代で筑紫舞の伝承が途切れてしまうのを恐れた検校は、世話になっていた神戸の造り酒屋の令嬢、山村光子氏（後の西山村幸寿斉《こうじゅさい》）に伝授を決意し、幸寿斉氏も厳しい指導に耐え、舞の奥義を極めたのでした。

古代から伝わる筑紫舞の話に接した宮地嶽神社先代の宮司・浄見《きよみ》学氏は神社で舞われていたらしい舞を後世に伝えるのは自分だと悟り、西山村幸寿斉氏から直接指導を受け、昭和五十八年十月二十二日の御遷座記念祭の日に奉納しました。十月二十二日は宮地嶽に神が鎮座されたとされる日で、宮地嶽の真西にある相島に太陽が沈みます。今も「筑紫舞」は現在の宮司・浄見譲氏に引き継がれ、奉納は毎年十月二十二日に行なわれています。

「筑紫舞」は多くの曲目が伝えられていますが、中心にあるのが秘曲とされる「翁舞」です。謡曲「翁」はふつう一人で、また神社に奉納されている「翁舞」も、「翁」の原形とされている奈良市にある「奈良豆比古《ならつひこ》神社」が三人の翁ですが、他は一人で舞われています。ところが、「筑紫舞」では三人立ち、五人立ち、七人立ちと複数の翁で舞われていました。

「筑紫舞」の三人立ちでは、首都太宰府の「都の翁」と九州王朝の中核をなす「肥後の翁」と「加賀の翁」と三人の翁が舞います。五人立ちでは「出雲の翁」と「難波津から上がりし翁」が加わります。難波津とは大阪の難波ではなく博多湾岸にありました。現在の福岡市中央区に鴻臚館《こうろかん》という古代の海外交易施設の遺構が出土しています。古代にはそばに草香江という入り

筑紫舞の奉納

江が深く入り込み、その奥に難波津という港があったのです。今も福岡市城南区に難波池があり、『明治前期字地名調査書』ではそこが「なにわ」と呼ばれていたことが記されています。難波津に上陸してきた翁とは朝鮮半島南部の倭地（任那）から来た翁だと思われます。この二つは九州王朝の準中核地域と考えてよいのでしょう。そして七人立ちになると、「尾張の翁」「夷の翁」と太宰府から見れば遠方の翁が加わっています。「筑紫舞」はまさに九州王朝の版図を象徴する舞なのです。

正月の初詣には毎年百万を超える参拝客が宮地嶽神社に参拝します。天武以来この地の支配者であった宗像一族の祀る宗像大社の倍近い人数です。

歴史からは消し去られてしまいましたが、古代北部九州に善政を敷いた九州王朝の天子を偲ぶ心、また朝鮮半島南部に住む同朋を救うために白村江に散った阿曇一族への鎮魂の思いが、人々の内に奥深く伝わり、正月には九州王朝の聖地へ足を向けさせているように思われます。九州王朝への思いが人々の中に蘇っているのです。

あとがき

本書では、中国・朝鮮史書の数々の証言から輝かしい歴史を持った倭国が、白村江の戦いを境に衰退し、滅亡し、遂には日本列島の歴史から抹殺されるまでを描き出すことができたと考えています。

本書の第一の眼目は、「隋書俀国伝」に出てくるあの「日出処の天子――阿毎・多利思北孤」と『日本書紀』の聖徳太子とを比較検討した結果、両者は別人という結論に到達したことでした。

その結論を切り口として日本の古代史を見ていくと、濃い霧に包まれていた実像がくっきりと姿を現してきたのです。近畿天皇家以外に九州にも「俀国《たいこく》（大委国＝倭国）」という国家が存在していました。しかも、その国は一世紀の「漢委奴国《かんのいどこく》」から三世紀の女王・卑弥呼の「邪馬壹国」、五世紀の倭の五王の国、六〜七世紀の阿毎・多利思北孤の「俀国（大委国＝倭国）」、そして七世紀後半の白村江で戦った「倭国」として、中国史書に一貫して描かれていたのです。中国や朝鮮半島の国々が「倭国」として交流していたのは、実は北九州に存在したこれらの国々です。決して近畿天皇家ではなかったのです。

このことは必然的に、日本列島の古代の正確な姿を理解するためには、「神代の時代から日本列島は天皇家が唯一の支配者として君臨してきた」という『古事記』『日本書紀』の「一元史観」ではなく、「多元史観」の視点を導入しなければならないということです。近畿以外にも、九州や関東にも近畿天皇家の支配の及ばない王権（国）が存在していたのです。多元史観に立てば、古代史の数々の矛盾や謎、理解不能な事柄が合理的かつ矛盾なく理解できます。しかし、『古事記』『日本書紀』の記述が正しい歴史とする「近畿天皇家一元史観」の大多数の学者はそれを認めていません。そして日本政府もそれを認めてはいないのです。

「一元史観」から「多元史観」への転換は、ちょうどプトレマイオスの「天動説」から、コペルニクスやガリレイの「地動説」への転換と同じような困難を伴うのかも知れません。しかし、やがて科学の力が宗教の力に勝って現在では誰も地動説を疑うものがいないように、「多元史観」が古代史の正統な主流になって行くだろうし、古代史のコペルニクス的転回が進行していくだろうと確信しています。

本書は、平成二十六年八月に出版された『日出ずる処の天子――阿毎・多利思北狐　この本を中学生と高校生の皆様へ』（ドニエプル出版発行、文化創造倶楽部・古代史&歴史塾編、二〇一四年――以下、ドニエプル版とします）を一般向けに書き直したものです。ドニエプル版は、主として結論部分を重視して、詳細な論証は他の文献（古代史学者・古田武彦氏の著書等）を参照してもらうとの観点で書かれました。

一方、本書では古代史研究の最新の知見をも取り入れて、「史料をして客観的に語らしめる」手法を取り入れるとどのような古代史像が描き出されてくるのか、という観点から、ドニエプル版の編集に参加した大下、山浦が共同で執筆にあたり、最終の取りまとめを大下が行ないました。本書は、先行するドニエプル版がなければ、決して刊行できなかったと思っています。ドニエプル版の製作に尽力された木村賢司氏はじめ多くの人々に感謝いたします。

最後に、先生と生徒との間にいつかこんな会話がかわされる日が来ることを楽しみに待ちたいと思います。

生徒「先生、日出処の天子をご存知ですか」
先生「それは聖徳太子のことだよ」
生徒「先生、それは違います。阿毎・多利思北狐という人です」
先生「阿毎・多利思北狐は聖徳太子だよ」
生徒「阿毎・多利思北狐には皇太子がいます。聖徳太子は自身が太子ですから、それは違います」
先生「聖徳太子でなければ誰なんだね」
生徒「北九州に『倭国』という王朝が『日本国』よりも前に存在していました。阿毎・多利思北狐はその『倭国』に実在した天子で、聖徳太子とは別人です」

本書を執筆・編集中の平成二十七年一〇月一四日、古代史学者・古田武彦先生ご逝去の報に接しました。謹んで哀悼の意を表するとともに、本書を先生のご霊前に捧げるものです。合掌。

参考文献

『日本書紀上下』（日本古典文学大系67、68）岩波書店、一九六七、六八年
『古事記　祝詞』（日本古典文学大系1）岩波書店、一九五八年
『風土記』（日本古典文学大系2）岩波書店、一九五八年
『万葉集一』（日本古典文学大系4）岩波書店、一九五七年
『万葉集二』（日本古典文学大系5）岩波書店、一九五七年
『古今和歌集』（日本古典文学大系8）岩波書店、一九五八年
『続日本紀一、二』（新日本古典文学大系12、13）岩波書店、一九八九、九〇年
『新訂魏使倭人伝他三篇』岩波文庫、一九八五年
『新訂旧唐書倭国日本伝・宋史日本伝・元史日本伝』岩波文庫、一九八六年
『三国史記1』東洋文庫、一九八〇年
『三国史記倭人伝他六篇』岩波文庫、一九八八年
『倭国伝』講談社学術文庫、二〇一〇年
『上宮聖徳法王帝説』岩波文庫、一九四一年
『海東諸国紀』岩波文庫、一九九一年
古田武彦『「邪馬台国」はなかった』（古代史コレクション1）ミネルヴァ書房、二〇一〇年

古田武彦『失われた九州王朝』（古代史コレクション2）ミネルヴァ書房、二〇一〇年
古田武彦『盗まれた神話』（古代史コレクション3）ミネルヴァ書房、二〇一〇年
古田武彦『人麿の運命』（古代史コレクション11）ミネルヴァ書房、二〇一二年
古田武彦『古代史の十字路』（古代史コレクション12）ミネルヴァ書房、二〇一二年
古田武彦『壬申大乱』（古代史コレクション13）ミネルヴァ書房、二〇一二年
古田武彦『よみがえる九州王朝』（古代史コレクション18）ミネルヴァ書房、二〇一四年
古田武彦『古代は輝いていたⅠ』（古代史コレクション19）ミネルヴァ書房、二〇一四年
古田武彦『古代は輝いていたⅡ』（古代史コレクション20）ミネルヴァ書房、二〇一四年
古田武彦『古代は輝いていたⅢ』（古代史コレクション21）ミネルヴァ書房、二〇一四年
古田武彦『俾弥呼』（ミネルヴァ日本評伝選）ミネルヴァ書房、二〇一一年
古田武彦『「君が代」は九州王朝の賛歌』新泉社、一九九〇年
古田武彦、谷本茂『古代史の「ゆがみ」を正す』新泉社、一九九四年
古田武彦『海の古代史』原書房、一九九六年
古田史学の会編『盗まれた「聖徳太子」伝承』（古代に真実を求めて第十八集）明石書店、二〇一五年
古田史学の会編『「九州年号」の研究』ミネルヴァ書房、二〇一二年
家永三郎、古田武彦『聖徳太子論争』新泉社、一九八九年
大山誠一『〈聖徳太子〉の誕生』吉川弘文館、一九九九年
家永三郎、古田武彦『法隆寺論争』新泉社、一九九三年
川端俊一郎『法隆寺のものさし』ミネルヴァ書房、二〇〇四年

米田良三『法隆寺は移築された』新泉社、一九九一年
内倉武久『太宰府は日本の首都だった』ミネルヴァ書房、二〇〇〇年
常松幹雄『最古の王墓　吉武高木遺跡』(シリーズ「遺跡を学ぶ」24) 新泉社、二〇〇六年
杉原敏之『遠の朝廷　大宰府』(シリーズ「遺跡を学ぶ」76) 新泉社、二〇一一年
重見　泰『新羅土器からみた日本古代の国家形成』学生社、二〇一二年
柳沢一男『筑紫君磐井と「磐井の乱」岩戸山古墳』(シリーズ「遺跡を学ぶ」94) 新泉社、二〇一四年
大塚初重『装飾古墳の世界を探る』祥伝社、二〇一四年
鈴木　治『白村江』学生社、一九七二年
鈴鹿千代乃『神道民俗芸能の源流』国書刊行会、一九八八年

資料

倭國
倭國在百濟新羅東南水陸三千里於大海之中依山島而
居魏時譯通中國三十餘國皆自稱王夷人不知里數
但計以日其國境東西五月行南北三月行各至於海其
地勢東高西下都於邪靡堆則魏志所謂邪馬臺者也古
云去樂浪郡境及帶方郡並一萬二千里在會稽之東與
儋耳相近漢光武時遣使入朝自稱大夫安帝時又遣使
朝貢謂之倭奴國桓靈之間其國大亂遞相攻伐歷年無
主有女子名卑彌呼能以鬼道惑衆於是國人共立為王
有男弟佐卑彌理國其王有侍婢千人罕有見其面者唯有
列傳第四十六　隋書八十一　十二
男子二人給王飲食通傳言語其王有宮室樓觀城柵皆
持兵守衛為法甚嚴自魏至于齊梁代與中國相通開皇
二十年倭王姓阿每字多利思北孤號阿輩雞彌遣使詣
闕上令所司訪其風俗使者言倭王以天為兄以日為弟
天未明時出聽政跏趺坐日出便停理務云委我弟高祖
曰此太無義理於是訓令改之王妻號雞彌後宮有女六
七百人名太子為利歌彌多弗利無城郭內官有十二等
一曰大德次小德次大仁次小仁次大義次小義次大禮
次小禮次大智次小智次大信次小信員無定數有軍尼
一百二十人猶中國牧宰八十戶置一伊尼翼如今里長

「隋書倭国伝」

資料1 「魏志倭人伝」（紹熙本三国志）古田武彦による読み下し文

倭人《い(ゐ)じん》は帯方の東南大海の中に在り、山島に依りて国邑《こくゆう》を為す。旧《もと》百余国。漢の時朝見する者有り、今、使譯通ずる所、三十国。

郡より倭に至るには、海岸に循《したが》いて水行し、韓国を歴《ふ》るに、乍《たちま》ち南し、乍《たちま》ち東し、其の北岸、狗邪韓国《こやかんこく》に到る、七千余里。始めて一海を度《わた》る、千余里、対海国《たいかいこく》に至る。其の大官を卑狗《ひこ》と曰《い》い、副を卑奴母離《ひぬもり》と曰う。居る所絶島、方四百余里なる可し。土地は山険しく、深林多く、道路は禽鹿《きんろく》の径《けい》の如し。千余戸有り。良田無く、海物を食して自活し、船に乗りて南北に市糴《してき》す。又、南、一海を渡る、千余里、名づけて瀚海《かんかい》と曰う。一大《いちだい》国に至る。官を亦《また》卑狗《ひこ》と曰い、副を卑奴母離《ひぬもり》と曰う。方三百里なる可し。竹木・叢林多く、三千許《ばか》りの家有り。差《やや》田地有り、田を耕せども猶《なお》食するに足らず、亦、南北に市糴す。

又、一海を渡る、千余里、末盧《まつろ》国に至る。四千余戸有り。山海に浜《そ》うて居る。草木茂盛し、行くに前人を見ず。好んで魚鰒《ぎょふく》を捕え、水深浅と無く、皆沈没して之《これ》を取る。東南陸行、五百里、伊都《いと》国に到る。官を爾支《(にし)》と曰い、副を泄謨觚《(せもく)》・柄渠觚《(へこく)》と曰う。千余戸有り。世に王有るも、皆女王国に統属す。郡使の往来、常に駐まる所なり。東南奴《ぬ》国に至ること、百里。官を兕馬觚《(じまく)》と曰い、副を卑奴母離と曰う。二万余戸有り。東行不弥《ふみ》国に至ること、百里。官を多模《(たも)》と曰い、副を卑奴母離と曰う。千余家有り。

南、投馬《つま》国に至ること、水行二十日。官を弥弥《みみ》と曰い、副を弥弥那利《みみなり》と曰う。五万余戸なる可し。南、邪馬壹国《やまいちこく》に至る、女王の都する所、水行十日・陸行一月。官に伊支馬《（いきま）》有り、次を弥馬升《（みまし）》と曰い、次を弥馬獲支《（みまかき）》と曰い、次を奴佳鞮《（ぬかて）》と曰う。七万余戸なる可し。女王国自《よ》り以北、其の戸数・道里、得《え》て略載す可《べ》し。其の余の旁国《こく》は遠絶にして、得て詳《つまびら》かにす可からず。

次に斯馬《（しま）》国有り、次に已百支《（いはき）》国有り、次に伊邪《（いや）》国有り、次に郡支《（ぐんき）》国有り、次に弥奴《（みぬ）》国有り、次に好古都《（こうこと）》国有り、次に不呼《（ふか）》国有り、次に姐奴《（せぬ）》国有り、次に対蘇《（たいそ）》国有り、次に蘇奴《（そぬ）》国有り、次に呼邑《（かいふ）》国有り、次に華奴蘇奴《（かぬそぬ）》国有り、次に鬼《（き）》国有り、次に為吾《（ゐご）》国有り、次に鬼奴《（きぬ）》国有り、次に邪馬《（やま）》国有り、次に躬臣《（くし）》国有り、次に巴利《（はり）》国有り、次に支惟《（きゐ）》国有り、次に烏奴《（うぬ）》国有り、次に奴《（ぬ）》国有り、此れ女王の境界の尽くる所なり。

其の南、狗奴《（こぬ）》国有り、男子王為《た》り。其の官に狗古智卑狗《（ここちひこ）》有り。女王に属せず。郡より女王国に至る、万二千余里。

男子は大小と無く、皆黥面《げいめん》・文身す。古《いにしえ》自《よ》り以来、其の使中国に詣《いた》るや、皆自《みずか》ら大夫《たいふ》と称す。夏后少康《かこうしょうこう》の子、会稽《かいけい》に封《ほう》ぜられ、断髪・文身、以て蛟龍《こうりゅう》の害を避けしむ。今倭の水人、好んで沈没して魚蛤《ぎょこう》を捕え、文身し亦以て大魚・水禽《すいきん》を厭《はら》う。後稍《やや》以て飾りと為《な》す。諸国の文身各《おのおの》異なり、或は左にし或は右にし、或は大に或は小に、尊卑差《さ》有り。其の道里を計るに、当《まさ》に会稽東治《とうち》の東に在るべし。

其の風俗淫《いん》ならず。男子は皆露紒《ろかい》し、木緜《もめん》を以て頭に招《か》け、其の衣は横幅、但《ただ》結束して相連《あいつら》ね、略《ほぼ》縫うこと無し。婦人は被髪屈紒《ひはつくつかい》し、衣を作ること単被《たんぴ》の如く、其の中央を穿《うが》ち、頭を貫きて之を衣《き》る。禾稲《かとう》・紵麻《ちょま》を種《う》え、蚕桑《さんそう》・緝績《しゅうせき》し、細紵《さいちょ》、縑緜《けんめん》を出だす。其の地には牛・馬・虎・豹《ひょう》・羊・鵲《じゃく》無し。兵に矛・楯《たて》・木弓を用う。木弓は下を短く上を長くし、竹箭《ちくせん》は或は鉄鏃《てつぞく》、或は骨鏃なり。有無《ゆうむ》する所、儋耳《たんじ》・朱崖《しゅがい》と同じ。

倭地は温暖、冬夏生菜を食す。皆徒跣《とせん》。屋室有り、父母兄弟、臥息《がそく》処を異にす。朱丹を以て其の身体に塗る、中国の粉を用うるが如きなり。食飲には籩豆《へんとう》を用い手食す。其の死には棺有るも槨《かく》無く、土を封《ほう》じて冢《ちょう》を作る。始め死するや停喪《ていそう》十余日、時に当りて肉を食わず、喪主《そうしゅ》哭泣し、他人就いて歌舞飲酒す。已《すで》に葬れば、挙家水中に詣《いた》りて澡浴《そうよく》し、以て練沐《れんもく》の如くす。其の行来・渡海、中国に詣《いた》るには、恒《つね》に一人をして頭を梳《くしけず》らず、蟣蝨《きしつ》を去らず、衣服垢汚《こうお》、肉を食わず、婦人を近づけず、喪《そう》人《じん》の如くせしむ。之を名づけて持衰《じさい》と為す。若《も》し行く者吉善《きつぜん》なれば、共に其の生口《せいこう》・財物を顧《こ》し、若し疾病有り、暴害に遭《あ》えば、便《すなわ》ち之を殺さんと欲す。其の持衰謹《つつし》まず、と謂《い》えばなり。

真珠・青玉を出す。其の山に丹有り。其の木には柟《だん》・杼《ちょ》・予樟・楺《ぼう》・櫪《れき》・投・橿《きょう》・烏号《うごう》・楓香有り。其の竹には篠・簳《かん》・桃支。薑《きょう》・橘・椒《しょう》・蘘荷《じょうか》有るも、以て滋味となすを知らず。獮猴《びこう》・黒雉《こくち》有り。

其の俗挙事行来に、云為《うんい》する所有れば、輒《すなわ》ち骨を灼《や》きて卜し、以て吉凶を占い、先ず卜する所を告ぐ。其の辞は令亀《れいき》の法の如く、火坼《かたく》を視て兆を占う。

其の会同・坐起には、父子・男女別無し。人性酒を嗜《たしな》む。（魏略に曰《い》う。「其の俗、正歳、四節を知らず。但春耕・秋収を計りて年紀と為す。」）大人の敬する所を見れば、但《ただ》手を搏《う》ち以て跪拝《きはい》に当つ。其の人の寿考、或《あるい》は百年、或は八・九十年。其の俗、国の大人《たいじん》は皆四・五婦、下戸《げこ》も或は二・三婦。婦人淫せず、妬忌《とき》せず、盗窃《とうせつ》せず、諍訟《そうしょう》少なし。其の法を犯すに、軽き者は其の妻子を没し、重き者は其の門戸及び宗族を没す。尊卑各《おのおの》差序有り、相臣服するに足る。租賦《そふ》を収む。邸閣有り。国国市有り。有無を交易す。使大《したい》倭《い(ゐ)》之を監す。

女王国自《よ》り以北には、特に一大率《いちだいそつ》を置き、検察せしむ。諸国之を畏憚《いたん》す。常に伊都《いと》国に治《ち》す。国中に於て刺史《しし》の如き有り。王の使を遣わして京都・帯方郡・諸韓国に詣《いた》らしめ、郡の倭国に使するに及ぶや、皆津に臨みて捜露す。伝送の文書・賜遣《しけん》の物、女王に詣るに、差錯《ささく》するを得ざらしむ。

下戸、大人と道路に相逢えば、逡巡《しゅんじゅん》して草に入り、辞を伝え事を説くには、或は蹲《うずくま》り或は跪《ひざまず》き、両手は地に拠り、之が恭敬を為す。対応の声を噫《あい》と曰う。比するに然諾《ぜんだく》の如し。

其の国、本亦男子を以て王と為し、住《とど》まること七・八十年。倭国乱れ、相攻伐すること歴年、及《すなわ》ち一女子を共立して王と為す。名づけて卑弥呼《ひみか》と曰う。鬼道に事《つか》え、能《よ》く衆を惑《まど》わす。年已《すで》に長大なるも、夫壻《ふせい》無く、男弟《だんてい》有り、佐《たす》けて国を治む。王と為りしより以来、見る有る者少なく、婢《ひ》千人を以て自ら侍せしむ。唯《ただ》男子一人有り、飲食を給し、辞を伝え居処に出入す。宮室・楼観・城柵、厳《おごそ》かに設け、常に人有り、兵を持して守衛す。

女王国の東、海を渡る、千余里。復《ま》た国有り、皆倭種。又侏儒《しゅじゅ》国有り。其の南に在り。人長三・四尺。女王を去る、四千余里。又裸《ら》国・黒歯《こくし》国有り。復《ま》た其の東南に在り。船行一年にして至る可《べ》し。

倭地を参問するに、海中洲島の上に絶在し、或は絶え或は連なること、周旋《しゅうせん》五千余里なる可し。

景初二年六月、倭の女王、大夫難升米《なんしめ》等を遣わし、郡に詣《いた》り、天子に詣りて朝献せんことを求む。太守劉夏《りゅうか》、吏を遣わし、将《ひき》いて送りて京都に詣らしむ。

其の年十二月、詔書して倭の女王に報じて曰く、「親魏倭王卑弥呼に制詔す。帯方の太守劉夏、使を遣わし、汝の大夫難升米・次使都市牛利《といちごり（ぎゅうり）》を送り、汝献ずる所の男生口《せいこう》四人、女生口六人、班布《はんぷ》二匹二丈を奉じ、以て到る。汝の在る所遠きを踰《こ》え、乃《すなわ》ち使を遣わして貢献せしむ。是《こ》れ汝の忠孝、我甚《はなは》だ汝を哀れむ。今、汝を以て親魏倭王と為す。金印紫綬《きんいんしじゅ》を仮し、装封《そうふう》して帯方太守に付して仮授す。汝、其《そ》れ種人を綏撫《すいぶ》し、勉《つと》めて孝順を為せ。汝が来使難升米・牛利、遠きを渉《わた》り、道路勤労す。今、難升米を以て率善《そつぜん》中郎将と為し、牛利を率善校尉と為し、銀印青綬を仮し、引見労賜《ろうし》して遣わし還す。今、絳地《こうち》交龍錦五匹（臣松之、以為《おもえ》らく、地は応《まさ》に綈《てい》と為すべし。漢の文帝、皁衣《そうい》を著す。之を弋綈《よくてい》と謂うは是《ぜ》なり。此の字、体ならず。魏朝の失に非んば、則ち伝写者の誤なり。）・絳地縐粟罽《しゅうぞくけい》十張・蒨絳《せんこう》五十匹・紺青《こんじょう》五十匹を以て、汝が献ずる所の貢直に答う。又特に汝に紺地句文錦《こんじこうもんきん》三匹・細班華罽《さいはんかけい》五張・白絹五十匹・金八両・五尺刀二口・銅鏡百枚・真珠・鉛丹各《おのおの》五十斤を賜い、皆装封して難升米・牛利に付す。還り到らば録受し、悉《ことごと》く以て汝が国中の人に示し、国家汝を哀れむを知らしむ可し。故に鄭重に汝に好物を賜うなり」と。

正始元年、太守弓遵《きゅうじゅん》、建中校尉梯儁《ていしゅん》等を遣わし、詔書・印綬を奉じて、倭国に詣り、倭王に拝仮し、幷《なら》びに詔を齎《もたら》し、金帛・錦罽《きんけい》・刀・鏡・采物《さいぶつ》を賜う。倭王、使に因《よ》って上表し、詔恩を答謝す。

其の四年、倭王、復《ま》た使大夫伊声者《（いせいき）》・掖邪狗《（えきやこ）》等八人を遣わし、生口・倭錦《い（ゐ）きん》・絳青縑《こうせいけん》・緜衣《めんい》・帛《はく》布《ふ》・丹《たん》・木《もく》𤝔・短弓《たんきゅう》矢《し》を上献せしむ。掖邪狗等、率善中郎将の印綬を壹拝《いちはい》す。

其の六年、詔して倭の難升米に黄幢《こうどう》を賜い、郡に付して仮授せしむ。

其の八年、太守王頎《おうき》官に到る。倭の女王卑弥呼、狗奴国の男王卑弥弓呼と素《もと》より和せず。倭載《（ゐさい）》、斯烏越《（しおえつ）》等を遣わして郡に詣り、相攻撃することを説かしむ。塞曹掾史《さいそうえんし》張政等を遣わし、因りて詔書・黄幢を齎《もたら》し、難升米に拝仮し、檄を為して之を告喩《こくゆ》せしむ。

卑弥呼、死するを以て、大いに冢《ちょう》を作る、径《けい》百余歩。徇葬《じゅんそう》する者、奴婢百余人。更に男王を立てしも、国中服せず。更《こもごも》相誅殺し、当時千余人を殺す。復《ま》た卑弥呼の宗女、壹与《いちよ》年十三なるを立てて王と為し、国中遂に定まる。政等、檄を以て壹与を告喩す。壹与、倭の大夫率善中郎将掖邪狗等二十人を遣わし、政等を送りて還らしむ。因りて臺に詣り、男女生口三十人を献上し、白珠五千孔、青大句珠《こうしゅ》二枚、異文《いもん》雑錦二十匹を貢す。

資料2　「隋書俀国伝」原文

（付古田武彦による読み下し）

原文と古田武彦による読み下しを掲載します。

一、原文は倭国でなく、俀国とあります。従来、これを「倭」と「改変」してきたのは、不用意です。

なお、『隋書』の帝紀「煬帝、上」の「大業四年」（六〇八）に、

「壬戌、百済・倭・赤土・加羅舎国、並びに使いを遣わし、方物を貢す」

の記事があります。ここでは「俀」ではなく、「倭」です。『隋書』自体、「俀と倭」の二文字を使い分けていています。

二、俀王の姓名は「阿毎多利思北孤」です。俀王には妻がいて、後宮に六、七百人の女がいます。

推古天皇でも聖徳太子でもありません。「阿蘇山有リ」とあります。俀王は九州にいたのです。

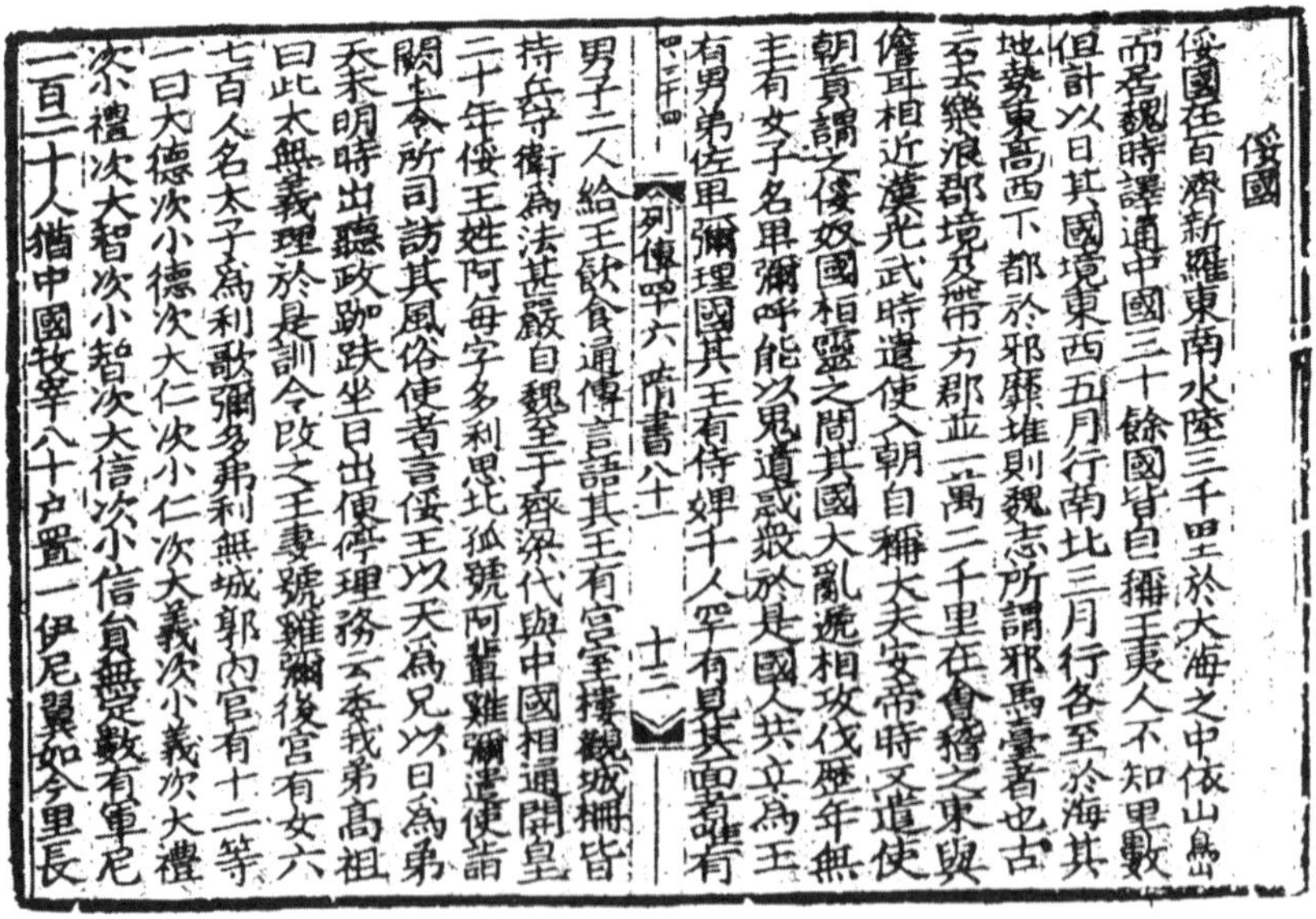

俀國

俀國在百濟新羅東南水陸三千里於大海之中依山島
而居魏時譯通中國三十餘國皆自稱王夷人不知里數
但計以日其國境東西五月行南北三月行各至於海其
地勢東高西下都於邪靡堆則魏志所謂邪馬臺者也古
云去樂浪郡境及帶方郡並一萬二千里在會稽之東與
儋耳相近漢光武時遣使入朝自稱大夫安帝時又遣使
朝貢謂之俀奴國桓靈之間其國大亂遞相攻伐歷年無
主有女子名卑彌呼能以鬼道惑衆於是國人共立為王
有男弟佐卑彌理國其王有侍婢千人罕有見其面者唯有

列傳四十六　隋書八十一　十三

男子二人給王飲食通傳言語其王有宮室樓觀城柵皆
持兵守衛為法甚嚴自魏至于齊梁代與中國相通開皇
二十年俀王姓阿每字多利思北孤號阿輩雞彌遣使詣
闕上令所司訪其風俗使者言俀王以天為兄以日為弟
天未明時出聽政跏趺坐日出便停理務云委我弟高祖
曰此太無義理於是訓令改之王妻號雞彌後宮有女六
七百人名太子為利歌彌多弗利無城郭內官有十二等
一曰大德次小德次大仁次小仁次大義次小義次大禮
次小禮次大智次小智次大信次小信員無定數有軍尼
一百二十人猶中國牧宰八十戶置一伊尼翼如今里長

也十伊尼翼屬一軍尼其服飾男子衣裙襦其袖微小履
如屨形漆其上繫之於脚人庶多跣足不得用金銀爲
飾故時衣橫幅結束相連而無縫頭亦無冠但垂髮於兩
耳上至隋其王始制冠以錦綵爲之以金銀鏤花爲飾婦
人束髮於後亦衣裙襦裳皆有襈攕竹爲梳編草爲薦雜
皮爲表緣以文皮有弓矢刀矟弩䂎斧漆皮爲甲骨爲矢
鏑雖有兵無征戰其王朝會必陳設儀仗奏其國樂戶可
十萬其俗殺人強盜及姦皆死盜者計贓酬物無財者沒
身爲奴自餘輕重或流或杖每訊究獄訟不承引者以木
壓膝或張強弓以弦鋸其項或置小石於沸湯中令所競

者探之云理曲者即手爛或置蛇瓮中令取之云曲者即
螫手矣人頗恬靜罕爭訟少盜賊樂有五弦琴笛男女多
黥臂點面文身沒水捕魚無文字唯刻木結繩敬佛法於
百濟求得佛經始有文字知卜筮尤信巫覡每至正月一
日必射戲飲酒其餘節略與華同好棊博握槊樗蒲之戲
氣候溫暖草木冬青土地膏腴水多陸少以小環挂鸕鷀
項令入水捕魚日得百餘頭俗無盤俎藉以槲葉食用手
餔之性質直有雅風女多男少婚嫁不取同姓男女相悅
者即爲婚婦入夫家必先跨犬乃與夫相見婦人不淫妒
死者斂以棺槨親賓就屍歌舞妻子兄弟以白布製服貴

人三年殯於外庶人卜日而瘞及葬置屍船上陸地牽之
或以小轝有阿蘇山其石無故火起接天者俗以爲異因
行禱祭有如意寶珠其色青大如雞卵夜則有光云魚眼
精也新羅百濟皆以倭爲大國多珍物並敬仰之恒通使
往來大業三年其王多利思比孤遣使朝貢使者曰聞海
西菩薩天子重興佛法故遣朝拜兼沙門數十人來學佛
法其國書曰日出處天子致書日沒處天子無恙云云帝
覽之不悅謂鴻臚卿曰蠻夷書有無禮者勿復以聞明年
上遣文林郎裴清使於倭國度百濟行至竹島南望䱱羅
國經都斯麻國迥在大海中又東至一支國又至竹斯國

又東至秦王國其人同於華夏以爲夷洲疑不能明也又
經十餘國達於海岸自竹斯國以東皆附庸於倭倭王遣
小德阿輩臺從數百人設儀仗鳴鼓角來迎後十日又遣
大禮哥多毗從二百餘騎郊勞既至彼都其王與清相見
大悅曰我聞海西有大隋禮義之國故遣朝貢我夷人僻
在海隅不聞禮義是以稽留境內不即相見今故清道飾
館以待大使冀聞大國惟新之化清答曰皇帝德並二儀
澤流四海以王慕化故遣行人來此宣諭既而引清就館
其後清遣人謂其王曰朝命既達請即戒塗於是設宴享
以遣清復令使者隨清來貢方物此後遂絕

【「隋書俀国伝」――古田武彦による読み下し】

俀　国(1)

俀国は百済・新羅の東南に在り。水陸三千里。大海に於て山島（「島」）に依りて居す。

魏の時、訳、中国に通ずること、三十余国。皆自《みずか》ら王を称す。夷人、里数を知らず、但計るに、日を以《もっ》てす。

其の国境、東西五月行、南北三月行、各《おのおの》海に至る。其の地勢、東高く、西下り、邪靡堆《やびたい》(2)に都す。則ち、魏志に謂わゆる邪馬臺なる者なり。

古《いにしえ》に云う。楽浪郡境及び帯方郡を去ること、並びに一万二千里。会稽の東に在り、儋耳《たんじ》と相近し、と。

漢の光武の時、使を遣わして入朝し、自ら大夫と称す。安帝の時、又使を遣わして朝貢す。之を俀奴国と謂う。桓霊の問、其の国大乱し、遞《たが》いに相攻伐して歴年主無し。

女子有り、卑弥呼と名づく。鬼道を以て能く衆を惑わす。是《ここ》に於て、国人共立して王と為す。男弟有りて卑弥を佐《たす》け、国を理《おさ》む。

其の王、侍婢千人有り、罕《まれ》に其の面を見る有る者、唯《た》だ男子二人有り、王に飲食を給《きゅう》し、通じて言語を其の王に伝う。宮室・楼観・城柵有り、皆兵を持して守衛し、法を為すこと、甚だ厳なり。

魏より斉・梁代に至り、中国と相通ず。

開皇二十年（六〇〇）、俀王、姓は阿毎《あま》、字は多利思北孤《たりしほこ》(3)、阿輩《あはい》の雞彌《きみ》(4)と号す。使を遣わして闕《けつ》に詣《いた》る。上、所司をして其の風俗を訪《と》わしむ。使者言う。俀王天を以て兄と為し、日を以て弟と為す。天未だ明けざる時、出でて政を聴くに跏趺して坐す。日出ずれば便《すなわ》ち理務を停め、云う「我が弟に委ねん」と。

高祖曰く「此れ、太《はなは》だ義理無し」と。是に於て訓令して之を改めしむ。

王の妻、雞彌《きみ》と号す。後宮に女六・七百人有り。太子を名づけて利と為す。歌彌《かみ》多弗の利(5)なり。城郭無し。内官に十二等有り。一に大徳と曰《い》い、次に小徳、次に大仁、次に小仁、次に大義、次に小義、次に大礼、次に小礼、次に大智、次に小智、次に大信、次に小信、員に定数無し。軍尼、一百二十人有り。猶《なお》中国の牧宰のごとし。八十戸に、一伊尼翼を置く。今の里長の如きなり。十伊尼翼、一軍尼に属す。

其の服飾、男子裠襦を衣る。其の袖は微少なり。履は屨形の如く、其の上に漆《しっ》し、之を脚に繋《か》く。人庶多くは跣足、金銀を用いて飾りと為すことを得ず。故時、衣は横幅、結束して相連ねて縫うこと無し。頭にも亦冠無し。但《ただ》髪を両耳の上に垂る。隋に至り、其の王始めて冠を制す。錦綵を以て之を為し、金銀を以て花を鏤《ちり》ばめ、飾りと為す。

婦人は髪を後に束ね、亦裠襦・裳《しょう》を衣、皆襈襹《せんせん》有り。竹にて梳を為し、草を編みて薦《しとね》と為す。雑皮にて表を為し、縁《ふちと》るに文皮を以てす。

弓・矢・刀・矟《さく》・弩《ど》・穳《さん》・斧《ふ》有り。皮に漆して甲と為し、骨を矢鏑と為す。兵有りと雖も、征戦無し。其の王、朝会には必ず儀仗を陳設し、其の国の楽を奏す。戸、十万なるべし。

其の俗、人を殺し、強盗及び姦するは、皆死。盗む者は、贓を計りて物を酬い、財無き者は、身を没して奴と為す。自余は、軽重或は流し或は杖す。獄訟を訊究《じんきゅう》する毎《ごと》に、承引せざる者は、木を以て膝を圧し、或は強弓を張り、弦を以て其の頂を鋸《きょ》す。或は小石を沸湯《ふっとう》の中に置き、競う所の者をして之を探らしめ、云う、理曲なる者は即ち手爛《ただ》る、と。或は蛇を瓮《おう》中に置きて之を取らしめ、云う、曲なる者は即ち手を螫《さ》さる、と。人、頗《すこぶ》る恬静《てんせい》にして、争訟罕《まれ》に、盗賊少なし。

楽《がく》に五弦の琴・笛有り。男女多く臂に黥《げい》し、面に点し、身に文し、水に没して魚を捕らう。

文字無し。唯だ木を刻み、縄を結ぶのみ。仏法を敬す。百済に於て仏経を求め得て始めて文字有り。卜筮を知り、尤も巫覡《ふげき》を信ず。正月一日に至る毎《ごと》に、必ず射戯・飲酒す。其の余の節は略《ほぼ》華と同じ。棊博《きはく》・握槊《あくさく》・樗蒲《ちょぼ》の戯を好む。

気候温暖にして、草木は冬も青く、土地は膏腴《こうゆ》にして、水多く陸少なし。小環を以て鸕鷀《ろし》の項に挂《か》け、水に入りて魚を捕らえしめ、日に百余頭を得。俗、盤俎《ばんそ》無く、藉《し》くに槲《かし》の葉を以てし、食するに手を用いて之を餔《くら》う。性質直にして雅風有り。女多く男少なし。婚家には同性を取らず。男女相悦ぶ者は即ち婚を為す。婦、夫の家に入るや、必ず先ず犬(6)を跨《また》ぎ、乃ち夫と相見《まみ》ゆ。婦人婬妬せず。

死者は斂《おさ》むるに棺槨《かんかく》を以てし、親賓、屍に就《つ》いて歌舞し、妻子兄弟は白布を以て服を製す。貴人は三年外に殯《もがり》し、庶人は日を卜して瘞《うず》む。葬に及んで屍を船上に置き、陸地之を牽《ひ》くに、或は小轝《よ》を以てす。

阿蘇山有り。其の石、故[7]無くして火起り天に接する者、俗以て異と為し、因って禱祭を行う。如意宝珠有り。其の色青く、大いさ雞卵の如く、夜は則ち光有り、と云う。魚の眼精なり。

新羅・百済、皆俀を以て大国にして珎《ちん》物多しと為し、並びに之を敬仰す。恒《つね》（「恒」）に通使・往来す。

大業三年（六〇七）、其の王多利思北孤、使を遣わして朝貢す。使者曰《いわ》く「聞く、海西の菩薩天子、重ねて仏法を興す、と。故に遣わして朝拝し、兼ねて沙門数十人、来りて仏法を学ばしむ」と。

其の国書に曰く「日出ずる処の天子、書を日没する処の天子に致す。恙《つつが》無しや云云」と。

帝、之を覧て悦ばず、鴻臚卿に謂いて曰く「蛮夷の書、無礼なる者有り、復《また》以て聞《ぶん》する勿れ」と。

明年、上、文林郎裴清を遣わして俀国に使せしむ。百済を度《わた》り、行きて竹島に至り、南に躭羅《たんら》国を望み、都斯麻国を経、迥《はる》かに大海の中に在り。又東して一支国に至る。又竹斯国に至る。又東して秦王国に至る。

其の人、華夏に同じ。以て夷洲と為すも、疑いて明らかにする能わざるなり。

又十余国を経て海岸に達す。竹斯国より以東、皆俀に附庸す。

俀王、小徳の阿輩臺を遣わし、数百人を従え、儀仗を設け、鼓角を鳴らして来り迎えしむ。後、十日、又大礼の哥多毗を遣わし、二百余騎を従えて郊労せしむ。

既に彼の都に至る。其の王、清と相見え、大いに悦んで曰く「我聞く、海西に大隋・礼儀の国有り。

故に遣わして朝貢せしむ。我は夷人、海隅に僻在して礼儀を聞かず。是を以て境内に稽留して、即ち相見えず。今、故に道を清め館を飾り、以て大使を待つ。巽《こいねが》（「冀」）わくは、大国惟新の化を聞かんことを」と。清、荅（「答」）えて曰く「皇帝、徳は二儀に並び、沢は四海に流る。王、化を慕うの故を以て、行人を遣わして此れに来らしめ、宣諭せしむ」と。

既にして清を引いて館に就《つ》かしむ。其の後、清、人を遣わして其の王に謂わしめて曰く「朝命、既に達せり。請う、即ち塗《みち》を戒めよ」と。是に於て宴享《えんきょう》を設け、以て清を遣わし、復《また》使者をして清に随い来りて方物を貢せしむ。

此の後、遂に絶つ。

〈注〉

(1)「俀」は「タイ」。多利思北孤の「自称国号」であろう。或は「大倭（タイヰこの縮約としての「自称国号」か。この文字は「よわい」と訓み、「弱」の意であるが、仏教思想上は「柔弱」の意の徳目であるかもしれぬ。

(2)従来は、これを「邪摩堆」の誤りと見なし、「ヤマタイ」と訓んできた。「原文改定の手法」だ。しかし、本書の当伝は「都斯麻」（対馬）「竹斯」（筑紫。現地音は「ツクシ」ではなく、「チクシ」である）のように、「現地音」を厳密かつ正確に反映する「表音表記」を行っている。

このような史料状況から見ると、「靡」という文字は「非」という字を付し、「ピ（あるいは〃ヒ〃」

という音をしめている。「音標文字」として、「ビ（あるいは〝ピ〟）」という音に当たるべき「靡」を、特に用いている。従ってこれを「摩（マ）のあやまり」として「原文改定」するのは、史料処理のルールとして、不当である（後補参照）。

「邪靡堆」は「ヤビタイ（あるいはヤヒタイ）」である。「ヤビ」は「八日」か。「タイ」は日本語では「高台」の意ではなく、「低湿地を平らにしたところ」を意味する（古田『失われた日本』原書房刊、参照）。

「八日」は〝八方へと太陽の輝くところ〟の意の「自称」かと思われる。「日出ずる処の天子」を称した多利思北孤、その「俀国」の都城の地にふさわしい「自称」ではあるまいか（博多湾岸には「ヒノモト〈日ノ本〉」「ヒナタ〈日向〉」「ヒイ〈樋井〉川〈「日井」か〉」の類の地名が多い。また兄を「天」に弟〈たち〉を「日」に比している）。

(3)「多利思北孤（タリシホコ）」。『南史』では「多利思比弧（タリシヒコ）」とする。「北」は〝天子の座するところ〟であるから、「多利思比孤」という当人が、敢えてした「誇称」がこの「多利思北孤」であったのかもしれぬ。

ともあれ、『隋書』では「多利思北孤」であること、動かしがたい。

(4)「阿」は〝親しみ呼ぶ〟ときの接頭辞。「阿蒙・阿兄」等。「阿輩」は〝われわれ〟。「阿輩雞彌」は「吾が君」の意。

(5)「利」は中国風二字名称か。「歌彌多弗」は「上塔（カミタフ）」か。博多の「字、地名」に「上塔」「下塔」がある（現在、九州大学本部の敷地近辺）。在地名か。

従来の「リカミタフリ」の訓みでは、日本語として成立しがたいのではあるまいか。
(6)従来は（たとえば、岩波文庫）、この「犬」を「火」の誤字と見なし、「火を跨ぎ」と〝訓み変え〟た。いわゆる「原文改定」である。
①直後に、有名な「阿蘇山有り。其の石、故無くして火起り……」の一節がある。ここでは「火」が〝誤られて〟はいない。
②もしかりに「原本」に「火を跨ぎ」とあったとした場合、これを「犬を跨ぎ」といった、一見意味不明の文のように〝まちがえる〟こと、（当人が文字を解する限り）かえってありにくいことではあるまいか。
(7)「無故火起」の「火」は、人間が起こす火（自然に起こる火は災の字を用いる）で、また「無故」は「許可無く～してはならない」という禁制の一語を示す慣用句である。すなわちこの一節は「阿蘇溶岩で構築された神籠石（山城）で許可無く火を焚いてはならない」となる。（二〇一一年以降この解釈に至る。）

〈後補〉

「靡」の詳細な音は、次のようだ。

〈一〉ビ・ミ〔集韻〕母被切　〈二〉ビ・ミ〔集韻〕忙皮切　〈三〉バ・マ〔集韻〕眉波切　〈四〉

バ・メ〔集韻〕謨加切〈五〉ビ・ミ〔集韻〕縻詖切《慣》ヒ〈諸橋『大漢和辞典』〉

右を一見すれば、この字は「ビ・ミ・バ・マ・メ・ヒ」の六音の中で、(この「邪靡堆」を)〝訓む〟も可。そう思えるかもしれぬ。しかし、それは「否」だ。

なぜなら「靡」中の「非」の字は「ビ」もしくは「ヒ」という「標音」をしめすために〝付加〟された字だ。だから、これを外国(俀国)の現地音を表記するために使用するさい、それは本来の「音」である「ビ」ないし「ヒ」として用いられている。そのように見なすのが自然なのである。「靡草(ビサウ)」「靡然(ビゼン)」など、各熟語とも「ビ」の音が当てられている(諸橋)。

ことに、この俀国伝では「都斯麻(ツシマ)国」という、現地音の正確な表記が用いられている、という可能性はない。他の音の場合も、それぞれその固有の「論証」が必要であろう(岩波文庫等、参照)。

と近畿天皇家）の歴史年表

（1万6千年前から3千年前まで）

1万年前	6千年前	5千年前	3千年前
	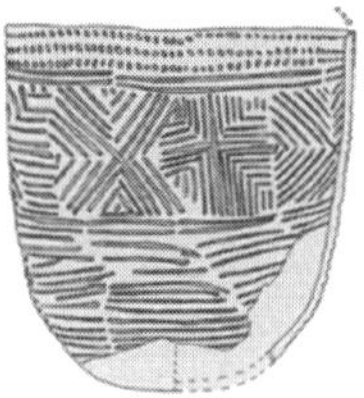		
上野原縄文土器 出典：上野原縄文の森博物館図録	**熊本・曽畑土器** 『曽畑貝塚』新泉社	**新潟・火炎土器**	**青森・亀ヶ岡土器**

『原始美術』小学館

（紀元前10世紀～3世紀まで）

近畿地方の弥生文化

〈稲作の日本列島への伝播〉

・北九州に始まった稲作はその後日本列島各地に広がり近畿地方は紀元前7世紀頃に伝わった。

〈近畿を中心とする銅鐸文化圏の成立〉

・北部九州の祀りに大型の「銅矛」が使われていたが，出雲から近畿を中心に東海までは「銅鐸」が祭祀に用いられた。

・畿内での銅鐸の生産の中心は大阪府の茨木市，東大阪市などにあり，ここで作られた銅鐸が各地に運ばれた。

（銅鐸の消滅）

・最初，奈良盆地南部から銅鐸は消え，銅鐸圏は東に移り，使われていた銅鐸は人里離れた場所の地中に埋められた。

・そして銅鐸は人々の記憶から消えていった。

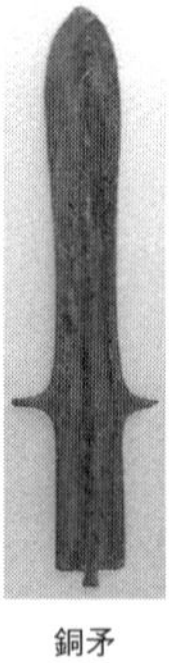

銅矛
出典：『倭国』京都国博図録

銅鐸
『銅鐸』弥生文化博

〈神武東征説話（『記紀』)〉

・記紀によると，北九州にいた神武天皇たち兄弟が，“東に好い土地がある”との情報を得て，瀬戸内海を東に進み，畿内に突入する。

・最初，近畿銅鐸圏の中枢部である生駒山の麓の河内に攻めこんだが，戦いに敗れ紀伊半島を迂回，熊野から吉野を通り，ようやく奈良盆地南部に拠点を確保する。

・その後奈良盆地から畿内に勢力を拡大，それに伴い畿内の銅鐸が消えてゆく。

資料3　日本列島（倭国・九州王朝

時代区分	縄　文　時　代
草創期 1万6千年前〜 早期	〈縄文時代のあけぼの〉 ・世界最古（1万6千年前）の土器が青森県「大平山元遺跡」から出土。 ・11千年前から7千3百年前まで鹿児島県の上野原に高度な土器文明が栄える。
1万1千年前〜 前期 7千年前〜 中期	〈太平洋を渡った縄文人〉 ・7千3百年前の鬼界カルデラの爆発で南九州一円が全滅，遺跡は灰に埋もれた。 ・火山の爆発に生き残った熊本の縄文人が復活，彼らの曽畑土器が日本海・太平洋沿岸，朝鮮南部から沖縄にまで拡がり，遠く南米エクアドルにまで伝えられた。
5千年前〜 後期 4千年前〜 晩期（東日本） 3千年前〜	〈日本列島の縄文土器文明〉 ・5千年前に始まる中期縄文時代に新潟の火炎土器をはじめ全国的に装飾文様のある多彩な土器が作られるようになった。青森の三内丸山はこの時代のものである。 ・晩期には西日本の縄文文化は衰退し，青森の亀ヶ岡土器など東北地方が中心になった。そして約3千年前に北部九州で弥生文化が始まった。

紀元	中国	日本	弥　生　時　代 九州の倭人たち
前十〜五世紀	BC1050頃 周 770 春秋	弥生時代前期	〈弥生時代のはじまり〉 ・紀元前5千年ごろから中国の江南地方で稲を作っていた人たちが，紀元前10世紀頃に海外への進出を始め，日本列島にもたくさんの人がやってきた。 ・日本の最初の稲作は北九州唐津湾の菜畑遺跡，博多湾の板付遺跡から始まっている。 〈周〜戦国時代の倭人（中国史書）〉 ・『論衡』に「周の時，天下太平，越裳白雉を献じ，倭人鬯草（ちょうそう）を貢す」の記事があり，倭人と周王朝の関係が記されている。
前四〜三世紀	403 戦国時代 221 秦	弥生時代中期	・戦国時代の『山海経』にある倭の記述など，中国史書に描かれている倭人は北部九州の弥生人である。 〈天孫降臨説話（『記紀』）〉 ・東シナ海を中心に活動していた倭人の中で，壱岐・対馬にいた天孫族が鉄製武器を入手し，圧倒的武力を背景に日本列島全土への進出を始める。 ・高天原（壱岐の天ケ原海水浴場周辺）にいた天照大御神が孫の邇邇芸命を首長とし北部九州遠征軍を派遣。
前二〜一世紀	206 前漢		・邇邇芸命の軍団は博多湾に上陸，筑紫平野を見渡せる“日向峠”を攻略し，板付遺跡などに代表される豊かな弥生文化圏を支配下に収める。 ・出雲地方も傘下におさめ，その後北部九州を中心とした「倭国」を形成していく。 倭人は黒潮・対馬海流に乗り活躍した海の民で，その墓制「甕棺」は遠くインド，南米にまで広がり，広大な範囲に活動していた。

<table>
<tr><th>近畿の出来事
（『古事記』『日本書紀』による）</th><th>天皇</th></tr>
<tr><td>〈神武天皇の即位〉
・神武東征軍が奈良盆地南部を攻略。橿原周辺に拠点を築く。
・『日本書紀』では紀元前660年２月11日に神武天皇が橿原神宮で即位したとされているが，実際の即位年は，畿内の遺跡の状況（銅鐸の消滅の状況）から見て紀元前後と考えられる。</td><td>神武
｜
八代
｜</td></tr>
<tr><td>〈三輪山麓の王朝〉
・10代崇神天皇の時代になると三輪山麓に拠点を移し，北陸・東国・丹波へ遠征軍を派遣，また巨大古墳の建設を始める。
・垂仁・景行天皇も勢力を拡げ，奈良桜井市纒向周辺に宮と陵墓を作った。
（箸墓古墳，纒向遺跡）
・「卑弥呼の墓」として脚光を浴びている箸墓古墳は『日本書紀』では崇神天皇の大叔母，倭迹迹日百襲姫命墓と書かれている。
・「卑弥呼の宮殿」跡として現在発掘が進んでいる纒向遺跡は「記紀」に書かれている垂仁天皇の纒向珠城宮，景行天皇の纒向日代宮と考えられる。
・垂仁天皇の時，茨木市の東奈良を本拠としていた沙本毘古を滅ぼし畿内の銅鐸を祀る勢力を完全に一掃した。
・10代崇神天皇に始まる王朝は14代仲哀天皇まで続く。</td><td>崇神

垂仁

景行

成務

仲哀</td></tr>
<tr><td>〈河内平野の王朝〉
・九州にいた神功皇后の勢力が大和を攻め仲哀天皇の子，忍熊王を滅ぼす。
・神功皇后の子応神天皇，次に仁徳天皇が即位して，河内に巨大古墳を作る。
・古墳の埋葬品もそれまでの鏡，玉，貝釧など祭祀用から武器甲冑など軍事的なものに変わった。
（内紛による衰退）
・仁徳天皇の即位から，履中・反正・允恭天皇と三人の兄弟が皇位継承する中で仁徳の多くの兄弟，子供たちが殺される。
・続く安康天皇も太子の小梨軽皇子を殺し皇位につく。次に伯父大草香皇子を殺し，その妃中蒂姫命を皇后とするも，連れ子の眉輪王に，父の仇と殺される。
・次の雄略天皇は眉輪王を始め，次々と自分の兄弟を殺し皇位につく。
・古代史学会また現在教科書において履中から雄略天皇までが「宋書倭国伝」に描かれている倭王に比定されているが，『古事記』においては履中～雄略の説話には朝鮮半島記事は一切書かれていない。

15代応神天皇に始まった河内平野に巨大古墳を築いた王朝は，皇位継承など内紛に明け暮れ，25代武烈天皇で終わった。畿内ではその後内乱が続き，最後は北陸出身の継体天皇が権力を把握，大和盆地南東部の「磐余」を宮とした。

「倭の五王」は河内にあった王朝の雄略たちではなかった！</td><td>（神功）

応神

仁徳

履中
反正
允恭

安康
雄略

清寧
顕宗
仁賢
武烈</td></tr>
</table>

紀元	中国	日本	「邪馬壹国」の女王から「倭の五王」の時代
一～二世紀	AD8 新 25 後漢	弥生時代後期	〈『後漢書』に書かれている倭国〉 ・倭は韓の東南大海の中にあり，凡そ百余国あり。 ・武帝が朝鮮を滅ぼしてから漢に使いを送る国が三十国ばかりあった。 ・57年　倭の「委奴国王」が使いを送り，光武帝が金印を与える。 金印授与：海を渡る船行一年にある「裸国・黒歯国」を極めた為。 ・107年　倭国王「師升」等が漢の安帝に使いを送る。 ・146～189年　桓帝・霊帝の間に倭国乱れる。
三世紀	220 三国時代 280 265 西晋	弥生時代後期 古墳時代前期	〈「魏志倭人伝」の女王国〉 ・238年　倭の女王「卑弥呼」魏の明帝に遣使。正使：難升米，次使：都市牛利。 ・240年　帯方郡の太守弓遵の使者が「詔書」,「親魏倭王」の金印等を持参。 ・243年　卑弥呼の使者「伊声耆」等が魏を訪問。この後，魏との交流続く。 ・247年　卑弥呼が援軍を要請，魏王が軍事顧問「張政」を倭に派遣。 ・　卑弥呼の死と埋葬（卑弥呼の墓は径100歩）。後継者壹与の即位。 ・266年　壹与が晋に使者を派遣（『晋書』）。
四世紀	316 華南 317 東晋↓南朝	古墳時代前期	〈石上神社の七支刀の銘文〉 ・369年　七支刀の銘文「泰和4年(369)百済王と王子が倭王“旨”に刀を贈る」。 〈高句麗好太王碑文〉 ・391年～　「倭」が「百済」「新羅」を支配下においたので，これを攻め取り戻す。 「宋書倭国伝」の上奏文にある「祖先が甲冑を身にまとい，海を渡り海北95ヵ国を平らげ」を証明する金石文が朝鮮半島北部で発見されている。
五世紀	華北 304 五胡十六国 439 南北朝	古墳時代中期	〈「晋書安帝紀」〉 ・413年　倭国王“讃”東晋の安帝に朝貢。 〈「宋書倭国伝，帝紀」〉 ・421年　高祖が倭王“讃”に官位を授ける。 ・425年　倭王“讃”が太祖に奉表，貢献。 “讃”が死に弟の“珍”が即位。 （華南の政権交代） ・317～420　東晋 ・420～479　宋 ・479～502　斉 ・502～557　梁 ・557～589　陳 （宋～陳：南朝） ・438年　倭国王“珍”安東将軍に叙さる。(「宋書文帝紀」) ・443年　倭国王“済”が奉献し，安東将軍・倭国王を叙位。 ・451年　“済”に，使持節都督倭・六国諸軍事の称号を追加。 “済”が死んで，世子の“興”が即位，貢献する。 ・462年　世祖が“興”に安東将軍・倭国王の叙位。 “興”が死に弟の“武”が即位。 ・478年　倭王“武”上表文を奉り，使持節都督倭・新羅・任那・加羅・秦韓・慕韓六国諸軍事・安東大将軍・倭国王を叙位さる。 〈「南斉書倭国伝」「梁書倭国伝」〉 ・479年　使持節都督倭・六国諸軍事・安東大将軍・倭王武に叙し鎮東大将軍とす。 ・502年　鎮東大将軍・倭王武を進めて，征東将軍に進号せしむ。

日本列島の政権把握へ	年紀
〈継体王朝の始まり〉	
・506年　武烈天皇崩御（『書紀』には天皇の悪行が列挙されている）。	武烈8年
・507年　男大迹王が北陸から迎えられ即位（継体天皇）。手白香皇女を皇后とす。	継体1年
・526年　長い内乱の後ようやく大和を制圧，磐余玉穂宮に宮を築く。	継体20年
・540年　欽明天皇即位，継体天皇に始まる王朝の基盤が固まる。	欽明1年
〈蘇我氏の時代〉　（531年継体崩御，安閑—宣化—欽明—敏達と続く）	
・572年　敏達天皇即位。蘇我馬子が大臣となり，蘇我氏の全盛期始まる。	敏達1年
・587年　蘇我氏を中心とする連合軍が物部氏を滅ぼす。	用明2年
・592年　11月に蘇我馬子が崇峻天皇を殺し，12月に推古女帝即位。	崇峻5年
・593年　聖徳太子摂政となる。四天王寺を作りはじめる。	推古1年
・603年　冠位十二階の制定。	推古11年
・604年　翌年十七条憲法の制定。	推古12年
・619年　小野妹子を大唐へ派遣（第1章2項31頁参照）。	推古27年
・621年　2月5日聖徳太子が亡くなる（『日本書紀』）。626年蘇我馬子亡くなる。	推古29年
・630年　犬上御田鍬（大使）・薬師恵日を唐へ派遣。	舒明2年
・643年　蘇我入鹿が山背大兄王を殺害。	皇極2年
〈天智・天武の権力奪取〉	皇極4年
・645年　「乙巳の変」中大兄皇子・中臣鎌足が蘇我入鹿を暗殺。孝徳天皇即位。	（大化1年）
・646年　「改新の詔」が発布される。“大化の改新”の始まり。	大化2年
・661年　遠征軍を率いた斉明天皇は陣中で亡くなり，中大兄皇子は畿内に戻る。	斉明7年
・663年　白村江で倭国大敗。近畿軍は戦闘に参加せず。	天智2年
・670年　法隆寺全焼。	天智9年
・672年　「壬申の乱」，天武天皇が大友皇子（弘文天皇）から政権を奪取。	天武1年
・690年　持統天皇が皇位につく。	持統4年
の地を併せたりと（『旧唐書』）。	

の成立		日本国年号
・701年　大宝元年。日本国の年号始まる。	文武天皇	大宝1年
・710年　平城宮遷都。	元明天皇	和銅3年
・712年　『古事記』成立。しかし朝廷は公認せず，流布させなかった。	〃	和銅5年
・720年　『日本書紀』完成。日本国正史とし『古事記』を抹殺した。	元正天皇	養老4年

ている。

る。


「倭国・九州王朝」を滅ぼし，その歴史を抹殺した近畿天皇家は，自分たちの歴史を記述した『古事記』までも歴史から消し去った。真実が書き残された『万葉集』の本歌も現代の万葉学者が曲げて解釈をしている。


はない。

侶の子孫の家系に秘されてきた写本が浮上したものと見られる。

自分たちの歴史のようにして書き加えて作られた。正史として，朝廷でさかんに講読された。


文献にない。藤原種継暗殺事件（785年）で，大伴家持の家宅捜査の際世に出たものと推定される。

葉集の前書きは改竄されたが，本歌の中に九州王朝が残されている。

		九州年号	「倭国・九州王朝」の全盛から滅亡へ
六世紀	南北朝 589	継体 善記 正和 教到 僧聴 明要 貴楽 法清 兄弟 蔵和 師安 和僧 金光	〈中国冊封体制からの離脱。年号の制定〉 ・503年　百済の武寧王が倭国「日十大王“年”」に鏡を送る（隅田八幡神社人物画像鏡）。 ・512年　百済に任那西部の四県を割譲。翌年さら二県を渡す。 ・517年　倭国・九州王朝の年号始まる（継体元年）。 中国南朝では宋が斉に滅ぼされ（479年），梁，陳と続くが国力は衰える。この間「倭国」は南朝の冊封体制から離脱し，517年に独立国家として年号（九州年号）を制定した。南朝最後の陳も589年に北朝の隋により亡ぼされる。 ・562年　任那東部の十県を新羅に奪わる。 ・596年　法興六年，法王大王が伊予を訪問（伊予温湯碑銘文）。
七世紀	581 隋 618 唐 690 周	賢接 鏡當 勝照 端政 告貴 願転 光元 定居 倭京 仁王 僧要 命長 常色 白雉 白鳳 朱雀 朱鳥 大化	〈「隋書俀国伝」〉 ・600年　多利思北孤が隋の文帝に使者を送る。 ・607年　多利思北孤が隋の煬帝に「日出処の天子」の書を送る。 ・608年　隋・煬帝が使者，裴清を俀国に送る。 **多利思北孤は自ら天子「日出処の天子」と称して，隋の煬帝を「日没する処の天子」と呼ぶ国書を送る（「隋書俀（大倭）国伝」）。** ・622年　２月22日上宮法皇（多利思北孤）亡くなる（法隆寺釈迦三尊像銘文）。 〈『旧唐書』〉 ・654年　倭国，唐に琥珀・瑪瑙を献ず ・662年　白村江で倭国大敗。 **この間の九州王朝は史書には書かれていないが，『万葉集』の歌の中に隠されている。** ・664年　唐軍の筑紫進駐。667年　筑紫都督府の設置（『日本書紀』）。 ・678年　筑紫大地震。九州王朝がさらに衰退（『日本書紀』）。 〈九州王朝の滅亡〉 **・700年　大化六年，九州年号終わる。** 日本は旧（もと）小国，倭国
八世紀	705 唐	日本国 藤原 奈良	「日本国」 九州王朝の痕跡は，寺社の縁起の年号に残り，九州王朝の宮廷舞楽の痕跡が「謡曲」や「筑紫舞」などに伝えられている。 「倭国」との交流を記した中国史書は確実に「九州王朝」の存在を示している。

〈史書の関係〉

１）歴代**中国王朝**の正史　　　：それぞれの時代の中国王朝と「倭国・九州王朝」の交渉が描かれ
２）**朝鮮半島**の金石文・史書：「倭国・九州王朝」の朝鮮半島での交流・戦争の記録が描かれてい

３）『**古事記**』（太安万侶著）：神武以降の大和「近畿天皇家」の歴史を描いている。朝鮮半島記事
・奈良・平安・鎌倉時代に世に出なかった『古事記』は，南北朝期に突如出現する。太安万
４）『**日本書紀**』（舎人親王編）：『古事記』をベースに，「倭国・九州王朝」の中国・朝鮮半島記事を

５）『**万葉集**』（大伴家持編）：成立過程は一切不明で，『古事記』と同じく平安時代の中頃までの
・詩聖とされる柿本人麻呂，また多くの“読み人知らず”も九州王朝歌人と考えられる。万

資料4　倭国・九州王朝と近畿天皇家の系図

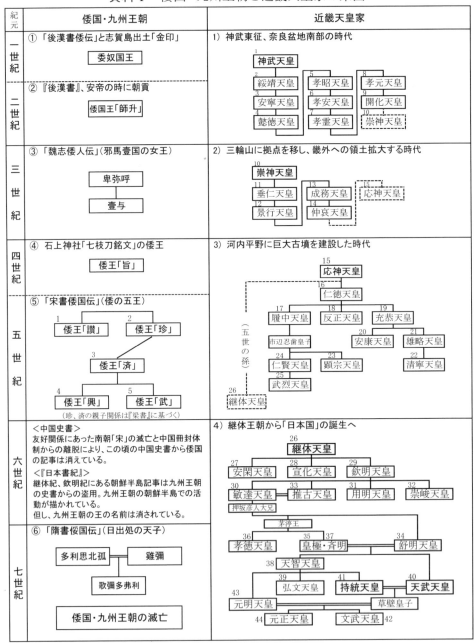

紀元	倭国・九州王朝	近畿天皇家
一世紀	① 「後漢書倭伝」と志賀島出土「金印」 委奴国王	1）神武東征、奈良盆地南部の時代 1 神武天皇 2 綏靖天皇　3 安寧天皇　4 懿徳天皇 5 孝昭天皇　6 孝安天皇　7 孝霊天皇 8 孝元天皇　9 開化天皇　10 崇神天皇
二世紀	② 『後漢書』、安帝の時に朝貢 倭国王「師升」	
三世紀	③ 「魏志倭人伝」（邪馬壹国の女王） 卑弥呼 壹与	2）三輪山に拠点を移し、畿外への領土拡大する時代 10 崇神天皇 11 垂仁天皇　12 景行天皇 13 成務天皇　14 仲哀天皇 15 応神天皇
四世紀	④ 石上神社「七枝刀銘文」の倭王 倭王「旨」	3）河内平野に巨大古墳を建設した時代 15 応神天皇 16 仁徳天皇 17 履中天皇　18 反正天皇　19 允恭天皇 市辺忍歯皇子　20 安康天皇　21 雄略天皇 24 仁賢天皇　23 顕宗天皇　22 清寧天皇 25 武烈天皇 （五世の孫） 26 継体天皇
五世紀	⑤ 「宋書倭国伝」（倭の五王） 1 倭王「讃」　2 倭王「珍」 3 倭王「済」 4 倭王「興」　5 倭王「武」 （珍、済の親子関係は『梁書』に基づく）	
六世紀	＜中国史書＞ 友好関係にあった南朝「宋」の滅亡と中国冊封体制からの離脱により、この頃の中国史書から倭国の記事は消えている。 ＜『日本書紀』＞ 継体紀、欽明紀にある朝鮮半島記事は九州王朝の史書からの盗用。九州王朝の朝鮮半島での活動が描かれている。 但し、九州王朝の王の名前は消されている。	4）継体王朝から「日本国」の誕生へ 26 継体天皇 27 安閑天皇　28 宣化天皇　29 欽明天皇 30 敏達天皇　33 推古天皇　31 用明天皇　32 崇峻天皇 押坂彦人大兄 茅渟王 36 孝徳天皇　35 皇極・37 斉明　34 舒明天皇 38 天智天皇 39 弘文天皇　41 持統天皇　40 天武天皇 43 元明天皇　草壁皇子 44 元正天皇　42 文武天皇
七世紀	⑥ 「隋書俀国伝」（日出処の天子） 多利思北孤　雞彌 歌彌多弗利 倭国・九州王朝の滅亡	

なかった別冊①

福與　篤著／古田武彦解説

漫画・「邪馬台国」はなかった

いま、日本の古代が姿を現す

「魏志倭人伝」に描かれた女王国とは何だったのか。
古田武彦の九州王朝説の原点を知るための道しるべ。

《目次》

A5判美装カバー一七六頁／本体二二〇〇円

ミネルヴァ書房
http://www.minervashobo.co.jp/

《著者紹介》
大下隆司（おおした・たかし）
1945年京都市生まれ。大阪外国語大学イスパニア語科卒。
「豊中歴史の会」主宰，「新東方史学会」役員。「古田史学の会」「古田武彦と古代史を研究する会」「多元的古代研究会」「九州古代史の会」会員。
共編：『日出ずる処の天子――阿毎・多利思北孤』ドニエプル出版，2014年。
論文：「「裸国」「黒歯国」の頃の南米」『なかった５号』古田武彦編集，ミネルヴァ書房，2008年，他。

山浦　純（やまうら・じゅん）
1943年神戸市生まれ。大阪大学工学部卒。
古田武彦著『「邪馬台国」はなかった』に衝撃を受け，古代史の世界へ。古田武彦著『「姥捨て伝説」はなかった――旅は道づれ夜は歴史』（新風書房，2002年）などの編集に携わる。
共編：『日出ずる処の天子――阿毎・多利思北孤』ドニエプル出版，2014年。

〈イラスト〉
木戸りんご（きど・りんご）
漫画家・イラストレーター。
著書：『花とキノ娘の図鑑』徳間書店，2015年。
他に龍谷ミュージアムのイメージキャラクターを手がける。

なかった別冊②
「日出処の天子」は誰か
――よみがえる古代の真実――

2018年８月10日　初版第１刷発行　〈検印省略〉

定価はカバーに
表示しています

著　者　大下隆司
　　　　山浦　純
発行者　杉田啓三
印刷者　江戸孝典

発行所　株式会社　ミネルヴァ書房
607-8494 京都市山科区日ノ岡堤谷町１
電話代表（075）581-5191
振替口座 01020-0-8076

共同印刷工業・新生製本

ISBN978-4-623-08388-6
Printed in Japan

人名索引

さ　行

た　行

な　行

は　行

ま　行

や・ら行

わ　行

事項索引

あ 行

か 行

さ　行

た　行

な　行

は　行

ま　行

や 行

ら・わ行

系図・史書・写真・史料・図・表　一覧

系　図

史　書

写　真

史　料

図

表